Wolfgang Schmidbauer

Jetzt haben, später zahlen

Die seelischen Folgen der
Konsumgesellschaft

Rowohlt

Umschlaggestaltung von Werner Rebhuhn unter
Verwendung der griechischen Vasenmalerei
«Herakles im Kampf mit der Hydra»,
attisch, 1. Hälfte 5. Jahrh. vor Chr.
Werk des Diosphos-Malers.
Paris, Musée du Louvre / Archiv für
Kunst und Geschichte, Berlin

1. Auflage März 1995
Copyright © 1995 by Rowohlt Verlag GmbH,
Reinbek bei Hamburg
Alle Rechte vorbehalten
Satz aus der Garamond (Linotronic 500)
Gesamtherstellung Clausen & Bosse, Leck
Printed in Germany
ISBN 3 498 06299 9

Inhalt

Einleitung

Fortschritt und Rückschritt

Seit langem haben mich die Mechanismen beschäftigt, die verhindern, daß seelische Entwicklungen sozusagen rückwärts verlaufen. Sie zu verstehen schien mir ein Schlüssel zu Fragen nach dem Gegensatz von Trieb und Vernunft, von Geist und Seele, von Pflicht und Neigung. Im Umgang mit depressiven Reaktionen fällt immer wieder auf, wie unendlich schwierig es für Menschen ist, sich auf einem Niveau seelisch zu organisieren, das einem idealisierten Lebensentwurf nicht mehr entspricht. Viele können sich nicht des Möglichen freuen, wenn es mißlingt, das Unmögliche zu erreichen.

Die Frage nach dem narzißtisch «besetzten» Ideal, von dem nicht abgewichen werden kann, gehört in die Zeit nach dem «Zusammenbruch» von 1945, als ich vier Jahre alt war. Mein Leben als Kind bestimmte eine diffuse Angst vor dem, was ich mir als Atomkrieg vorstellte – daß sozusagen die Welt weg ist.* Atombomben sind entdeckt und in Massen produziert. Sie warten. Es gibt keine Hoffnung, daß sie wieder aus der Welt verschwinden. Dinge erscheinen damit mächtiger als

---

* Ich glaube mich zu erinnern, daß damals alle Menschen um mich herum die Tatsache der deutschen Niederlage und die Überlegenheit der Amerikaner weit mehr beschäftigten als die Greueltaten des Hitler-Regimes.

Menschen und ihre Institutionen. Den Bomben folgten Warenwelten, die in der Konsumgesellschaft unsere Identität weitgehend bestimmen. Im Zusammentreffen von Auschwitz und Hiroschima erschien die Unfehlbarkeit der Dinge in einem Augenblick wie eine Erlösung, als die Fehlbarkeit und Verführbarkeit der Menschen kulminierte.

Hitler ist das Symbol einer Selbstzerstörung, die in einem Kulturvolk um sich greifen und sich durchsetzen kann. Alle vaterländischen Ideale erscheinen nutzlos nach solchen Dimensionen des Mißbrauchs. Keine religiöse Konfession, kein philosophisches Ethos, keine künstlerische Schule hat sich im Dritten Reich als unantastbar erwiesen. Glaubwürdig blieben einzelne, als Gruppe nur die Opfer. Siegreich waren die Sachen, denn sie hatten niemals den Anspruch gestellt, wertvoller zu sein als das Geld, das sie kosteten, stabiler als die Stoffe, aus denen sie bestanden. Unmerklich ersetzten die Warenwerte die bisherigen Wertsysteme. Sie sind aus sinnlichen und geistigen Elementen gemischt, sie betonen die Wahlfreiheit, tragen aber die tradierten Formen des Zusammenhalts der Gesellschaft nicht mehr. Entscheidende moralische Erfahrungen und prägende Rituale meiner Jugend enthielt beispielsweise die Auseinandersetzung mit Fahrrad, Moped, mit dem ersten Auto.* Eine allgemeine Wirkung solcher Veränderungen scheint mir der Zerfall von verbindlichen Strukturen für Regression und für Disziplin. Der Motor als Initiation in die sexuelle Reife stimuliert regressive und progressive Qualitäten zugleich. Er behindert den Abbau von Größenphantasien und sadistischen Motiven, indem er Kontrolle über eine Maschine verspricht, die stärker ist als der eigene Körper.

* Vgl. Schmidbauer, W., Mit dem Moped nach Ravenna. Eine Jugend im Wirtschaftswunder, Reinbek (Rowohlt) 1994

Das Gleichgewicht von Disziplin und Regression* wird inzwischen nicht mehr durch gesellschaftliche Werte reguliert. Wir können uns sowenig darauf verlassen, daß sich eine wissenschaftlich besser begründete Position durchsetzt, wie darauf, daß das von den Kritikern gelobte Buch mehr Käufer findet als das von ihnen ignorierte. Gegenwärtig funktioniert die Machtelite in den Konsumgesellschaften als Anhängsel von Warenidentitäten. Selbstbeschränkung wird kaum ernsthaft diskutiert – selbst nicht (oder vor allem nicht) in Gestalt «leicht» einzuführender Regelungen wie autofreier Wochenenden oder eines fernsehfreien Tages pro Woche.

Die Atombombe hat die Zukunft der Menschheit verdüstert, aber doch noch die Illusion gestützt, wir könnten *entscheiden*, ob sie verwendet wird oder nicht. Die Atomkraftwerke sind gebaut, ihr Müll ist in der Welt, wir können weder entscheiden, ihn nicht zu erzeugen, noch wissen wir, wo er unschädlich gelagert werden kann. Das ist nur ein Beispiel für viele ähnliche Situationen. Gifte sickern in tiefere Erdschichten, Nuklearabfälle rosten auf dem Grund des Eismeers. Optimisten verfügen, daß ihre Leiche in flüssigem Stickstoff konserviert wird, weil sie der Zukunft zutrauen, sie werde ein Interesse daran haben, sie wiederzubeleben. Pessimisten vermuten, daß die Zukunft allenfalls ein Interesse haben wird, die Energieversorgung der Kühlapparatur für sinnvollere Zwecke zu verwenden.

---

* Regression ist ein Kunstwort für Rückschritt, Rückkehr, das von Freud in die Psychologie eingeführt wurde, um zu beschreiben, wie Menschen angesichts eines Hindernisses in ihrem Reifungsprozeß bereits überwundene Verhaltensformen wiederbeleben: Die verlassene Braut wird dick («Kummerspeck»), der von einem neugeborenen Geschwister entthronte Erstgeborene macht wieder ins Bett.

Der Fortschrittsglaube war die zentrale Utopie der Aufklärung. Die gegenwärtigen Utopieverluste begleiten den Zusammenbruch der marxistisch begründeten Gesellschaftsformen. Inzwischen haben sich auch die einst sozialistischen Länder zum Konsumismus bekehrt. Fortschritt hat seitdem nichts mehr mit einer geistigen Position zu tun. Seine global durchsetzungskräftigste Variante ist das Begehren nach immer besseren Waren, die uns immer mehr körperliche und geistige Anstrengung abnehmen. Dieser Fortschrittsglaube ist an Vermehrung orientiert. Wachstum und Wohlstand sind fast identisch. Der Konsumismus setzt auf die menschliche Neigung zu Regression: Die Waren versprechen immer mehr Bequemlichkeit. Gleichzeitig fordert die Produktion dieser Waren höchste Disziplin, um die verführerischen Verbesserungen zu entwerfen und zu vermarkten. Die Gesellschaft spaltet sich. Die Reichen werden reicher, die Armen ärmer; die Produzenten raffinierter, die Konsumenten primitiver; die Tüchtigen fleißiger, die Untüchtigen fauler.

Der Utopiewandel in der Gegenwart: Vom Überfluß zur Differenzierung

Regressive Phänomene im Sinn der Entwicklung *hinter* einen bereits erreichten Stand der Differenzierung haben heute in vielen gesellschaftlichen Bereichen besorgniserregende Ausmaße angenommen: Die Abiturienten machen mehr Rechtschreibfehler, die Straßenkriminalität nimmt in fast allen Großstädten zu, Korruption grassiert in Ländern, die einst hochmütig auf die Bakschischwirtschaft des Orients blickten. Wo der Utopiewandel am dramatischsten abläuft, in den einst sozialistischen Ländern, sind die Folgen besonders gravierend. Ganze Kontinente scheinen ins Chaos zu versinken; Regionen sind unzugänglicher, Stammesfehden blutiger als vor hundert Jahren.

Ich verstehe unter Disziplin die Orientierung an der Realität und den Versuch, einen gegenwärtigen Zustand der Differenzierung aufrechtzuerhalten. Dabei geht es auf intellektuellem Gebiet um Unterscheidungen von Illusion und Wahrheit, von Nachricht und Meinung, von empirischem Beweis und theoretischer Spekulation. Disziplin im menschlichen Zusammenleben enthält die Orientierung an Grundsätzen wie dem staatlichen Gewaltmonopol oder der Meinungsfreiheit, auch der schlichten Höflichkeit im Zusammenleben. Regression hingegen gibt erreichte Differenzierungen preis. Unerwünschte Folgen der eigenen, gegenwärtig verabsolutierten Wünsche werden ausgeblendet. «Jetzt haben, später zahlen» erweitert den amerikanischen Slogan «Buy now, pay later», mit dem die Kundenbanken für ihre Kredite warben. Sofortige Befriedigung wird zunehmend nicht nur im Einkauf gewünscht, sondern auch von den Eltern, den Liebespartnern, den Politikern. Man darf sich an denen, die Schuld für eigene Frustrationen tragen, wieder rächen. Die Unterschiede zwischen Wunschdenken und Realität, zwischen kriminell und erlaubt, zwischen Ursache und Folge verschwimmen.

«Das habe ich nicht gewollt», sagt der regredierte Käufer, wenn seine Schulden ihn auffressen, der Autofahrer, wenn er im Geschwindigkeitsrausch aus der Kurve flog, der Kunde, wenn der Ladendiebstahl einmal nicht mehr gutging. Getrennte Ehepartner sagen es, wenn sie plötzlich merken, wie einsam sie sind, und ganze Städte, wenn sie feststellen, daß sie weder den Stau der Verkehrsberuhigung ertragen noch weitere Schnellstraßen bauen können.

Die alten Utopien stützten sich auf Vermehrung – der Güter, der Menschen, des Wissens, der Technik. Diese Utopien sind an eine Grenze gestoßen, die so schmerzlich ist, daß sie von den meisten Meinungsträgern verleugnet oder beschönigt wird. Die ökologischen Utopien sind gegenwärtig eher pessimistisch und asketisch. Für den Einsichtigen macht sie das glaubwürdig, für den Zweifler unattraktiv. Eine Stadt, in der nur Fahrräder und Solarmobile unterwegs sind, kann so schön wie Venedig ohne Motorboote werden. Im Glashaus eines Nullenergiehauses in Schweden reifen im Februar die Feigen. Die neuen Utopien müssen Utopien der Differenzierung sein: nicht Vermehrung, sondern Entwicklung und subtile Vielfalt sind ihre Ziele. Nicht weil Verzicht kein erfreuliches Argument für konsumverwöhnte Wähler ist, sollte die Ökologiebewegung ihre asketischen Positionen überdenken, sondern weil Askese in der Tat nur die eine Seite der ökologischen Utopie erfassen kann.

Regression und Disziplin
in der (post)modernen Gesellschaft

Es wirkt überstürzt, unter zwei Begriffen wie Regression und Disziplin die beunruhigenden Veränderungen der postmodernen, posttotalitären, postwohlfahrtsstaatlichen Gesellschaften zu betrachten, sozialer Gebilde, die eben erst entstehen und in denen oft verzweifelte Versuche unternommen werden, das Neue mit den alten Begriffen zu verstehen, weil es eigene Begriffe noch nicht gefunden hat. Mit einem Wort wie «Risikogesellschaft» hat Ulrich Beck* versucht, diese

* Ulrich Beck, Risikogesellschaft – Auf dem Weg in eine andere Moderne, Frankfurt (Suhrkamp) 1986

Spannung auszudrücken. Eines der von ihm dargestellten Risiken liegt darin, daß wir mit sozialen Instrumenten, die sich bisher in der Industriegesellschaft bewährt haben, die neuen Gefahren nicht in den Griff bekommen. Sie überfordern nicht nur das politische System, sondern auch tradierte geistige und emotionale Orientierungen.

Die biblische Metapher vom neuen Wein sagt, daß dieser in einen neuen Schlauch muß, weil der alte spröde geworden ist und den gärenden Kräften nicht standhält. Sie geht immerhin davon aus, daß das *Prinzip* der Aufbewahrung richtig ist; nur seine Qualität muß verbessert werden. Auf solche Lösungen können wir nicht mehr bauen. Was die Menschheit geschaffen hat, sprengt die gesellschaftlichen Formen, in denen es entstand.

Beck erläutert die Unfähigkeit der bestehenden Institutionen, mit wirtschaftlichen und ökologischen Risiken fertig zu werden. Ich beziehe mich auf ein psychologisches Risiko[*], das ähnliche Qualitäten hat. Diese Seite der Entwicklung rückt jedem Menschen näher, daher ist es auch schwerer, den notwendigen Abstand zu gewinnen, um urteilen zu können. Zwischen den Polen von Regression und Disziplin bewegt sich unser Alltagsverhalten, die Gestalt unserer Liebesbeziehungen und der Kontaktaufnahme zu unseren Kindern. Per-

---

[*] Hans Peter Dreitzel, ein Soziologe, der auch psychotherapeutisch arbeitet, hat als einer der ersten dieses Thema aufgegriffen. Er konzentriert sich vor allem auf die Rolle der Angst als Voraussetzung, ökologisches Bewußtsein zu entwickeln, und als Hemmnis, es in die Tat umzusetzen – eine Sperre, die (ähnlich den von mir in den Vordergrund gerückten regressiven Mechanismen) durch den einzelnen allein nicht durchbrochen werden kann. Vgl. H. P. Dreitzel, Horst Stenger (Hg.), Ungewollte Selbstzerstörung, Frankfurt (Campus) 1990, S. 22 f

sönliches und Politisches vermischen sich. Das heißt auch, daß eine Diskussion solcher Begriffe universalistisch ist. Sie wird in einer Welt wissenschaftlicher Spezialisten zum Anachronismus oder zur Futurologie. Anthropologie, Ethnologie, Soziologie, Ökonomie und Ökologie, Psychologie und Psychoanalyse, Kunstwissenschaft und Pädagogik ergeben jeweils andere Perspektiven auf die Konflikte von Regression und Disziplin, von Illusion und Wirklichkeit, von kurzfristigem Lustgewinn und langfristiger Zerstörung. Sie alle sind berechtigt und sinnvoll, können aber auf einem wünschenswert hohen Niveau der unterschiedlichen Disziplinen kaum von einem einzelnen verfolgt werden.

Die Psychoanalyse vermag viel Wissenswertes zu der brennenden Frage beizusteuern, wie es geschehen kann, daß Menschen um die schädlichen, selbst lebensgefährlichen Qualitäten ihres Handelns wissen und doch darin fortfahren. Sie wird uns sagen, welche Lösungsversuche in dieser Situation wahrscheinlich nicht funktionieren. Auch Vorschläge für eine andere Politik kann sie machen, an denen freilich manche Unbequemlichkeit stört und die gewiß Versuchungen wecken, die belastende Einsicht wieder zu verdrängen. Die Erkenntnis des Heraufziehens einer Katastrophe führt bei denen, die sie nicht verleugnen, zu Anstrengungen, die regressiven Neigungen durch moralische Drohungen zu bändigen. Ein solches Vorgehen bietet selbst regressive Möglichkeiten. Der Prediger kann jedesmal, wenn er am Sinn der Mahnung zweifelt, sie mit noch lauterer Stimme wiederholen. So verschleiert er sich und anderen die Lage der Dinge.

Ein Beispiel sind typische Reaktionen auf den jährlichen und jährlich gleich trostlosen Waldschadensbericht. Immer wird in der Presse kommentiert, alle Beteuerungen seien sinnlos, solange nicht jeder einzelne, zum Beispiel durch Verzicht auf das Autofahren, seinen Beitrag leiste. Diese Forderung liegt im Interesse der Autohersteller. Die Industrie will ihre Fahrzeuge verkaufen. Meinungsproduzenten, die ihr weder Steine in den Weg legen noch die Gefahren der Entwicklung gänzlich verleugnen, verbrämen diese Situation dadurch, daß sie versuchen, das Autofahren und das Nicht-Autofahren *gleichzeitig* zu ermutigen. Möglichst viele Bürger sollen sich ein solches Vehikel anschaffen und es *nicht* nutzen.*

Diese Gleichzeitigkeit von Konsum und Verzicht ist in einer Nische der Gesellschaft bereits kostspielige Realität: Die weit überwiegende Mehrzahl der Arzneimittel wird produziert und dann nicht eingenommen. Nach einer Untersuchung der Hamburger Ersatzkassen werden in Deutschland jährlich so viele Arzneimittel verordnet oder verkauft, daß auf jeden Bundesbürger, ob Säugling oder Greis, täglich 1250 Tabletten, Pillen oder Kapseln kommen. In Hamburg sind im Jahr 1993 dreizehn Tonnen Medikamente weggeworfen worden.**

Wenn das Autofahren durch strikte Regelungen erschwert wird, ist es realistisch, von einer Bevölkerungsmehrheit Verzicht zu erwarten; dadurch wird aber der Erwerb eines Autos unattraktiver, eine Situation, welche die Vernunft gebőte, die aber das politische Interesse am Machterhalt verwirft. In dieser Raubbaupolitik bringt, wer in kürzester Zeit die meisten Ressourcen verpulvert, die meisten Menschen auf seine

* Nach jeder Erhöhung der Treibstoffpreise werben die Automobilfabriken mit günstigen Verbrauchswerten ihrer Modelle; dabei werden für über 200 Stundenkilometer schnelle Fahrzeuge Zahlen genannt, die auf 90 km/h bezogen sind.
** Meldung in der *Süddeutschen Zeitung*, 26. April 1994, S. 12

Seite.* Diese politische Form dominiert heute international.
Sie führt zu einer wachsenden Zahl von ökologischen und
sozialen Katastrophen. Der Zusammenhang zwischen ihr
und diesen Katastrophen ist zwar rational zwingend, aber
emotional noch nicht unentrinnbar.

Auch innerhalb der intellektuellen Zirkel ist das Bewußtsein über die langfristig gefährliche Regressionsförderung,
die in zahllosen Dingen und Dienstleistungen der Moderne
steckt, nur wenig entwickelt. Die Eliten sind heute auch Kon-
sumeliten, Champagner und Seidenhemden gehören zum
Haushalt der Kulturkritik.**

Die Neigung, das Unerfreuliche, Bedrohliche abzuspalten,
es aus dem Bewußtsein zu verlieren oder wenigstens bedeutungslos erscheinen zu lassen, ist bekannt und wird doch als
unerklärlich ausgegeben. Das trotz seiner Lösung aufrecht-
erhaltene Rätsel der Umweltpsychologie ist die Gleichzeitigkeit von Wissen und Nicht-Handeln, von Wahrnehmung und
Verleugnung der Konsequenzen. Diese Abwehrmechanis-
men werden durch die Verwissenschaftlichung ergänzt, die
vielfach ihre ernsthaften Qualitäten verloren hat und zu einer
Sonderform der Rationalisierung wird. Wenn in einem Gre-
mium klar ist, daß es nicht ohne Unbequemlichkeit weiterge-

---

* In der Ökologie ist diese Situation als «Allmendeproblem» bekannt: Wenn alle Bewohner eines Dorfes eine gemeinsame Weide (die
Allmende) haben, dann müssen sie mit strikten Strafen die kurzsichtigen
Interessen bändigen, sich durch Überweiden einen Vorteil zu verschaffen. Wer seine Herden nicht verkleinert, kann sich länger halten, wenn
dadurch die Nahrungsgrundlage für alle beeinträchtigt wird. In funktio-
nierenden Gemeinwesen findet dieses Überweiden nicht statt. Vgl.
G. Hardin, The Tragedy of the Commons, *Science* 162 / 1968, S. 1243 f

** Vgl. Barbara Sichtermann, Die Bananen von Wandlitz, *Die Zeit*,
22. August 1991, S. 43

hen kann, erhebt sich eine Stimme und fordert mehr Forschung. Wir bräuchten einen Großversuch (wie seinerzeit bei
der Diskussion über das Tempolimit auf der Autobahn). Unsere Unkenntnis sei beklagenswert. Wir dürften nichts tun,
ehe nicht dieser oder jener Antrag auf Forschungsgelder ge-
nehmigt sei.

Illusionen, die unser Überleben gefährden, scheinen einem
ähnlichen Muster zu folgen wie die von so vielen Dichtern
gefeierte Idealisierung* des Sexualpartners, der «alles für
mich ist» und auf diese Weise den kritischen Intellekt und die
Realitätsprüfung an den Rand drängt. Ohne die Illusions-
fähigkeit von Erwachsenen wäre die Menschheit zum Aus-
sterben verurteilt. Die Hoffnung der Eltern, von Kindern vor
allem Freude und nicht Schmerz zu ernten, ist selbst ein kind-
licher Traum von heilen, guten Weltanfängen. Wir brauchen
eine irrationale Überzeugung, daß es schon gutgehen wird,
um Elternschaft zu riskieren. Die Fähigkeit, dort der Vernunft zuwiderzuhandeln, wo es um Fortpflanzung geht, ist
auch ein Motor dafür, daß wir technische Neuerungen und
wirtschaftliche Prinzipien in die Welt setzen, die uns ähnlich
zerstören, wie es verwöhnte, ungezogene Kinder tun können.
Auch von diesen haben die Eltern ja einmal geglaubt, sie würden sie glücklicher machen.

Die Furcht, ob es morgen genügend Nahrung gibt, ist in
den zivilisierten Ländern gebannt. An ihre Stelle tritt als Ausdruck der Abwehr übermächtiger Ängste ein diffuses Unbehagen, das mit den Katastrophenmeldungen zusammenhängt. «Es ist kein Zufall», sagt Hans Peter Dreitzel, «daß in

---

* In einer Untersuchung über die mögliche Destruktivität von Idealisierungen habe ich diese Gesetzmäßigkeit des «Alles oder nichts» (Reinbek 1980 und 1987) dargestellt.

der psychotherapeutischen Literatur immer wieder Depression, die Unfähigkeit zu fühlen, und Narzißmus, die Unfähigkeit, sich hinzugeben, als die häufigsten psychischen Störungen in den Industriegesellschaften genannt werden. Wenn auf dieses abgestumpfte emotionale Sensorium eine akute Bedrohung trifft, braucht die depressiv-narzißtische Haltung nur verstärkt zu werden, um die Angst zu vermeiden.»*

Die Unfaßbarkeit der Bedrohungen – zum Beispiel unsichtbare Dioxine oder atomare Falloutpartikel nach der Explosion des Reaktors in Tschernobyl – und die Unverhältnismäßigkeit ihrer Reichweite angesichts der eigenen Freiheitsräume stumpfen ebenso ab wie das tägliche Katastrophenspektakel in den Medien. In diesem Zusammenhang greift Dreitzel die Thesen des amerikanischen Neoanalytikers Ralph White auf. Dieser beschrieb den Abwehrmechanismus der selektiven Unaufmerksamkeit, eines geistigen Ausblendens und emotionalen Nicht-Spürens, das sich auf vier aktuelle Bereiche richtet: die Gefahr des Krieges mit nuklearen Waffen, die Mängel in unserer Umweltbeziehung, die Menschlichkeit unserer Feinde und die eigenen Schuldgefühle.

Disziplinierungszusammenbrüche

An die Stelle der Treue zu dem einmal gewählten inneren Gesetz tritt eine hektische Bereitschaft, mit vielfältigen moralischen Begründungen wechselnde eigene Bedürfnisse zu rechtfertigen. Deshalb wird viel von Moral *geredet*. Da sich ein Empfinden moralischer Überlegenheit im Alltag vorwie-

---

* Dreitzel, a. a. O., S. 38

gend durch die Freuden des Klatsches herstellen läßt, ist die Produktion solcher Eitelkeiten eine zentrale Funktion der Massenmedien. In diesen Orgien der Dünkelhaftigkeit schwindet die Bereitschaft, mit den ambivalenten Grundsituationen unseres Lebens diszipliniert und realistisch umzugehen. Sie werden *aufgespalten*; mit wechselnden Beteuerungen wird dann versucht, den Kuchen zu haben *und* ihn zu essen.

Die Forderung, es müßten mehr Werte vermittelt, Tugenden verstärkt eingeprägt werden, ist naiv. Heute behelligen uns moralische Urteile fast überall. Was wir essen, ob wir rauchen, wie wir uns in einer Schwangerschaft verhalten, wohin wir unseren Müll werfen und aus welchem Holz unsere Frühstücksbrettchen sind, wird alles zur ethischen Frage. «Ist der Softie endgültig out? Soll man seine Kollegen auch mal anschreien dürfen? Müssen Hundebesitzer gezwungen werden, die Scheiße selbst wegzutragen? Rufen Sie an! Sagen Sie uns Ihre Meinung! Das Bewertungskarussell dreht sich während der Talk-Show und im Small talk, in der Mittagspause und beim Fernsehabend. Da gibt es kein Entrinnen. Brauchen wir tatsächlich mehr Moral?»*

Gabriela Simon sieht die Problematik in der kurzen *Verfalldauer* aller Werte – heute wird der gesunde Egoismus gepriesen, morgen steht die häßliche Selbstsucht am Pranger. Aber vermutlich geht es um *Kipperscheinungen*, wenn Spaltungen nicht aufrechterhalten werden können. Das Patentmittel der Gegenwart ist das Gift der Zukunft: Heroin wurde als Medikament gegen die Opiatsucht eingeführt. Es scheint der Fortschrittsgesellschaft konstitutionell unmöglich, ihre

---

* Gabriela Simon, Über Gefühl und Produktivität, *Die Zeit* 48 / 26. November 1993, S. 48

regressiven Risiken einzuschätzen. Jeder hätte das wissen können, keiner hat es wissen wollen, und der nachträgliche Vorwurf ist so universell wie der anfängliche Überschwang.

Einige Einzelbeispiele für den Zusammenbruch* der disziplinierenden Strukturen:

1. Nach einer Studie des Bundesverbandes der Innungskrankenkassen aus dem Jahr 1993 sind 1,4 Millionen Westdeutsche arzneimittelsüchtig.** Betroffen sind vor allem Ältere, die nicht schlafen können; die Mittel beseitigen zunächst die Schlaflosigkeit und lindern die Unruhe. Die Abhängigkeit drückt sich dann darin aus, daß die Patienten extrem unruhig werden, wenn sie das Mittel nicht mehr bekommen.

Die Suchtpotenz der Benzodiazepine ist seit vielen Jahren bekannt. Im kleinen spiegelt sich hier die Allianz zwischen Machtinteressen und Konsuminteressen. Der Politiker fürchtet, Stimmen zu verlieren, wenn er unbequeme, aber langfristig bessere Entscheidungen durchsetzen will; der Arzt fürchtet, Patienten zu verlieren. So reicht der Blick von Bevölkerungsmehrheiten nicht über die nächste Unlustvermeidung hinaus.

2. In den Vereinigten Staaten müssen Gynäkologen hohe Versicherungsprämien zahlen, um das Risiko abzudecken, daß sie für einen Schaden des Kindes durch Sauerstoffmangel während der Geburt haftbar gemacht werden. Diese Versicherung kostet in Gebieten mit hohem Prozeßrisiko, wie Chicago oder New York, 240 000 Mark pro Jahr. Der relati-

---

* Zahlreiche Beispiele bieten auch Christopher Lasch, Das Zeitalter des Narzißmus, München 1982 und Neil Postman, Wir amüsieren uns zu Tode, Frankfurt 1986

** Nach einem Bericht in der *Süddeutschen Zeitung* vom 2. Dezember 1993

ven Höhe dieser Summe entspricht ziemlich genau die relative Zahl von Kaiserschnitten in diesen Regionen. Je mehr der Gynäkologe einen Prozeß wegen eines Kunstfehlers fürchten muß, desto öfter vermindert er das Risiko einer normalen Geburt durch das Risiko eines Kaiserschnitts.

Die operative Technik im Zweifelsfall anzuwenden, hat für die Frauen Nachteile, für die Ärzte aber Vorteile. Sie läßt sich besser kontrollieren als eine natürliche Geburt, und sie läßt sich höher in Rechnung stellen, um die Versicherungsprämie zu bezahlen.

3. Während des Jugoslawienkrieges beklagt sich in der Vorweihnachtszeit 1993 ein deutscher Politiker: Wer sich auf Diplomatie verlasse, statt militärisch einzugreifen, verurteile tausend, ja hunderttausend Frauen und Kinder zum Hungertod, während er selbst satt und zufrieden seine Weihnachtslieder singe. So fördert er Wunschdenken bei Kämpfern, die Friedenspläne sabotieren, weil sie auf ausländische Hilfe rechnen. Er verleugnet, daß eine militärische Intervention ebenfalls zu Elend und Blutvergießen führt.

Erster Teil
Die neue Barbarei

Der Fortschritt des Konsums und der Rückschritt in die Barbarei

Wir hatten uns an ein Bild des Fortschritts gewöhnt, das wir heute zögernd und widerwillig als Illusion durchschauen. Es gab rückständige und entwickelte Gebiete. Wir zweifelten vielleicht daran, ob unsere Hoffnungen auf die Entwicklung dieser rückständigen Zonen berechtigt seien und nicht die Bevölkerungsexplosion solche Schritte wieder aufheben würde. Aber wir dachten nicht ernsthaft darüber nach, daß auch in bereits entwickelten Ländern, unter Ordnungen, die einen Schritt vor den unsrigen zu stehen schienen, noch einmal Nationalismus und Religionskriege ganze Landstriche verwüsten würden. Ähnlich überrascht uns die Gewalt gegen Fremde im eigenen Land; sie weckt Erinnerungen an eine Vergangenheit, die viele überwunden glaubten.

Im Grunde hätten wir es besser wissen können. Die Geschichte ist reich an Beispielen solcher Rückentwicklungen. Wenn wir sie eine Generation lang nicht in unseren eigenen Grenzen hatten, heißt das nicht, daß es sie nicht mehr gibt. Dennoch scheinen die gegenwärtigen Auflösungserscheinungen eine neuartige Qualität zu haben. Diese hängt damit zusammen, daß in großen, über die politische Dynamik ganzer Kontinente entscheidenden Staaten Rückentwicklungen unübersehbar sind: Der Lebensstandard und die wirtschaftliche Produktivität sinken, die Kriminalität steigt, Politscharlatane, denen man nach den Erfahrungen mit Stalin, Hitler oder Mussolini jede Anwartschaft auf ein Massenpublikum abgesprochen hätte, gewinnen demokratische Mehrheiten.

Die Dampfmaschine und das Dynamit multiplizieren unsere Kraft, aber diese Kraft ist keineswegs der gleichen Vernunft unterworfen, wie sie für die Konstruktion solcher Neuerungen aufgewendet wurde. Enttäuschung und Ratlosigkeit sind deshalb heute bei allen nachdenklichen Menschen groß. Sie können nicht mehr verleugnen, daß die Hoffnungen auf einen geistigen und moralischen Fortschritt der Menschheit unerfüllt geblieben sind, während die technisch-materiellen Fortschritte sich aus einem Segen in eine Drohung verwandeln. Einem Geschöpf, das stets von Regressionen bedroht bleibt und die höchsten Leistungen der Ingenieurskunst in den Dienst primitiver Rachsucht stellen kann, gäbe man doch lieber nur einen Prügel in die Hand, nicht die Kontrolle über Plutoniumfabriken.*

Daher ist zu fragen, was wir tun können, um diesen Regressionen Einhalt zu gebieten und so Materialien zu einer neuen Utopie zu finden, die bescheidener sein mag als die vergangenen, aber deshalb Aussichten hat, nicht in ihr Gegenteil umzuschlagen. Ein erster Schritt zu dieser neuen Bescheidenheit** ist die Einsicht, daß unsere menschliche Intelligenz vor

---

* Dieser Vergleich erinnert an eine Aussage von Konrad Lorenz über das Fehlen natürlicher Aggressionshemmungen beim Menschen. Das Regressionskonzept ist differenzierter als die Lorenzsche Instinktlehre, weil es nicht von einer konstitutionellen, angeborenen Aggressivität ausgeht, sondern von einer reaktiven, die durch Ansprüche eingeleitet und durch Enttäuschungen ausgelöst wird. Zur Regression gehört die Preisgabe eines bereits erreichten Niveaus der Realitätsorientierung und der Abschätzung von Folgen des eigenen Tuns. Erwachsene verhalten sich, als ob sie diese Konsequenzen nicht erkennen würden, und gleichen so wieder Kindern.

** Die Begriffe, auf die eine differenzierte, regressionskritische Utopie zurückgreifen kann, wie Bescheidenheit, Demut, Respekt vor der

allem dazu benützt werden muß, ihre eigene Schwäche zu erkennen. Ihr gegenüber scheint unser intellektuelles Potential
für Selbstüberschätzung unbegrenzt, mit ihm auch die Neigung, aus der hundertmal erwiesenen Unfähigkeit der Einsicht, sich gegen die Gier zu behaupten, keine anderen
Folgerungen zu ziehen, als den hunderteinten Versuch mit
denselben Mitteln zu wagen.

Thomas Hobbes hat festgestellt, daß die menschlichen Leidenschaften gewöhnlich mächtiger sind als die Vernunft. Die
Produkte des menschlichen Geistes sind meist wenig mehr als
«Kundschafter und Spione der Wünsche».* Während Hobbes annimmt, daß nur Gewalt die Leidenschaften zügeln
kann, und der Gerechtigkeit und Sicherheit halber die allgemeine, das heißt die Staatsgewalt fordert, ist es gegenwärtig
geboten, nicht mehr nur den Menschen in seiner Bedrohung
für den anderen Menschen durch staatliche Macht zu zügeln,

Natur, vor den Mitmenschen, vor den Grenzen des Ökosystems, sind
ein guter Beleg dafür, wie wenig tradierte Kategorien auf die gegenwärtigen Probleme passen. Diese Werte sind kontaminiert, weil sie im Rahmen eines Unterdrückungssystems mißbraucht wurden, um die Macht-
losen und Entrechteten zu disziplinieren. Das gilt auch für den Begriff
der Disziplin selbst, die zum Beispiel der General vom Soldaten fordert,
den er in den Tod schickt, um seinen Ehrgeiz zu befriedigen.
* Thomas Hobbes (1588–1679), vielleicht der radikalste Philosoph
des beginnenden bürgerlichen Zeitalters, hat als erster den Zusammenhang zwischen der menschlichen Natur und den Grundlagen der Politik
verfolgt. Sein 1651 erschienenes Hauptwerk «Leviathan, or the Matter,
Form, and Power of a Commonwealth, Ecclesiastical and Civic» trägt
auf dem Frontispiz eine schöne Landschaft mit einer Stadt, über der ein
gekrönter Riese thront, dessen Körper aus Menschenleibern zusammengesetzt ist. Die erste deutsche Übersetzung des «Leviathan» erschien
1794 in Halle.

sondern auch den Menschen als Bedrohung der Natur. Die kollektive und individuelle Abhängigkeit von einem Konsumniveau, das mit den natürlichen Regenerationsprozessen des Planeten Erde auf Dauer unvereinbar ist, kann letztlich nur durch ebensolche Formen staatlicher Gewalt eingedämmt werden.

Nachdem die destruktive Qualität seines Mißbrauchs unabweisbar deutlich geworden ist und ein Abhängiger Gefahr läuft, seine Ehefrau oder seinen Arbeitsplatz zu verlieren, wird er versprechen, ja schwören, nie wieder rückfällig zu werden, obwohl er diesen Schwur bereits viele Male gebrochen hat. Dieses wiederholt gebrochene Versprechen wird geglaubt, weil es einer Illusion dient, die attraktiver ist als ein kritischer Blick auf die Wirklichkeit. Auf einem ähnlichen Mechanismus beruht die Anziehungskraft von Politikern, die einen Kometenschweif gebrochener Versprechungen hinter sich herziehen.

Eine Lösung von der Sucht gelingt nur, wenn sie *ernstgenommen* wird als *dauernde* Gefahr, mit der es sich besser leben läßt, wenn sie jeden Tag erkannt und ihr verderblicher Einfluß eingeschränkt wird. Der Süchtige verleugnet die Grenzen seiner narzißtischen Expansion und gerät in einen schwer auflösbaren Teufelskreis: Die Sofortbetäubung seiner Unlustspannungen steigert die Angstbereitschaft und schwächt die Toleranz für Versagungen. Erst im Erleben der eigenen Todesgefahr finden Süchtige die Möglichkeit, diesen Größenwahn zu durchschauen. Diese Einsicht wird ihnen erschwert, weil es zur herrschenden Kultur gehört, solche Grenzen zu verleugnen. Der Glaube, man könnte über seine Verhältnisse leben und *keinen* Preis dafür bezahlen, ist die zentrale Illusion der Konsumwelten.

Die ausbeutende und / oder «helfende» Beschäftigung mit

anderen Kulturen ist inzwischen zu einer jener grandiosen Unternehmungen geworden, deren erstes Beispiel der Turmbau zu Babel ist. Es gibt kein Ziel mehr, aber die Anstrengungen werden gesteigert. Ehe es uns nicht gelingt, ökologische Stabilität in unserem eigenen Haus herzustellen, ist jeder Export eingefärbt und getrübt von den destruktiven Mechanismen, die wir eingeführt haben. Es ist ungeheuer schwer, unter diesen Umständen zu helfen. Blinde Tätigkeit nach unseren eigenen Wertvorstellungen scheint genauso problematisch wie Untätigkeit angesichts des millionenfachen Elends. Die unreflektiert als humanitär gepriesene Aktion rettet zehn Hungernde, die hundert Hungernde zeugen, welche dann in ihrer verzweifelten Suche nach Nahrung die Lebensgrundlagen für Tausende zerstören.

Indem sich die Industrieländer als Geber aufspielen, können sie vor sich selbst verbergen, daß sie Parasiten sind. Die armen Länder hingegen fordern Betäubungsmittel für den Schmerz über den Verlust ihrer kulturellen Autonomie. Überall herrscht gegenwärtig eine Armutsphantasie, die nach den zerstörerischen Gütern der zum Untergang verurteilten Reichen streben läßt. Wie Moskitos an einem anämischen Opfer bohren die Petroleumkonzerne und die Wasserwerke ihre Saugrohre tiefer ein. Anders als das Insekt besitzen sie die geistigen Voraussetzungen, die Absurdität ihrer Strategie zu erkennen. Dennoch ändern sie diese nicht, solange sie nicht durch äußeren Zwang dazu gebracht werden. Von selbst wird dieser Parasitismus erst dann aufhören, wenn das Opfer kein Blut mehr hat.

Die Konsumgüterentwicklung enthält verschlüsselte, längst selbstverständlich gewordene Regressionen. Sie zu erkennen und zu kritisieren kostet Mühe und wirkt seltsam deplaziert. Vor dem Gericht des *Komfortschritts* ist die Beweislast umgekehrt. Rechtfertigen muß sich, wer eine destruktive Ware anzweifelt, denn diese kann sich allein durch ihren Verkauf legitimieren. Obwohl es seit 1930 möglich war, problemlos und zu günstigen Preisen mechanische Armbanduhren zu bauen, ist diese Methode der Zeitmessung durch die Massenproduktion von Quarzuhren verdrängt worden, deren Batterien die Umwelt mit einer in ihrer Summierung enormen Menge an Quecksilber und anderen Giften belasten. Daß es zu solchen Entwicklungen kommt, demonstriert die Unfähigkeit unserer Institutionen, mit den Bedingungen der Konsumgesellschaft umzugehen.*

Eine Kultur ohne sozusagen eingebaute, bereits in den alltäglichsten Netzwerken und Handgriffen verankerte Regressionen können wir uns kaum vorstellen. Jeder könnte nur soviel Energie verbrauchen, wie er selbst mit umweltverträglichen Mitteln produziert. Wer den Strom erschöpft hat, den sein Anteil an der kommunalen Solaranlage spendet, muß auf ein Fahrrad steigen und den Rest selbst erzeugen. Die schweißtreibende Muskelarbeit in den Fitneßzentren ist so kostbar, daß an jedem Trainingsgerät ein Dynamo hängt, der die erzeugte Kraft in speicherbare Energie verwandelt. Wo immer möglich, werden sinnliche Verhältnisse hergestellt. Wer Wasser braucht, soll es in einem Gefäß tragen müssen. Nichts Unersetzliches darf einfach dasein und fließen, weder elektrischer Strom noch Wasser.

---

* Solche Umweltrechnungen können längst angestellt werden, es gibt bewährte Methoden und zuverlässige Schätzungen. Natürlich muß auch bei sogenannten «ökologischen» Produkten sehr kritisch geprüft werden, ob sich der Aufwand lohnt und die Umweltverträglichkeit nicht nur in der Reklame steht. Anzustreben sind Modelle wie jene in der kalifornischen Wüste errichtete Fabrik, die mit dem elektrischen Strom aus Solarzellen weitere Solarzellen produziert.

Die Gefahr der Maschine liegt in der Multiplikation der Gier. Sie erstarrt, weil die Maschine – anders als ein lebendes Wesen – zu konstanter Kraftentfaltung fähig ist und daher die Illusion der Unsterblichkeit fördert, die ein zentraler Inhalt regressiver Phantasien ist. Nicht durch Zufall ist der Traum vom Perpetuum mobile in den vergangenen Jahrhunderten so wichtig geworden. Während unser Leben in parabolischer Bahn steigt und fällt, gaukelt die Maschine vor, ein einmal erreichtes Niveau für immer halten zu können. Diese Illusion fesselt den Menschen so, daß er viele Zerstörungen in Kauf nimmt. Gerät sie ins Wanken, hilft ihm die Maschine wieder: Sie verspricht eine wachsende Kraft, wo die Schwäche wächst, und kündigt an, sie könne ausgleichen, was unausweichlich ist: Verfall und Tod.

Das Streben, den Tod zu besiegen, bindet an ihn. Zur natürlichen Gier, zu Hunger und Liebe, tritt als gefährliche Neuerung die *Angstgier*, die sich auf den *Verlust* des mit Maschinenhilfe erreichten Energieniveaus bezieht. Der Komfort kann auch da nicht aufgegeben werden (erinnern wir uns an den ursprünglichen Wortsinn: Trost, Trost über die eigene Sterblichkeit), wo er destruktiv geworden ist. Er wird im Gegenteil gesteigert. Sehend, daß unsere von Vier- und Sechszylindermotoren angetriebenen Kraftwagen die Landschaft zerstören und im Stau steckenbleiben, kaufen wir trotzig den Zwölfzylinder. Einmal noch vor dem Untergang muß dieses Fahrgefühl gekostet werden. Wo einst die Arche vor der Sintflut rettete, werden wir in der Flut unserer Archen ersticken.

Wenn wir diesen Exkurs auf die Gier unterbrechen und die gesellschaftlichen Regressionserscheinungen erneut betrachten, finden wir einen Zusammenhang: Die Rückfälle in Barbarei hängen damit zusammen, daß sich eine Einstellung ausbreitet, in der frühere Einschränkungen plötzlich unerträg-

lich scheinen. Der allgemeine Anspruch an eine bequeme,
reine Welt scheint ebenso gewachsen wie die Enttäuschungs-
wut und die Rachewünsche, wenn sie nicht zuhanden ist. So
bauen gesellschaftliche Gruppen Phantasien der Benachteili-
gung aus. Sie sind Opfer, sie werden bedroht, sie sind über-
vorteilt worden, daher ist es ihr gutes Recht, sich durch den
Einsatz von Gewalt zu wehren.

Die Schwelle, gewalttätig zu werden, wird dabei nicht immer durch eine dem Bewußtsein zugängliche Absicht, zu rauben und zu plündern, überschritten. Aber diese Bedrohung
liegt in der Luft: Die zum Feindbild gemachten anderen, die
Fremden nehmen einem die Arbeitsplätze weg, verzehren pa-
rasitär, was besser bei der eigenen Gruppe untergebracht
wäre, wollen einen berauben und ausrotten. Es ist sozusagen
eine sauer gewordene Gier, ein Gefühl, bedroht und im Hin-
tertreffen zu sein, welches Aggressionen motiviert. Schon vor
vielen Jahren haben sich Regressionen in eine von Haß und
Blutrache bestimmte Welt in Nordirland oder im Libanon
vollzogen. Die Dynamik ist meist ähnlich: Die Bereitschaft,
ein gewisses Maß an gegenseitiger Beschädigung und Einschränkung zu ertragen, nimmt ab. Eine Seite definiert sich
als Opfer und macht auf die Gegenseite den Eindruck, sie
wolle nicht nur Ausgleich, sondern Rache, die schadlos
macht. Daher droht die Gegenseite zurück, will keinen Fin-
gerbreit nachgeben, um keinen Preis auch nur über Unrecht
verhandeln, das früher immerhin als Möglichkeit zugestan-
den wurde.

Das Ideal wird nun plötzlich eine genaue räumliche Trennung zwischen bisher in einem Zustand erträglicher Feind-
seligkeit gemischten Gruppen. Auch in friedlicher Vergangenheit war nicht damit zu rechnen, daß eine kroatische Familie
den serbischen Schwiegersohn mit Freude empfing oder ein

griechisches Mädchen auf Zypern in die schönen Augen eines türkischen Mannes blicken durfte. Aber es herrschte eine Bereitschaft, Versagungen zu ertragen, die unweigerlichen Ärgernisse einer kulturellen Durchmischung in Kauf zu nehmen, weil sich so das größere Übel vermeiden ließ.

Wir können gesellschaftliche Bewegungen nicht durch psychologische Mechanismen erklären. Aber die Psychologie kann helfen, ihre Dynamik besser zu verstehen und in Teilabschnitten auch Lösungen zu entwickeln. Ein zentraler Mechanismus des Konsums spielt eine wesentliche Rolle, um die Schwelle für kollektive Regressionen abzusenken. Es gibt, so suggeriert die Werbung an traditioneller Moral, kritischer Pädagogik oder intellektueller Aufklärung vorbei, den Genuß ohne Reue, das perfekte Gute für jeden, der die richtige (Kauf-)Entscheidung trifft.

Raucher sind jung und gesund, Autos haben freie Straßen, Wohnungen sind warm und hell, Medikamente heilsam, Operationen erfolgreich. Unsere Entscheidungen sind einfach: Wir müssen zwischen dem Guten wählen, das uns zusteht, und das Böse bekämpfen, welches uns hindern will, es zu haben. Nach ebendiesem Prinzip funktioniert die Dramaturgie der populären Musik und die der Kriminal- und Familienserien.

Es gehört zur Dogmatik der Werbung, uns den Eindruck zu vermitteln und ihn mit tausend kleinen Botschaften zu verfestigen, daß wir die Möglichkeit, aber auch die Aufgabe haben, eine reine, ungetrübte, uneingeschränkte Befriedigung zu finden. Diese Haltung wird durch eine riesige Medienmacht im Dienst der Konsumgüterproduktion verstärkt, die praktisch den einzigen gesellschaftlichen Bereich darstellt, in dem noch ungebrochen von *Fortschritten* die Rede sein kann. Es gibt in der Tat immer komfortablere Autos, Fernseher,

Computer, Waschmaschinen, Fotoapparate, Mikrowellen-
grills, Kücheneinrichtungen, Gartengeräte, Motorräder, Ba-
dezimmer. Was uns da von frühester Jugend an eingetrichtert
wird, bereitet schlecht auf die existentiellen Notwendigkeiten
der Realitätsbewältigung vor, in denen wir meist gerade *nicht*
die Wahl zwischen Lust und Frust haben, sondern die Wahl
zwischen einer produktiven und einer destruktiven Unlust.

Ein Kind kann nicht zwischen der Lust an seinen Hausar-
beiten und der Lust an einem Nachmittag in der Eisdiele wählen. Es muß sich entscheiden, ob die Unlust an den Haus-
aufgaben oder die Unlust am Tadel von Lehrern und Eltern
größer ist. Die konsumstiftende Illusion lautet, Disziplin und
Regression seien problemlos unter einen Hut zu bringen. Der
ehrwürdige (und unlösbare) Konflikt des deutschen Idealis-
mus, Pflicht gegen Neigung, signalisiert dann nur noch einen
Zwangscharakter oder Ungeschick. Dem Schulkind wird das
disziplinierte Verhalten um so schwerer fallen, je deutlicher in
seiner Umwelt die Illusion repräsentiert ist, es gäbe grundsätzlich die Möglichkeit, nur das zu tun, wozu man Lust hat.
Diese Illusion wird durch die Reklameindustrie überoptimal
dargestellt. Diese geistige Verwirrung arbeitet demagogi-
schen Prinzipien in die Hände. Der Alltag ist Progaganda für
die Bereitschaft, auszugrenzen und loswerden zu wollen, was
nicht in das von einem naiven Lustglauben bestimmte Bild
paßt.

Mit wachsendem Wohlstand und wachsender Prägung der
Massen durch die Konsumwerbung nimmt in den Industrieländern durchweg auch die Kriminalität zu. Sie ist eine vertraute Form des Bürgerkriegs, die wir so lange für harmlos
halten, wie sie uns nicht persönlich trifft. In ihrer Praxis sind
die modernen Bürgerkriege von großer Kriminalität kaum zu
unterscheiden. Die Übergänge von einzelnen Dieben, Ein-

brechern oder Räubern zu den organisierten Gruppen der Mafia, den Drogenbaronen in Pakistan oder Bolivien, den Generalen von Guerillaheeren und Potentaten von Einparteienregimes sind fließend.* Allen gemeinsam ist die Neigung, Gesetze und Abstimmungen nur so lange zu respektieren, wie sie im eigenen Sinne ausfallen. Der Verlierer einer Wahl, der sich während des Wahlkampfes zu den demokratischen Grundsätzen bekannt hat, verwandelt sich chamäleongleich zum Räuberhauptmann und kehrt an der Spitze seiner Kämpfer, die er nur versprochen hatte zu entwaffnen, in die von ihm «befreite» Provinz zurück. Ähnliche Verhaltensweisen lassen sich in Skandalen der Demokratien erkennen – etwa in der Barschel-Affäre oder im Watergate-Skandal.

Was fest steht, ist die *Zunahme* aller Formen der Kriminalität, der großen wie der kleinen, der politisch legitimierten wie der von allen Parteien und Religionen geächteten. Ein bereits erreichtes Niveau der Einordnung in von außen auferlegte oder verinnerlichte Disziplin geht schrittweise verloren. (Daß die Polizeistatistiken auch mehr Beamte und höhere Investitionen in diesem Bereich rechtfertigen sollen, ist wichtig genug, es zu erwähnen, kann aber die Veränderungen nicht erklären).

Jährlich sind in Deutschland rund 147 000 Menschen Opfer eines Gewaltverbrechens, vor allem schwerer Körperverletzung. 1992 wurden über 6000 Fälle von Vergewaltigungen angezeigt; die Dunkelziffer ist sehr hoch. Die Täter werden

---

* Karl May läßt einen solchen Gauner bereits um 1870 sagen: «Man spricht nicht mehr von Räubern, sondern von Patrioten. Das Handwerk hat den politischen Turban aufgesetzt. Wer nach dem Besitz anderer trachtet, der gibt an, sein Volk frei und unabhängig machen zu wollen.» K. May, Der Schut, Bamberg (Karl-May-Verlag) 1962, S. 129

immer jünger – im Berichtsjahr wurden 80 000 unter Vierzehn-
jährige als Verdächtige ermittelt, die Zahl der heranwachsenden Täter (14–18 Jahre) betrug 187 000. Mit insgesamt
6 291 519 Straftaten ist das Jahr 1992 ein Rekordjahr; die Steigerung liegt bei 9,6 Prozent gegenüber dem Vorjahr. Sie übertrifft damit andere Wachstumsparameter wie die Inflationsrate
oder die Zahl der zugelassenen Kraftfahrzeuge und erreicht
Werte, die ebenfalls Regressionsneigungen innerhalb der Gesellschaft charakterisieren: die Kostenzunahmen im Gesund-
heitswesen* und die Umsatzsteigerungen von legalen oder
illegalen Drogen. Vollends unwiderstehlich sind die Waren
des Westens für die vom Utopieverlust am härtesten Betroffenen. Es gibt dort in den konsumintensiven Bereichen kriminelle Mehrheiten. In St. Petersburg fahren nach glaubwürdi-
gen Berichten mehr gestohlene Autos als legal gekaufte.

Die Konsumideologien verstärken einen zentralen Prozeß
der Moderne. Sie konkretisieren ihn in Waren und machen ihn
unwiderstehlich, demonstrieren aber auch seine illusionären
Qualitäten deutlicher, als es früher möglich war.** Die
Glücksversprechungen sammeln und verdichten sich zum

---

* Diese sind in den letzten Jahren stärker gewachsen als das Brutto-
sozialprodukt, nehmen aber seit 1993 durch die Reformgesetze ab.

** Zygmunt Bauman nennt diese Reinheitssehnsucht das Dilemma
der Moderne schlechthin. Ein ähnliches Prinzip habe ich 1980 als «Destruktivität der Ideale» beschrieben. Ordnung, Gewißheit, Harmonie,
absolute Wahrheit und erhabene Kunst als Idealbilder des Fortschritts
können das Versprechen, das sie geben, nicht einhalten. Im Anspruch,
die Welt durchschaubar und kontrollierbar zu machen, wird ihre grundsätzliche Ambivalenz geleugnet. Bekannt und umstritten ist Baumans
These, die Assimilation der Juden (sozusagen der Versuch, «genauso»
zu sein wie die Deutschen) sei für die Eskalation des Antisemitismus in
der Hitler-Bewegung mitverantwortlich gewesen. Vgl. Z. Bauman, Mo-

Glauben an eine paradiesische Welt, die mit der eigenen religiösen oder nationalen Gruppe identifiziert wird. Politiker versprechen das Unmögliche; um den Zorn ihrer Anhänger, daß es nicht erreicht wird, abzulenken, müssen sie Sündenböcke finden. So fangen sie an, eine Gruppe von anderen, Fremden, Ur- oder Erbfeinden entweder zu schaffen oder in einer Belebung alter Vorurteile aufzubauen.

In den reichen Ländern spielen die aus den armen Ländern strömenden illegalen oder halblegalen (wie die Asylsuchenden in Deutschland) Einwanderer diese Sündenbockrolle, in anderen brechen Gruppengegensätze wieder auf, die schon überwunden schienen. Dadurch kann die Schuld an einem Elend, das in der Enttäuschung illusionärer Erwartungen begründet ist, an einem Opfer gerächt werden, das von den Tätern als weniger mächtig erlebt wird als sie selbst. Es trägt alle Projektionen ihrer Gier.

Die Konsumgesellschaft ist nicht durch die Gier entstanden, sondern die Gier ist das Produkt einer Wechselwirkung mit gesellschaftlichen Strukturen, die durch persönliche Entscheidungen nicht abgeschafft werden können, weil sie nach den bisherigen Erfahrungen immer mehr Personen vereinnahmen, als sich kritisch von ihnen distanzieren können. Psychologische Kategorien – etwa Triebe, Motive oder Interessen – gehen von einem *individuellen* Bedürfnisträger aus. Dieser ist gewiß die Realität, der sich unsere Forschung zuwenden kann. Aber diese Forschung wird die wesentlichen Aspekte nicht erfassen, wenn sie nicht die Verschmelzungen der individuell faßbaren Wünsche mit den kollektiven Strukturen einbezieht. Diese enthalten sowohl die soziale Verfaßt-

derne und Ambivalenz. Das Ende der Eindeutigkeit. Hamburg (Junius) 1992

heit unserer Welt wie vor allem auch Dinge, Waren, Maschinen, Gebäude. *Menschen gehen mit Gütern eine Verbindung ein, die den Liebesbeziehungen zu anderen Personen gleicht.* Aus diesem Grund ist es auch unmöglich, von *zeitlosen* Bedürfnissen zu sprechen. Die Triebwelt wird durch das Güterniveau geprägt und strukturiert. Menschen binden sich an Waren, wie sie sich in früheren Epochen vielleicht an religiöse Inhalte oder an andere Menschen gebunden haben. Die sozialen Aktivitäten gehen von neuartigen, zusammengesetzten Strukturen Mensch/Ware aus. Diese Verlötungen und Verschmelzungen haben ihrerseits regressive Qualitäten und fördern diese durch ihre Fortschrittsorientierung. Die Bequemlichkeit der Ware fixiert ein Konsumniveau, das weitere Bequemlichkeitssteigerungen erzwingt. Die Waren formulieren auch scheinbare Konfliktlösungen im Spannungsfeld von Disziplin und Regression anschaulicher, als es ein Soziologe könnte: Es gibt eine breite Palette von Produkten, die *gleichzeitig* an die Gier und an die Disziplin appellieren, zum Beispiel die kalorien- und alkoholreduzierten Leichtgetränke, die «gesunden» Zigaretten, die «Du darfst»-Diätprodukte, die «umweltfreundlichen» Konsumartikel, die «energiesparenden» Elektrogeräte, die «biologisch abbaubaren» Chemikalien.

Ohne solche Gesichtspunkte sind die Entwicklungen der Automobil-, Foto- oder Computerindustrie nicht zu verstehen. Während in Mythen und theologischen Deutungen die These einer Erbsünde ausgearbeitet wurde, welche die Beziehung des Menschen zu transzendenten Gestalten betrifft, müssen wir in den Strukturen der Gier, diesen Schimären aus Ware und Mensch, ein weltliches Grundrisiko unserer Existenz erkennen, das sich am frühesten in den Phänomenen der Sucht ausgedrückt hat.

Die Geschichte des Rauschmittelmißbrauchs zeigt, daß zwar schon lange Zeit Stoffe bekannt waren, mit denen Menschen eine enge psychische Verbindung eingehen können, daß aber diese Formen des Rausches gesellschaftlich integriert blieben. Erst im Gefolge des ersten mit industriell produzierten Maschinenwaffen geführten Krieges – des amerikanischen Sezessionskrieges – wurden sozial auffällige Formen von Sucht systematisch beschrieben. Sie hingen damit zusammen, daß inzwischen die chemischen Möglichkeiten entstanden waren, Suchtgifte in reiner Form darzustellen und in einer bisher unmöglichen Perfektion zu verabreichen. Die Bindung des opiatsüchtigen Kriegsverletzten an die Morphiumspritze gewann eine neuartige Qualität der Gier. Sie ging weit über die Bedürfnisse des Opiumessers hinaus.

In der Konsumgesellschaft hat sich die Häufigkeit und Intensität solcher Bindungen multipliziert; ihre destruktiven Qualitäten bleiben oft lange Zeit unerkannt und werden selbst dann noch verleugnet, wenn sie für Außenstehende unübersehbar sind. Der einzelne Konsument ist an seine Ware gebunden und dankt ihr einen Teil seiner Identität. Die gesellschaftlichen Strukturen, in denen diese Ware produziert wird, sichern diese Identität, so daß eine kollektive Abwehr gegen die Einsicht in die Destruktivität des individuellen Handelns aufgebaut und aufrechterhalten werden kann.

Besonders bedrohlich erscheint in diesen Prozessen die *Gewöhnung*. Sie funktioniert auf einer chemischen Ebene so, daß eine zunächst ausreichende, den gewünschten Effekt (etwa der Stimmungsaufhellung, der Betäubung) sichernde Gabe einer Droge nach einiger Zeit nicht mehr ausreicht. Nahezu jedes neue Automodell läßt das alte, das seine Funktion ebensogut erfüllte, unbefriedigend erscheinen. Immer höhere Komfortansprüche werden immer jüngeren Schichten der

Bevölkerung selbstverständlich. Die Stereoanlagen müssen
perfekter, die Fernreisen weiter, die Fernsehprogramme ta-
bubrechender werden. Es darf in diesen Konsumfortschritten
keine Pausen geben. Sie ersetzen schließlich den Glauben an
eine menschenwürdige Zukunft.

Der Wandel solcher Strukturen dauert lange und muß mit
Rückschlägen rechnen. Persönliche Entscheidungen, wie sie
in den verschiedenen Forderungen zu kritischem Konsum,
Konsumverzicht oder einem neuen Wohlstandsmodell stek-
ken, werden nichts Grundsätzliches ändern, aber uns vorbereiten und vielleicht auch helfen, Zeit für Veränderungen zu
gewinnen. In dieser Richtung sollte jede sinnvolle Konsum-
kritik argumentieren. Die Konsumabstinenz des einzelnen
kann die Struktur nicht verändern, solange sie nicht politische
Macht auf ihrer Seite hat. Worum es gegenwärtig vor allem
geht, ist die Erkenntnis der Verstrickung von Fortschrittshoffnungen der Konsumgesellschaft mit Rückentwicklungs-
phänomenen.

Wir sind der Spannung zwischen den beiden Polen einer
ökologischen Vision ausgesetzt. Werden am Ende der kurzen, glitzernden Epoche des Homo consumens nur rau-
chende Trümmer und giftige Asche stehen, zwischen denen
verelendete Räuberbanden einander die letzten Vorräte von
Wasser und Benzin abjagen? Oder friedliche Ökotopien, wo
mit bescheidenem Energieaufwand, ohne aufregende Güter-
innovationen, eine selbstkritischere Menschheit zwischen
Windrädern und Sonnenkollektoren auf eine Welt zurück-
blickt, die ihr dann so absurd erscheint wie uns heute Ritter-
turniere und Hexenverbrennungen?

2

Das Trojanische Pferd

Timeo Danaos et dona ferentes.[*]

Achilles war tot, es wurde die Stunde von Odysseus. Dieser
ersann eine List: das heilige Roß Poseidons überlebensgroß
und mit verborgenen Kriegern gefüllt den Trojanern als Ab-
schiedsgeschenk anzubieten. Vergeblich sagte Laokoon, was
oben zitiert ist. Die Trojaner glaubten sich vom Krieg erlöst
und holten ihren eigenen Untergang in den Ring ihrer
Mauern; die versteckten Kämpfer töteten die Wachen, öffne-
ten die Tore, Troja wurde geplündert und verbrannt.

Auch wir haben in der Hoffnung auf ein großes Geschenk
Gefahren in unsere einst enge und beschützte Welt geholt, die
eine globale Brandkatastrophe nicht mehr unmöglich erscheinen lassen. Charles Perrow[**] hat nicht nur die unvermeidlichen Risiken der Großtechnik benannt, sondern auch die
Szenarien der Katastrophenverdrängung. Beim nächsten
«Unfall» werden wahrscheinlich wie bei den bisherigen die
am stärksten Betroffenen als letzte informiert, wird der Un-

[*] «Ich fürchte die Danaer, auch wenn sie Geschenke bringen», Vers
von Vergil, der die Mahnung Laokoons vor dem Trojanischen Pferd
formuliert.

[**] Charles Perrow, Normale Katastrophen. Die unvermeidlichen
Risiken der Großtechnik. Mit einem Vorwort von Klaus Traube, Frankfurt (Campus) 1988

fall zunächst als Bedienungsfehler oder als Versagen eines leicht ersetzbaren Elements hingestellt, um die Frage nach dem Verzicht auf das gefährliche Gesamtsystem gar nicht erst aufkommen zu lassen, spielen Vertuschungsmanöver in allen nachfolgenden Untersuchungen eine große Rolle. Ist das Risiko endlich nicht mehr zu leugnen, wird es als absolut notwendig dargestellt, wenn wir nicht zurück in die Steinzeit wollen.

Nach der letzten einschlägigen Katastrophe, jener von Tschernobyl, hätte ganz Weißrußland evakuiert werden müssen, nicht nur das Gebiet im Radius von dreißig Kilometern um den Reaktor. Es gibt praktisch keine Chance, sich auf solche Szenarien vorzubereiten oder vor ihnen zu schützen. Nur wenn sie niemals eintreten, wäre die Atomenergie zu rechtfertigen. Die Katastrophe trifft das arme Bäuerlein, das mit einer Petroleumlampe zu Bett geht, ebenso wie den Konsumenten, der auf den Komfort eines elektrifizierten Haushaltes nicht verzichten kann. Sie verseucht das Anwesen mit der Solarzelle auf dem Dach ebenso wie die Aluminiumfabrik. Anders als bei einer Vulkankatastrophe oder einem Erdbeben müssen sich die Opfer mit der klaren Erkenntnis auseinandersetzen, daß dieses Unglück vermeidbar gewesen wäre. Wer von den Hunderttausenden, die an den Folgen der Atomkatastrophe in der Ukraine und in Weißrußland leiden und von denen die meisten noch nicht geboren sind, hat eine Wahl zwischen den Segnungen des Komforts der Verschwendungselektrifizierung und der Zerstörung von Heimat und Leben? Werden die Stromproduzenten und Stromverbraucher schon *vor* einer solchen Katastrophe umdenken?

Die Spanne des Aufatmens nach einer großen Anstrengung birgt Gefahren. Der Wechsel von der Industrie- in die Konsumgesellschaft hat diese Qualität. In den Anfängen der Industrialisierung war klar, daß die Versorgung aller Menschen mit lebensnotwendigen Gütern harte Arbeit und ständiges Ringen mit Widerständen der Materie und mit rückständigen sozialen Strukturen voraussetzt. Gleichzeitig machte sich der Optimismus breit, daß der wissenschaftliche und technische Fortschritt moralische Fortschritte ermöglichen, ja erzwingen würde. Anders als die neolithische Umwälzung durch Ackerbau und Viehzucht beruhte die industrielle Revolution auf durchdachten Projekten. Das weckte den Glauben, daß es möglich sein müßte, auch die Humanität zu planen und zu verwirklichen.

Mit dem Schritt zur Konsumgesellschaft hat sich diese Situation grundlegend geändert. Ihre Anfänge liegen in den Desillusionierungen des Ersten Weltkriegs. In den Materialschlachten starben Millionen für die Borniertheit eines autoritären Systems. Die Idee einer Gemeinschaft aller Gebildeten war verloren. Der Totschlag zählte mehr als das Argument («Jeder Schuß ein Russ', jeder Stoß ein Franzos', jeder Tritt ein Brit'»).* Die siegreichen Länder bewältigten diese Enttäuschung durch die Orientierung an den neuen Werten des Konsums – allen voran die Vereinigten Staaten.** Bei den Verlierern entstanden Faschismus, Nationalsozialismus und Stalinismus.

Es gab keinen Plan für einen Fortschritt der Menschheit mehr, aber es gab die Vision, die eigene Gruppe auf Kosten

---

* Eine Maxime der deutschen Kriegspropaganda, die auch Karl Kraus in «Die letzten Tage der Menschheit» zitiert.

** In diesem Zusammenhang gehört auch die plötzliche Beliebtheit einer trivialisierten Psychoanalyse in der Zeit nach dem Ersten Weltkrieg: «Enthemmung der Triebe», die Freud nicht propagiert hat, wurde zur wirtschaftlich verwertbaren Maxime.

anderer Gruppen größer und stärker zu machen. Die Folgen waren neokolonialistische Eroberungskriege (wie die der Italiener in Abessinien), die mit größter Brutalität geführt wurden, und innere «Säuberungen». Im Nazideutschland stand der Jude für den «Kriegsgewinnler», der auf Kosten der darbenden Frontsoldaten schmarotzt. Trotz des Luxus, in dem die NS-Bonzen lebten, wurden für das Volk asketische Ideale gepredigt. Die ironische Verachtung, mit der in der Gegenwart manche Publizisten den Konsumverzicht bedenken, hängt auch mit einem verspäteten Trotz gegen NS-Propagandalügen zusammen, die das Opfer von Bequemlichkeit für die Gemeinschaft forderten. Ein Beleg dafür ist die rhetorische Frage von Goebbels: «Wollt ihr Butter oder Kanonen?» Die Rede Himmlers vom 4. Oktober 1943 in Posen vor den SS-Gruppenführern demonstriert, wie selbst die Befriedigung sadistischer Neigungen noch als asketische Disziplin und Verwirklichung einer besseren Welt legitimiert wurde.* In

---

* «Von Euch werden die meisten wissen, was es heißt, wenn 100 Leichen beisammen liegen, wenn 500 daliegen oder wenn 1000 daliegen. Dies durchgehalten zu haben und dabei – abgesehen von Ausnahmen menschlicher Schwächen – anständig geblieben zu sein, das hat uns hart gemacht. Dies ist ein niemals geschriebenes und niemals zu schreibendes Ruhmesblatt unserer Geschichte.» Was Himmler mit «anständig bleiben» meinte, läßt sich aus einer anderen Rede ableiten: «Wir hatten das moralische Recht, wir hatten die Pflicht gegenüber unserem Volk, dieses Volk, das uns umbringen wollte, umzubringen. Wir haben aber nicht das Recht, uns auch nur mit einem Pelz, einer Uhr, mit einer Mark oder einer Zigarette oder mit sonst etwas zu bereichern... Ich werde niemals zusehen, daß hier auch nur eine kleine Fäulnisstelle entsteht und sich festsetzt...» Beide Zitate nach J. C. Fest, Das Gesicht des Dritten Reiches. Profile einer totalitären Herrschaft, München (Piper) 1993, S. 162 u. 166. Fest erwähnt nicht, daß dieses Konzept – dem Besiegten keine Gnade,

ähnlicher Weise wurde auch in der Stalin-Ära der Verzicht auf alle «westlichen» Bequemlichkeiten zugunsten eines künftigen Paradieses der Werktätigen gefordert und die Massenvernichtung wirtschaftlicher Gruppen wie der freien Bauern als notwendige Inhumanität auf dem Weg zu einer utopischen Ordnung gerechtfertigt.

Zur Konsumgesellschaft gehört, daß sie bisher keinen Denker hervorgebracht hat, der ähnlich überzeugend ihre Grundsituationen darstellt, wie es die Philosophen der Industriegesellschaft getan haben: Schopenhauer, Nietzsche, Darwin, Marx und Freud. Die Ursache liegt in dem regressiven Prinzip der Konsumgesellschaft, das eine völlig neuartige Umgangsform mit Informationen – also auch mit Wissen über die eigenen Bedingungen – mit sich bringt. Neue Ideen verlieren rasch das ihnen einmal entgegengebrachte Interesse.

Die bürgerliche Revolution des 18. Jahrhunderts zitierte empört den Spruch der untergehenden Feudalgesellschaft: Nach uns die Sintflut. Diese Position schien ein Zeichen, daß die herrschende Klasse bis ins Mark verfault war. Sie mußte durch neue Machtstrukturen abgelöst werden, die bereit waren, verantwortungsvoll die gesellschaftliche Zukunft zu gestalten. Die Konsumhaltung setzt den Spruch der verwöhnten Nobilität in die Tat um. In dieser Entwicklung steckt etwas Ungeplantes, Zufälliges, weil nicht mehr die Menschen mit ihren Gedanken und Erklärungen den historischen Prozeß gestalten, sondern Waren und die Werbung für Waren. Die Moral ist keineswegs aus der Öffentlichkeit verschwunden, aber sie muß Eitelkeiten herstellen, und sei es nur die, eine treuere Gattin zu sein als die Princess of Wales. Die Ver-

dem Sieger keine Beute – biblisch ist: der Grundsatz des Heiligen Krieges.

bindung zwischen Anstrengung und Erfolg löst sich auf. Parallel zum Triumph der optischen Medien verlieren Bücher und Zeitschriften an asketischer Qualität. Sie bemühen sich, dem Leser jede Anstrengung zu ersparen.*

Wer die frühen Kataloge der Versandhäuser studiert, findet nüchterne, informative Beschreibungen, die allein an die Vernunft und die Warenkenntnis des Angesprochenen gerichtet sind. Nach dem Ersten Weltkrieg wird die Werbung emotionaler, als sei eine bisher nie erkannte Möglichkeit gefunden, Konsumgüter zu *lieben*. Diese sanfte, emotionale Werbung wird in den späteren Phasen der Konsumgesellschaft aggressiver und umfassender. Die Ware beansprucht einen wachsenden Bereich der psychischen Realität; gegenwärtig ist sie in vielen mit höchstem Aufwand gestalteten Kurzfilmen und Videos scheinbar nur noch eine Nebensache, als würde aus einem Luftschloß im Vorbeigleiten ein Schlüssel fallen, der Zutritt zu von Wundern erfüllten Räumen gewährt.

Früher wurde der Raucher darauf hingewiesen, daß die Papierhülsen mit feinsten Orienttabaken gefüllt seien. Heute bezaubern uns aufregende Expeditionen, Cowboys oder liebevoll ausgemalte Szenen voller Erotik. Irgendwann taucht der Name einer Zigarette** auf; es kann aber auch ein Par-

---

* «Die Abschaffung der Kultur durch die Zivilisation» und den Untergang der Literatur kündigt Günter Kunert in einem Essay in der *Zeit* (Nr. 6/1994, S. 53) an. Der semantische Reichtum der Sprache schrumpft, der Leserhythmus orientiert sich an den Beschleunigungen der Television, es gibt keine Autoren mehr, die unterhaltend sind und gleichzeitig zum differenzierten Denken erziehen.

** Begleitet von dem eingeblendeten Hinweis, daß Zigarettenrauchen gesundheitsschädlich ist: ein Beleg für die Banalisierung der Disziplin. Die schriftliche Warnung wird in einer Regression in den Analphabetismus ertränkt.

füm, ein Joghurt oder ein Motorrad sein. Die Werbung bietet Chancen, sich unverwechselbar zu fühlen, zu lieben, zu verschmelzen. Die Waren sind aus Teilen eines progressiven Universums zu Rückzugsmöglichkeiten aus einer gestörten und zerstörten Welt geworden. Die typische Sequenz einer Autoreklame ist, daß sich ein Zündschlüssel dreht, ein Motor brummt, eine elegante Karosserie im besten Licht über freie Straßen durch schöne Landschaften eilt und schließlich an einem stillen Platz im Gebirge oder am Meer stehenbleibt. Verkauft wird die Möglichkeit, der bedrückenden, kaputten Realität zu entfliehen, welche durch eben die beworbenen Vehikel vergiftet wurde.

Als der Golfkrieg geführt wurde und die Medien voller Bilder von Kampfpiloten und Jagdflugzeugen waren, meldeten sich mexikanische Landarbeiter bei der amerikanischen Luftwaffe. Sie wollten Einsätze gegen den Irak fliegen. Viele von ihnen konnten weder lesen noch schreiben.

Die Unfähigkeit der großen Konfessionen, sich auf diese Situation einzustellen, zeigt deutlich, daß es *keine* Weltreligion gibt. Die optischen Massenmedien transzendieren die Orientierung an einer «heiligen Schrift». Ein Hollywood-Film über Moses oder Salomon trivialisiert die Bibel mehr, als es genaueste rabbinische Kontrolle der Dialoge wieder gutmachen kann. Es sind dieselben Schauspieler und Kameramänner, die ein Jahr später einen Western drehen werden und ein Jahr früher eine Schnulze gedreht haben. Das heißt: die Bilder werden beliebig, weltlich, Material neben vielen anderen, Zitat.*

---

* Mit einem ähnlichen Einwand hat sich Claude Lanzmann, Autor des spröden, dokumentarisch eindrucksvollen Filmes «Shoah», gegen die Hollywood-Trivialisierung des Holocaust durch «Schindlers Liste»

Wenn fundamentalistische Terroristen auf einen Bus in
Ägypten feuern und einige Touristen töten, gefährdet dieses
Ereignis den Fremdenverkehr im ganzen Land. Das heißt,
daß aus einem quantitativ gesehen geringfügigen Problem (jedes Wochenende kommen in den so alarmierten Ländern
durch Verkehrsunfälle weit mehr Menschen ums Leben) eine
Drohung erschlossen wird, die das Handeln großer Men-
schenmengen bestimmt. Obwohl es, rational gesehen, vermutlich gefährlicher ist, einen Wochenendausflug mit dem
eigenen Auto zu unternehmen als eine Nilfahrt zu buchen,
fühlen wir uns angesichts der ersten Situation sicher, angesichts der zweiten fragen wir uns, ob es nicht an der Zeit wäre,
ein Testament aufzusetzen.

Die Vorliebe der Medien für grelle Kontraste (zwischen
Urlaub und Terrormord in dem zitierten Fall) verzerrt die
Perspektive. Der Tourist in New York erwartet einen Raub-
überfall, der in Mexiko eine Kinderbande mit gezückten
Springmessern. Wer im Schlafwagen über den Brenner reist,
rechnet damit, mit Lachgas betäubt und ausgeraubt zu werden, wer in Quito durch einen öffentlichen Park bummelt,
dem wird der Rucksack mit einer Rasierklinge aufgeschlitzt.

Vor der Entdeckung der Massenmedien gab es keine narzißtische Verwöhnung. Wer sich in den Vordergrund spielen
wollte, mußte die eigene Stimme erheben, sich selbst von Angesicht zu Angesicht bemühen. Die narzißtische Befriedi-

gewandt, einen Film von Steven Spielberg, der nach Ungeheuerspekta-
keln («Der weiße Hai», «Jurassic Park») das Ungeheuerliche spektakulär verfilmte. Wenn er, so Lanzmann, einen heimlich von einem SS-
Mann aufgenommenen Film über die Vernichtungslager fände, er würde
ihn nicht nur nicht zeigen, sondern zerstören (Bericht der *Süddeutschen
Zeitung* 53 / 5. / 6. März 1994, S. 17).

gung, mehr Aufmerksamkeit zu erhalten als andere, wird in den Medien zum Gegenstand einer immer perfekteren Dienstleistung. Menschen werden verschlungen und ausgespieen. Wer etwas Besonderes erleidet, kann ebensoviel Aufmerksamkeit gewinnen wie der, welcher etwas Besonderes tut. Das Besondere wird dadurch zum Selbstzweck. Es existiert durch das Medieninteresse sozusagen in chemisch reiner Form, ohne jeden anderen Sinnzusammenhang.

Ein Verhalten, das an die Wettbewerbe kleiner Jungen erinnert, wer am längsten die Luft anhalten, am weitesten pinkeln oder die meisten hartgekochten Eier essen kann, wird unter dem Medieninteresse zum Gegenstand der narzißtischen Befriedigung Erwachsener, die sich bis zur völligen Erschöpfung quälen, um einen Dauerrekord im Rollschuhlaufen, Küssen oder Skatspielen aufzustellen. Je bizarrer die Leistung, desto höher die Publizität.

Die Katastrophen, mit denen die Medien uns umgeben und in deren blutiger Ausgestaltung sie miteinander konkurrieren, hinterlassen eine diffuse Mischung aus unheimlich und doch nicht wahr. Gegenstück der unbegründeten Panik, welche Urlauber von ihrer geplanten Reise zurücktreten läßt, ist eine Unverwundbarkeitsphantasie. Wenn *nicht* eintritt, was doch befürchtet wurde und eigentlich hätte eintreten müssen, ist die naive Heldenhaftigkeit bekräftigt. Wenn so oft so viel übertrieben wird, müssen doch Dinge, die sich in kleinen Meldungen verstecken – ein Chemieunfall, eine Grundwasservergiftung, ein Korruptionsskandal, eine Müllschieberei –, gänzlich harmlos sein.

Darstellungen von Phantasien gab es schon früh; das Theater ist eine sehr alte Kunst. Aber solange lebende Menschen spielen, bleiben die Regressionsmöglichkeiten des Publikums ebenso begrenzt wie die Progressionsmöglichkeiten der Darsteller. Im Film kann ein Schauspieler fliegen, mörderische Gefahren überstehen, Drachen besiegen, heute ein genialer Wissenschaftler sein und morgen ein perfekter Schütze. Die Grenzen zwischen Traum und Realität lösen sich auch im Bewußtsein der Zuschauer auf.

Eine Metapher zum Verständnis der Medienwirkungen ist das Experiment Niko Tinbergens* mit den «überoptimalen» Auslösern. Tinbergen bot brütenden Möwen ein künstliches Ei an, das ähnlich bemalt war wie ihr eigenes, aber erheblich größer. Die Tiere bebrüteten die Attrappe, auf der sie nicht richtig sitzen konnten, und ließen ihre eigenen Eier daneben verfaulen.

Tinbergens Versuch veranschaulicht die biologischen Grundtendenzen der Gewöhnung und der Suche nach Sicherheit, die beide zusammenwirken, so daß der Eindruck entsteht: Wenn etwas «gut» erscheint, wird *mehr* von diesem «gut» auf uns besser wirken als weniger. Das größere Ei ist eben «mehr» Ei als das kleinere, es sendet deutlichere Reize in das Nervensystem der Möwe, appelliert nachdrücklicher an ihren Brutinstinkt. Der Liebhaber, der seine Zuneigung nicht nur zeigt, sondern sie auch beweist und beteuert, bietet ebenfalls mehr von etwas Gutem. Der Heiratsschwindler beweist seine Liebe wie ein Berufsspieler, der den unerfahrenen Gegner erst einmal gewinnen läßt, um ihn anschließend besser ausnehmen zu können.

Die Konkurrenz der Waren, die sich im Bewußtsein der Konsumenten inzwischen als Konkurrenz von Identitäten spiegelt, führt dazu, daß die Bindungen an überoptimale Reize zu einem Teufelskreis von Abhängigkeiten führen. Weil die Szenen über Liebe und Haß in der Television weit

* N. Tinbergen, The Herring Gull's World, London (Collins) 1963

besser sind als die Szenen von Liebe und Haß in meinem Leben, schwindet die Befriedigung an dem, was ich wirklich erlebe, während umgekehrt die Betrachtung der imaginären, überoptimalen Szenen mich ebenfalls unbefriedigt läßt, da ich aus ihnen keine wirkliche Befriedigung gewinne. So zappe ich mich mit erneut enttäuschter Befriedigungshoffnung in das nächste Programm.

Unser globales Bewußtsein kann sich selbst nicht mehr standhalten. Gelänge ihm das, wären viele der Selbstverständlichkeiten unserer Konsumgesellschaft unerträglich. Aber weil der Mensch zwar an einen ganzen Planeten *denken*, jedoch immer nur einen sehr kleinen Ausschnitt dieses Ganzen geistig festhalten und sich auf diesen emotional *beziehen* kann, leben wir zwischen Absurditäten. Wir finden sie ganz normal, weil wir sie nicht mit einer fernen Realität, sondern mit schon länger bestehenden konkreten Absurditäten verbinden. Vergleichen wir sie mit diesen, erscheinen sie nicht mehr absurd, sondern fortschrittlich, nützlich, erfreulich und positiv.

Weil das neue Auto über 230 Stundenkilometer schnell ist und einen Sechszylindermotor von jener Stärke hat, die sonst einen Omnibus bewegt, braucht es auch Antiblockiersysteme, Gurtstraffer, Airbags und einen Seitenaufprallschutz. Und um zu verhindern, daß die machtvoll getriebenen Reifen beim Anfahren durch einen allzu sportlichen Fahrer verheizt werden, ist auch eine Antriebsschlupfregelung eingebaut. Kurzum, wer sich auf diese sinnlich faßbare und faszinierende Absurdität einläßt, ist von vertrauten Problemen und vertrauten Lösungen umgeben; er fühlt sich in der Beschäftigung mit einer Maschine, die seinen Kindern Erde und Luft wegnimmt, geborgen.

Diese Dynamik erinnert an archaische Konkurrenzen der

Waffenschmiede. Immer wird der Harnisch, den der eine fertigt, durch die Klinge geprüft, die ein zweiter macht. Jeder ist so gezwungen, ständig die Fortschritte des Rivalen durch neue, eigene Bemühungen zu kompensieren. So müssen Sicherheitstechniker antreten, um die Gefahren zu mildern, welche durch den stärkeren Motor geschaffen sind. Niemand versucht, das System zu entschleunigen, durch die weniger aufwendige Gestaltung des einen Teilsystems ein anderes zu entlasten. Das Ganze ist längst über seine eigenen Grenzen gewachsen. Bei einem Unfall mit der Hälfte der Höchstgeschwindigkeit sind die Sicherheitssysteme bereits ohnmächtig. Solche Muster sind universell geworden.

Da jede Warenidentität danach streben muß, einen besseren Eindruck zu machen als ihre Wettbewerber, fühlen sich die Menschen dauernd in einer Konkurrenzsituation. Die Realität gewährt keine narzißtische Stabilität mehr. Der jüdische Witz «Soll ich etwa gehen in ein' Verein, der *mich* aufnimmt?» wird zur Beschreibung des Zustands von Mehrheiten der Bevölkerung.* Je mehr die Möglichkeiten wachsen, in Unversehrtheit und größerem Wohlstand zu leben als jede Generation vor uns, desto weniger Menschen sind subjektiv mit ihrem Leben zufrieden.

Die Konsumhaltung gleicht einer verlangsamten Panik,

---

* Umfrageergebnisse in bezug auf «Zufriedenheit» widersprechen dem nur scheinbar. Die Antworten spiegeln die narzißtische Bedürftigkeit des Subjekts; Unzufriedenheit und schlechtes Selbstgefühl werden in der Regel verleugnet oder sogar durch Beteuerungen des Gegenteils kompensiert. Auch wenn eine Mehrheit der Bevölkerung konsumsüchtig und unzufrieden ist, werden Umfragen eine Mehrheit für Konsumlust und Zufriedenheit ergeben. Daß diese Daten dann vom wissenschaftlichen Establishment als Realität ausgegeben werden, wird den Kenner der Szene nicht verwundern.

dem Streben, beim Konkurs einer Bank noch möglichst schnell sein Guthaben zu erraffen, ehe die Schalter schließen. Warenstimulation und Verlust disziplinierender Strukturen wirken zusammen, um diese verlangsamte Panik zum Lebensgrundgefühl zu machen. Durch den Strukturverlust, der durch einen Mangel an optimalen Versagungen entsteht, fühlen viele Menschen eine quälende innere Leere, eine Sinnlosigkeit, die mit fast allen Mitteln – bis hin zur Selbstbeschädigung – von außen gefüllt werden muß. In dieser Raffkonkurrenz wird Toleranz immer schwieriger.

Es geht keineswegs nur um den Komfortschritt, um die Triebbefriedigung durch immer perfektere Waren. Mindestens ebenso wichtig (und in den am meisten entwickelten Konsumgesellschaften sogar besonders bedeutsam) sind die Sinnstiftungen, narzißtische Befriedigungen, welche durch die Partizipation an bestimmten Warenfeldern hergestellt werden. Gute oder bequeme Turnschuhe, Jacken, Sweatshirts genügen einem Jugendlichen heute nicht; es muß unbedingt die Marke sein, die seine Bezugsgruppe als bedeutungsvoll erlebt. Sinn wird angesichts der Strukturlosigkeit, der aus ihr folgenden inneren Leere und der schwindenden Chancen, im Gedränge der Narzißmen noch einen stabilen Platz zu finden, zu einem knappen Gut, das rasch verschleißt. Er ist sozusagen gesellschaftlich abbaubar und löst sich, wie umweltfreundliches Plastik, im Licht der öffentlichen Aufmerksamkeit rasch auf. Der alte Sinn schwindet so rapide, wie der neue hektisch produziert wird.

Meinungskaufleute – Talkmaster, Magazinmoderatoren, Redakteure, Literaturkritiker – gewinnen ihre Macht dadurch, daß sie einzelne Happen der Wahrheit aus dem Zusammenhang reißen und zur Schau stellen, wie es in ihre Vorstellungen paßt. Sie nehmen in der Regel an, daß sie denen,

über die sie herfallen, einen *Gefallen* tun. Es ist derselbe Gefallen, den der Bürgermeister / Immobilienmakler den Be-
wohnern der griechischen Insel tut, deren Buchten er für Fe-
riendörfer erschließt. Da niemand die Welt überblickt und
sich in allen Bereichen auskennt, stöhnt jeder nur dann, wenn
es *sein* Spezialgebiet, sein Roman, sein Stadtviertel, seine wissenschaftliche These ist, die zerfleddert wird. Wenn es die
Spezialgebiete, Bücher, Thesen der anderen sind, fühlt er sich
informiert oder doch wenigstens amüsiert.

Die Designer der sinnstiftenden Waren sind einem ähnlichen Verschleiß unterworfen wie ihre Produkte. Kreativität
wird, indem sie den individuellen Narzißmus steigern soll,
dessen Vergänglichkeit unterworfen und der künstlichen
Veraltung der Moden ausgesetzt. Die Kunsttheorie erwartet
von jedem der massenhaft Beteiligten Unverwechselbares.
Orginalität um jeden Preis wird zum Anlaß für den Parasitismus in der Kunst. Ohne die alten Formen, die negiert oder
ironisiert werden, sind viele Produktionen ohne jeden Be-
lang. Der gehetzte Artist wird Leonardos Mona Lisa mit
einem Schnurrbart versehen und dies zeitgeistiger gelobt finden, als er es im Scheitern seines Versuches, ein eigenes Bild
zu malen, je erreichen könnte. Dieses vampirische Schöpfer-
tum rechnet mit der Aufmerksamkeit, die der Druckfehler in
einem lexikalisch korrekten Text findet. Die Künste in der
Konsumgesellschaft tragen zur kollektiven Vernebelung jener kindlichen Hellsichtigkeit bei, die da sagt: Das kann ich
auch. Der Kaiser ist nackt.

Die Unfähigkeit, zwischen Scharlatanerie und ernsthafter
Arbeit zu unterscheiden, hängt mit dem Bedeutungsverlust
des Handwerks zusammen. Durch die industrielle Produktion wird die traditionelle Handwerkskunst auskonkurriert;
sie geht verloren, weil die Konsumenten nicht in der Lage

sind, einem Angebot zu widerstehen, das deshalb so billig sein kann, weil die Kosten der industriellen Produktion einer Umwelt, die sich nicht wehren kann, und einer Gesellschaft aufgebürdet sind, die noch nicht in der Lage ist, über das Warenganze zu reflektieren.

Der bengalische Mystiker Rabindranath Tagore hat einen typischen Verfallsprozeß beschrieben, als er das Debbie und das Chatti verglich. Beides sind Gefäße, mit deren Hilfe die indischen Frauen Wasser in ihren Haushalt bringen. Das Debbie ist ein Blechkanister, der früher Öl oder Benzin enthielt; das Chatti ein Krug, den der Dorftöpfer macht. Das Debbie ist praktisch umsonst zu haben und zerbricht nicht; das Chatti ist handwerklich hergestellt und schön. John Seymour setzt hinzu, «daß selbst eine hübsche Frau mit einem Debbie auf dem Kopf häßlich aussieht, während auch eine weniger schöne Frau mit einem Chatti auf dem Kopf graziös wirkt. Außerdem... trägt der Gebrauch des Chatti dazu bei, einem Freund und Nachbarn im Dorf eine Lebensgrundlage zu geben, während das Debbie vorwiegend zur Verschmutzung und Entwürdigung unseres Planeten beiträgt.»[*]

Die Lösung der Konsumgesellschaft ist es, das Chatti und das Debbie, die Plastiktüte und den Korb in Konkurrenz zu setzen, mit der Folge, daß die Armen den Schund benützen und die Reichen die handwerklich gearbeiteten Gegenstände. In der Toskana erkenne ich die städtischen Pilzesucher daran, daß sie schön geflochtene Körbe tragen, im Gegensatz zu den Bauern, die mit einer Plastiktüte in den Wald gehen. Wesentlicher scheint mir aber, was Seymour über die psychologischen Folgen des handwerklichen Umgangs mit natürlichen Materialien schreibt:

[*] John Seymour, Vergessene Künste. Bilder vom alten Handwerk, Ravensburg (Otto Maier) 1984, S. 8

«Der besondere Charakter von Naturmaterialien erfordert vom Handwerker eine Disziplin, die ihn zwingt, etwas herzustellen, das sowohl zweckmäßig als auch schön ist. Es sind die Fasern des Holzes mit ihrer Eigenschaft, an manchen Flächen leichter zu splittern als an anderen, die den Schreiner, den Wagner, den Böttcher, den Drechsler oder den Bootsbauer zwingen, das Holz auf bestimmte Art zu formen, die positiven Eigenschaften des Holzes auszunutzen und die negativen auszugleichen. Das alles bedingt die Schönheit hölzerner Gegenstände. Außerdem zwingt es den Holzbearbeiter zur Auseinandersetzung mit den Geheimnissen seines Arbeitsmaterials und seiner Handwerkskunst. Das macht den Handwerker zum Künstler. Es waren die begrenzten Eigenschaften des Steins als Baumaterial, die die Architekten über die Jahrhunderte hinweg zwangen, so wunderschöne Strukturen wie Bogen und Gewölbe, Säule, Arkaden und Strebebogen zu konstruieren. Stahlverstärkter Beton hingegen kann zu jeder beliebigen Form verarbeitet werden, weshalb daraus nur selten etwas wirklich Schönes gebaut wird.»*

---

* Seymour, a. a. O., S. 9. Seymour schließt einige Seiten später: «Ob die Menschheit einfach genug bekommt von der langweiligen, niedrigen Arbeit, bei der häßliche, überflüssige Produkte entstehen, oder ob die Beschränkungen, die uns die schwindenden Rohstoffvorräte unseres Planeten auferlegen, die Lemmingwanderung zur Klippenkante stoppen – wenn die Menschheit auf irgendeiner Stufe echter Zivilisation überleben wird, wird der Handwerker wieder triumphieren.» Seymour, a. a. O., S. 15

3
Intelligenz und Politik

Durch die Spezialisierung wird das Individuum in eine punktuelle Disziplin genötigt, die von einer breiten Zone von Regressionen umgeben ist. Die moderne Technik ist in der Konsumgesellschaft zunehmend in eine Richtung entwickelt und umgelenkt worden, die mit dem Stichwort «idiotensicher» umschrieben werden kann. Das heißt, daß intensive und hochspezialisierte Anstrengungen unternommen werden, um den Nutzer zu entlasten, alle seine Fehler vorwegzunehmen und auszugleichen.

Wer Konzentration und Muskelkraft aufwenden muß, um sein Auto zu lenken, zu schalten und zu bremsen, fährt in einer anderen Stimmung als der Lenker eines Fahrzeugs, in dem ihm Servoeinrichtungen diese Mühe ersparen. In der Konsumgesellschaft gibt es keine Unterscheidung zwischen sinnvollem und regressionsförderndem Komfort. Die Unterscheidung ist primitiv: Komfort ist gut, Mühe schlecht, es sei denn, es ist die spezialisierte Mühe beim Sport.

In dieser neuen, konsumdominierten Form der technischen Entwicklung wird kollektive Progression durch individuelle Regression erkauft.* Diese Regression bleibt zunächst

---

* Der Siegeszug der japanischen Technik in vielen Bereichen der Konsumgüterproduktion hängt damit zusammen, daß Japan nach dem Debakel des Krieges sämtliche Rüstungsanstrengungen aufgab, die dort entwickelten Prozeduren und Spezialisierungen aber auf die Konsum-

unbeachtet. Ein geräuschvoller Fortschritt übertönt sie. Das
Selbstbewußtsein entdifferenziert sich und ist nur noch dort
gut strukturiert, wo sich der Mensch der Konsumgesellschaft
selbst als Spezialist oder Professioneller fühlt. Die Identität
des Konsumenten, welche die Breitendimension füllt, hängt
vorwiegend davon ab, ob es gelingt, befriedigende Mengen
dessen zu erhalten, was zum Wohlbefinden fehlt. Scheitert
die Erfüllung dieser Versorgungsbedürfnisse*, ist die Depression tief; sie hat eine endogene, rätselhafte Qualität, kann
nicht mit einer sinnhaften Trauer verbunden werden. Ein ver-
wandter Prozeß führt gegenwärtig zu einem Pessimismus der
Intellektuellen, der vom lärmenden Optimismus der Macht-
politiker so weit entfernt ist, daß es kaum noch eine Ge-
sprächsbasis gibt.

Für den Politiker ist die wachsende Abhängigkeit des einzelnen von der Gesellschaft eine grundsätzlich akzeptierte
Basis eigener Machtentfaltung. Deshalb idealisiert er den Ap-

---

güterproduktion umlenkte. Die Folge war, daß in den fünfziger Jahren
die deutschen Industriellen noch über die billigen japanischen Kopien
ihrer Produkte lächelten, während in den siebziger Jahren die belächel-
ten Japaner sie einen nach dem anderen durch komfortablere und billi-
gere Produkte aus dem Markt drängten. Die Japaner setzten von Anfang
an auf Komfort ohne ökologische Rücksichten. Während europäische
Firmen Uhren, Foto- und Filmapparate (zum Beispiel die heute von
Sammlern geschätzte Robot) mit Federwerken bauten, eroberten die
Japaner den Markt mit batteriegespeisten Antrieben.

* Diese Verwöhnungsbedürfnisse richten sich auch an die Spezialisten selbst. In den am meisten fortgeschrittenen Konsumgesellschaften
werden auch Prozesse um Schadensersatz wegen eines ärztlichen Be-
handlungsfehlers, einer mißlungenen Eheberatung oder eines untaug-
lichen technischen Gerätes immer häufiger. Vergleiche auch die in der
Einleitung beschriebenen Beispiele für Disziplinverluste.

parat, der ihm diese Möglichkeiten bietet. Der Intellektuelle hingegen erkennt die wachsende Ohnmacht und Abhängigkeit aller, auch der subjektiv Mächtigen, die Anhängsel einer Megamaschine aus Konsumenten und Produzenten sind. Sie besitzt eine Eigendynamik, die niemand mehr steuert und deren Zerstörungskraft jeder erkennt, der geistig in der Lage ist, sich so weit von diesem Apparat zu entfernen, daß er ihn von außen wahrnehmen kann.

Ist dieser Blick von außen mit dem Gewinn der Macht im Inneren des Apparats unvereinbar? Vom Grundsätzlichen abgeschreckt, wenden sich Kaufleute und Politiker dem Machbaren zu, wo sie Kompromisse finden und Verteilungen vornehmen können, die ihrer Macht nützen. Man richtet eine Kommission zur Verbesserung der Sicherheit von Atommeilern ein oder baut Rauchgasentschwefelungsanlagen für die Schornsteine der Kohlekraftwerke. Der Intellektuelle kann nicht übersehen, daß sich durch solche Manöver die grundsätzliche Misere nicht ändert. Er muß verarbeiten, daß eine stabile Mehrheit der Bevölkerung seine Beobachtungen weniger respektiert als die optimistischen Illusionen der Politiker und die Verwirrspiele ihrer Massenmedien.

Die Titanic ist durch den falschen Kurs, den die Schiffsoffiziere steuerten, an einem Eisberg zerschellt. Aber das ändert gewiß nichts daran, daß in den Rettungsbooten Offiziere das Kommando führen und kein Passagier die Macht lieber dem Sonderling anvertraut, der den Genuß des Captain's Dinner durch seine Warnungen gestört hat. In seiner Überschätzung der Einsicht ist der Intellektuelle selbst ein Opfer der regressiven Entwicklungen, welche der riesige technisch-wissenschaftliche Apparat den Individuen aufnötigt.

Die menschliche Moral ist auf das Nächstliegende gegründet. Es fällt uns schwer, jemanden für integer zu halten, der seine Töchter mißbraucht oder seine Freunde verrät. Aber wie sollen wir den Betriebsrat eines Rüstungskonzerns beurteilen, der in Kauf nimmt, Landminen zu produzieren, um die Arbeitsplätze seiner Kollegen zu schützen? Industrielle Strukturen, in denen Produktion und Verbrauch weit auseinanderliegen, überfordern eine Moral, die sich an emotionalen Beziehungen orientiert. Ähnlich wie dort Konstrukteure und Arbeiter weitab von den potentiell blutigen Folgen ihres Fleißes leben und empfinden, sind im modernen Krieg auch Täter und Opfer durch Entfernungen getrennt, die verläßlich vor Schmerzensschreien schützen. Der Krieg eines Kampfpiloten unterscheidet sich vom Trojanischen Krieg wie ein Videospiel von einem Schlachthof.

Der Angehörige einer traditionellen Kultur wird nicht durch sein moralisches Urteil, seinen kategorischen Imperativ oder seine Einsicht in Ökobilanzen motiviert, so zu leben, wie es für das Überleben der Menschheit optimal ist, sondern durch die Umwelt, in der er existiert und die ihn jeden Tag in einem Zug belehrt und zwingt. Wir müssen lernen, Lebensumstände künstlich herzustellen, die in ähnlicher Weise Überleben ermöglichen und unsere Beziehung zur Umwelt stabilisieren.

Die altsteinzeitlichen Kulturen sind von Anthropologen wegen mancher «modernen» Qualitäten gelobt worden: demokratische Herrschaftsprinzipien, Konfliktlösungen nicht mit Gewalt, sondern durch räumliche Trennung, Kindererziehung ohne Prügel.* Das liegt daran, daß die Paläolithiker es sich leisten konnten, Regressionen zu akzeptieren. Ein aus-

---

* R. Lee u. I. DeVore (Hg.), Man the Hunter, Chicago 1969. – W. Schmidbauer, Jäger und Sammler. Als sich die Evolution zum Menschen entschied, Planegg 1973

gewogenes Verhältnis zur Progression war durch die Lebensumstände gegeben. Aufeinander abgestimmt, erzwangen die
eigenen Bedürfnisse und die begrenzten Ressourcen einen zy-
klischen Wechsel von Ruhe und Anstrengung. In den tradi-
tionalistischen, agrarischen Gesellschaften, in denen es schon
Vorräte an Nahrung gibt und das Saatgut aufgespart werden
muß, werden Regressionen durch aggressiv bestimmte zwi-
schenmenschliche Verhältnisse verhindert.

«Das Ohr des Schülers sitzt auf seinem Rücken. Er hört
nur, wenn man ihn schlägt», lautet ein altägyptischer Text.
«Zerschlage seine Rippen, solange er noch klein ist», heißt die
verwandte Botschaft der Bibel (im Buch Jesus Sirach). Äußere
Drohungen sind notwendig, um eine nicht mehr durch die
eigenen Bedürfnisse, sondern durch agrarisch-feudale
Zwänge motivierte Arbeitsleistung zu erbringen. Der Jäger
und Sammler muß keine inneren Konsumbarrieren haben,
weil er auch kein Saatgetreide hat, das er nicht aufessen darf.
Deshalb ließen sich Jäger und Sammler auch so selten als
Plantagenarbeiter verwenden. Sie starben unter den Arbeits-
zwängen oder ergriffen die Flucht in den Busch. An ihrer
Stelle wurden in die Neue Welt die bereits agrarisch geprägten
Afrikaner eingeführt.*

In der Industriegesellschaft sind die äußerlichen Zwänge –
Hunger, Eisen und Peitsche – durch verinnerlichte Zwänge
ersetzt. Die Logik dieser Entwicklung liegt darin, daß die
hochwertigen Geräte, mit denen in den Fabriken um der
Konkurrenzfähigkeit willen produziert werden mußte, nur
von gut ausgebildeten und motivierten Arbeitern bedient
werden konnten. Mit zunehmender Entwicklung der In-
dustrie- zur Dienstleistungs- und Konsumgesellschaft wach-

---

* Claude Lévi-Strauss, Traurige Tropen, Köln (Kiepenheuer) 1958

sen die Progressionsforderungen immer weiter an, so sehr, daß heute viele Menschen den natürlichen Zyklus von Progression und Regression (Anspannung und Entspannung, Arbeit und Ruhe, Wachen und Schlafen) nicht mehr ohne medikamentöse oder psychotherapeutische Hilfe bewältigen können.

Arbeitsmöglichkeiten wie das klassische Handwerk, die durch ihre Struktur ein ausgewogenes Verhältnis von Progression und Regression erleichtern, sind selten geworden. Die Handwerksberufe haben durch einen hohen Grad der Maschinenhilfe ihr Gesicht völlig verändert. Die Arbeitsplätze in der Industrie gleichen sich in der Forderung nach konzentrierter Steuerung eines technischen Geschehens mehr und mehr. Ein Erdarbeiter, der einen Bagger lenkt, ein Schlosser, der einen Industrieroboter programmiert, ein LKW-Fahrer, ein Sachbearbeiter am Bildschirm – für sie alle ist ein ausgewogenes Verhältnis körperlicher und geistiger Anstrengung ebenso erschwert wie ein rhythmischer Wechsel von Anspannung und Erholung, von Progression und Regression.

Zugleich wachsen die Verantwortungen: Der Baggerführer sollte während der Arbeit stocknüchtern und hochkonzentriert sein; sein Vorgänger aus vorindustrieller Zeit, der Arbeiter mit Hacke und Schaufel, mußte sich nicht derart kasteien. Wer mit einer Motorsäge oder Motorsense arbeitet, findet den Unterschied zur Arbeit mit Handsäge und Handsense schnell heraus. Die Maschine verändert den Arbeitsrhythmus. Sie zwingt, sich auf ihre Erfordernisse einzustellen und ihre Abgase einzuatmen. Die Ausdauer steigt; die körperliche Ermüdung setzt später ein als die nervöse Erschöpfung.

In der Industriegesellschaft wurde die Arbeitswoche von

vielen regressiven Elementen gereinigt. Die Pausen wurden kürzer, die innerbetrieblichen Kontaktmöglichkeiten vermindert, wie es die Maschinen und das Fließband geboten. Der letzte und vielleicht einschneidendste Einsamkeitsschub gehört bereits in die Konsumgesellschaft: der Bildschirm. Zu dieser Entwicklung gesellte sich ein regressiv geprägter Anspruch: sich am Wochenende *konzentriert* zu erholen.

Der Kopfarbeiter sucht nachts – nervös erschöpft, aber körperlich nicht müde – angestrengt nach Schlaf, weil er sich sonst nicht genügend für die Anforderungen des morgigen Tages ausruht. Eine ähnliche Blockade realistischer Regressionsmöglichkeiten durch Überforderung signalisiert der charakteristische Wochenendstreit zwischen Eheleuten. Die während der Arbeitstage gemäßigten Ansprüche an die befriedigenden Qualitäten der Beziehung steigern sich zu explosiven Enttäuschungen («Wenn ich schon die ganze Woche arbeite, dann will ich wenigstens am Wochenende etwas von dir / der Familie / den Kindern haben»).

Die Identität in der Industriegesellschaft wird durch die Qualität des Menschen als Berufsarbeiter erworben. Während in den traditionellen Gesellschaften die Geschlechter eine polare Identität hatten (Bauer – Bäuerin, Meister – Meisterin), verlieren in der bürgerlichen Familie viele Frauen diese Funktion und gewinnen erst durch die Emanzipationsbewegung ihren Anteil an den Individualisierungsprozessen der Moderne. Jedes Liebespaar muß seine eigene Beziehung aushandeln. Karrierefrau und Hausmann ist als Kombination ebenso möglich wie Karrieremann und Hausfrau, auch wenn wir noch weit von einer statistisch ausgewogenen Mischung dieser Modelle entfernt sind. Diese Situation führt dazu, daß die Zyklen von Disziplin und Regression, die in den traditionellen Geschlechtsrollen stecken, zerrissen werden. Ehe-

probleme hängen oft damit zusammen, daß nach einem an-
strengenden Tag beide Geschlechter in einem gemütlichen
Zuhause regredieren wollen. Nur: wer macht es dort gemüt-
lich? Wer bestätigt für die erbrachte Leistung, organisiert die
verdiente Erholung? Wer darf mit den Kindern spielen, wer
muß sie erziehen? Die Ungleichheit zwischen den Geschlech-
tern kann durch kulturelle Rollenvorgaben betont werden,
wie es in traditionellen Gesellschaften der Fall ist, die jedes
Geschlecht gezielt in bestimmten Bereichen behindern, um
die wechselseitige Abhängigkeit zu stabilisieren. Ivan Illich
hat diesen Zustand idealisiert und der heutigen «Unisex»-
Gesellschaft kritisch entgegengehalten, in der nicht mehr
Männer gegen Männer, Frauen gegen Frauen konkurrieren,
sondern auch Männer gegen Frauen und Frauen gegen Männer.*

Wenn es wahr ist, daß die Großmutter einer Traktorfahre-
rin niemals einen Zugochsen geschirrt und gelenkt hat, läßt
sich auch nicht leugnen, daß sich eine Mehrzahl der Menschen gegen diese Rollenverteilungen entschieden hat. Dem
Kulturkritiker (und auch dem Therapeuten) fallen vor allem
die Personen auf, die an dieser Entwicklung scheitern. Er
sieht, wie groß die Versuchungen sind, die Nachteile der
Gleichheit abzuspalten und sich erst einmal auf ihre Vorteile
zu freuen. Männer können auch gefühlvoll sein und sich fallen lassen, Frauen sich kämpferisch durchsetzen und berufliche Erfolgserlebnisse sammeln. Die traditionelle Welt wird
von so vielen Menschen als eng und drückend erlebt, daß sie
sich überall dort auflöst, wo ihre Bürger diese Wahl haben.
Kulturpessimisten mögen darin ein apokalyptisches Risiko

* Ivan Illich, Genus. Zu einer historischen Kritik der Gleichheit,
Reinbek (Rowohlt) 1983

der Menschheit sehen, und vielleicht haben sie recht. Optimisten haben seit der Aufklärung den Fortschrittsglauben aufgebaut und halten an ihm fest. Wer weder in das eine noch das andere Lager paßt, muß ertragen, daß er nicht weiß, ob die Enttraditionalisierungen und Individualisierungen der Moderne uns in eine bessere Welt oder in den Untergang führen werden.

Die Scheidung, welche bald jede zweite Ehe trifft, zeigt auch, wie oft sich aus der wechselseitigen Bestätigung der Verliebtheit keine Hochschätzung im Alltag entwickeln kann. Nur der Knalleffekt gelingt, der teilweise illusionäre Teil der Beziehung. Unsere Medienwelt ist bis zum Platzen gefüllt mit Verliebtheiten; dann wird abgeblendet. Die Partner sind davon ausgegangen, daß die Selbstdisziplin während der Verliebtheit («früher hast du dir Mühe gegeben») sich im Alltag ausbaut und steigert, während sie im Gegenteil mit wachsender Intimität und Vertraulichkeit abnimmt. Der Partner läßt sich gehen und konterkariert dadurch die eigenen Bedürfnisse, sich zu entspannen. Die zerbrechenden Partnerschaften signalisieren im Mikrokosmos der Intimsphäre ähnliche Entgleisungen utopischer Hoffnungen wie der gesellschaftliche Fortschrittsglaube im Umgang mit den Ressourcen. Die Partner haben gedacht, in ihrer Zukunft würden sich mit genauerer Kenntnis des Gegenübers und höherer Verbindlichkeit der Beziehung die unangenehmen Seiten vermindern, die angenehmen verstärken. Sie haben eine ähnliche, freilich weit harmlosere Rechnung auf die Zukunft ausgestellt wie moderne Technologien, die auf die Hoffnung setzen, irgendwann später ihre eigenen Folgen kontrollieren zu können.

Die neue Qualität der Konsumgesellschaft läßt sich durch die parallele Stimulation progressiver und regressiver Tendenzen umschreiben.* Höhere Leistungen zu erzielen, ohne auf Glück, Ausgeglichenheit oder Charme zu achten, war die Dogmatik der Industriegesellschaft. Sie hat sich in vielen Bereichen erhalten. Eine neue Tendenz ist aber hinzugetreten: Jetzt soll auch die Lust zur Höchstlust gesteigert werden. Zum Wesen der Konsumgesellschaft gehört, daß sie frühere gesellschaftliche Prägungen nicht aufhebt, sondern diese mit neuen mischt. Alles wird gleichzeitig. Die Individuen sind nicht mehr Bauer, Bürger, Edelmann, sondern Mosaike, Wirbelbildungen aus den unterschiedlichsten Strömungen.**

Progressive und regressive Forderungen wirken gleichzei-

---

* Eine parallele Entwicklung läßt sich bei den psychoanalytischen Theorien des menschlichen Selbstgefühls verfolgen. Nach der alten, dem Industriezeitalter verbundenen Auffassung Freuds verhalten sich narzißtische Libido und Objektlibido wie eine Flüssigkeit in getrennten Gefäßen: Je mehr sich jemand selbst liebt, desto *weniger* Liebe empfindet er für andere. Nach der neueren Auffassung von Kohut handelt es sich um kommunizierende Röhren: Je mehr sich jemand selbst liebt, desto *mehr* Liebe empfindet er auch für andere. Vergleiche S. Freud, Zur Einführung des Narzißmus, Ges. Werke X., Frankfurt (Fischer) 1946, S. 137f und H. Kohut, Narzißmus. Eine Theorie der psychoanalytischen Behandlung narzißtischer Persönlichkeitsstörungen, Frankfurt (Suhrkamp) 1973.

** Der Irrtum einer beliebten Vereinfachung, wir lebten nicht mehr in einer «neurotischen», sondern in einer «psychotischen» oder einer von «Borderline-Zuständen» beherrschten Gesellschaft, liegt nicht nur darin, daß sie den Unterschied zwischen Institution und individueller Pathologie verwischt. Wesentlich ist die *Gleichzeitigkeit* klassischer Störungen und narzißtisch bzw. auf Borderline-Niveau gestörter Personen. Zuletzt gehört habe ich diese These von dem Religionsphilosophen Klaus Heinrich, Sucht und Sog – Über Zielstrebigkeit und Faszination einer aktuellen gesellschaftlichen Bewegung, Vortrag am 4. Februar 1994, Universität München.

tig in extremer Form. Sie durchdringen sich und ergeben verwirrende Bilder – Erwachsene, die mit juvenilen Moden kokettieren, hektisch wechselnde Anlehnungen an Sekten, Hobbys, Lebenssinngeber, Jugendliche, die wie Greise reden, und Greise, die in Lurexhosen auf dem Mountainbike durch den Park flitzen. Ein erfolgreicher Kaufmann mit den Prägungen der Industriegesellschaft würde weder mit seinem Sohn surfen noch dessen knallbunten Anorak auf der Skipiste anziehen; aber es würde ihm auch nicht einleuchten, was einen gutverdienenden Abteilungsleiter bewegen soll, das Mittagessen ausfallen zu lassen und mit einem Pappbecher voll Kaffee und einem Hamburger vor dem Computer sitzen zu bleiben.*

In einst regressive Bereiche implantierte Leistungstendenzen – das *Fast food* und der *Quickie* sind typische Errungenschaften der Konsumgesellschaft – vermischen auf eigentümliche Weise Progression und Regression. Der Konsument kann eine Steigerung seiner regressiven Erfüllungen phantasieren, indem er möglichst viele aneinanderreiht. Wer, statt in Ruhe zu essen und zu trinken, eine Pizza hinunterschlingt, kann in der so gesparten Zeit noch in eine Boutique oder in den Videoverleih gehen. Viele diszipliniert arbeitende Menschen sammeln ein inneres Regressionskonto an, bis die Summe so groß ist, daß sie unmöglich eingelöst werden kann. Sie arbeiten in der Hoffnung, irgendwann richtig ausspannen zu können. Die Konsumgüterindustrie stabilisiert solche Lebenspläne durch Angebote, welche regressive Potenzen vor-

---

* Über den texanischen Herzchirurgen und vielfachen Millionär Denton Cooley wird berichtet, wie dieser mit dem Rolls-Royce aus seiner Villa in die Klinik fährt und als Mittagessen eine Fertigsuppe zu sich nimmt, die ihm seine Sekretärin in einen Pappbecher rührt.

spiegeln. Je stärker eingeengt die Spielräume der Individuen werden, desto beliebter sind Off-road-Fahrzeuge: Der Jeep mit Ledersitzen und Klimaanlage wird zwar niemals im Gelände fahren, aber er festigt den Traum von der Dschungel-safari noch im Ampelstau.

Moral und Resignation

Appelle für umweltgerechtes Verhalten orientieren sich meist an dem Motto: «Jeder kann heute anfangen, etwas für die Umwelt zu tun.» Wir sollen mehr leisten, und wenn wir das tun, werden uns weitere Komfortschritte belohnen. Allerdings droht jedem, der nach diesen Vorschlägen handelt, die Resignation. Ihm wird bald deutlich, daß durch sein Verhalten weder die Umwelt wahrnehmbar entlastet noch andere daran gehindert werden, nachlässig zu bleiben.

Es gibt unterschiedliche Reaktionsweisen auf dieses Dilemma. Eine davon ist die Suche nach Sündenböcken, die das naiv-moralische Lösungsprinzip sadistisch übersteigert und auf diese Weise einen Teil der ohnmächtigen Wut abreagieren hilft. Man kann beispielsweise böse Leserbriefe schreiben, weil ein Artikel über ökologische Fragen nicht auf Umweltpapier gedruckt ist, eine politisch grüne Zeitschrift in Glanzfolienkaschierung auf den Markt kommt oder der Autor einer Kritik des Individualverkehrs mit dem Auto in den Urlaub zu fahren pflegt.

Die Forcierung der Moral gehorcht dem Prinzip, beim Scheitern einer Lösung den gescheiterten Versuch zu übersteigern. Das totale moralische Engagement und die völlige moralische Indifferenz machen gleichermaßen unfähig, sich von der eigenen Position kritisch zu distanzieren. Der Weg

von «Ich muß die Welt retten!» zu «Soll sie doch unterge-
hen!» ist kürzer, als man auf den ersten Blick meinen möchte.

In kirchlichen Kreisen ist eine Art frommer Lust-Pflicht
beliebt. Der Verzicht soll seiner Qualitäten des freudlosen
Mangels und der asketischen Disziplin entkleidet werden und
sich zum Ausdruck schierer Lebenslust steigern. Umweltbe-
wußt, das ist gesünder, froher, freier, klüger, schöner und
dazu noch moralisch überlegen! Nie von Verzicht reden, das
vergrämt. Betonen wir lieber Hausmusik am fernsehfreien
Sonntag, Wanderfreude und Radellust unserer autofreien Lebensform.

Die armen Lösungen werden erst dann ihren bitteren Ge-
schmack verlieren, wenn die reichen so weit eingeschränkt
sind, wie es für das Überleben der Menschheit notwendig ist.
Wir dürfen nicht ein Stockwerk über dem nächsten immer
luxuriöser möblieren, eine Generation komplizierter Geräte
durch die nächste, verbesserte ersetzen, solange wir nicht die
Fundamente saniert haben. Betrachtungen über die ästhetischen und ökologischen Vorzüge der alten Kulturen sind
hilfreich, weil sie uns zeigen, daß wir auf dem Weg in die
Konsumgesellschaft unendlich viel verloren haben. Durch
ihre Preisgabe können wir es vielleicht wiederfinden. Nur
wer die Steinzeit nicht kennt, weil er sich nie mit der Geschichte menschlicher Lebensformen beschäftigt hat, kann
unterstellen, ein Konsumkritiker wolle in sie zurück.

Diskussionen zwischen Fortschrittspromotern und Fort-
schrittskritikern haben oft ein beklagenswertes Niveau; nost-
algischen Paradiesen werden dann die Operation ohne Narkose und der mittelalterliche Zahnreißer gegenübergestellt.
Medizinkritiker sollen angesichts der geringen Lebenserwar-
tung in Primitivkulturen verstummen, Wasserschützer sich
beschämt daran erinnern, wie die Bewohner der Großstädte

des 17. Jahrhunderts ihre Nachttöpfe auf die Straße gossen, und Kapitalismuskritiker zur Kenntnis nehmen, daß in der alten Sowjetunion kaum jemand viel zu konsumieren hatte und doch die Biosphäre mehr belastet wurde als in Westeuropa.

Die Handarbeit, die wir in den Relikten einer vorindustriellen Epoche finden, hat das menschliche Leben in einen anmutigen und disziplinierten Bezug zur Umwelt gebracht. Wir blättern bewundernd in prächtigen Bildbänden über alte Bauernhäuser, Nomadenzelte, über die Lehmbauten in Afrika und Asien, über mexikanische Pueblos und griechische Dörfer vor dem Touristenboom. Überall ist das, was Menschen mit ihren Händen gemacht haben, schön und mit der Landschaft verwachsen. Dort ging es aber nicht um ästhetische Grundsätze. Was uns heute beeindruckt, ergab sich aus einer Integration von ästhetischem Bedürfnis und materiellem Zwang. Die individuelle Innovationsdynamik wurde diszipliniert und in einen ästhetischen Kontext eingebunden, der mit innerem Sinn erfüllte, was heute durch Bebauungspläne, Geschoßflächenzahlen und technische Normen geregelt ist.

Es war notwendig, mit dem zu arbeiten, was vor Ort verfügbar ist; daher stehen in den kanadischen Wäldern Blockhütten, verbindet sich der Lehmputz der jemenitischen Häuser mit der Farbe der Wüste und die Struktur provenzalischer Gehöfte mit den steinübersäten Weidegründen der Hügel. Weil es im Himalaja wenig Ton gibt, aßen die Tibetaner nicht aus keramischen Gefäßen, sondern aus gehämmerten Schalen. Aus demselben Grund wohnten die Prärieindianer nicht hinter Wänden aus Ziegeln, sondern in Zelten aus Büffelhäuten. Die Häuser in den Flußtälern waren aus dem Geröll der Strombetten gebaut, die Häuser im Gebirge aus dem anstehenden Fels. Was von weit her kam, mußte klein sein und leicht; Glasfenster beispielsweise oder Bernsteinperlen. Diese Notwendigkeiten führten nicht immer zur Schönheit, aber sie schützten meist vor dem Häßlichen.

4
Die Welt der Animateure

In der modernen Gesellschaft ist jeder seines Glückes Schmied. Identität wird vor allem als spezialisierte Leistung oder als Teilhabe an hochidealisierten Konsumgütern erlebt. Lange vor aller pädagogischen Absicht wird Kindern vermittelt, nicht aus einem Konkurrenzsystem herauszufallen, jede Niederlage entweder zu vermeiden oder mit schlechtem Gewissen zu bezahlen. Der Erwerb dieser Einstellungen beginnt früh und ist so ungerichtet, daß ein allgemein erhöhtes Niveau der körperlichen und seelisch-geistigen Spannung auftritt.

Bei vielen Menschen führt dieser Progressionsdruck zu psychosomatischen Erkrankungen des Muskelsystems, der Gelenke und des Magen-Darm-Trakts. Die Muskeln werden unbewußt dauernd angespannt, die Disziplinierung läuft sozusagen Amok, alle Regressionen müssen ausgeschlossen werden. Dadurch sind Knorpel und Knochen übermäßig beansprucht, frühe Degenerationserscheinungen (Arthrosen, Bandscheibenvorfälle) folgen. Genauere Untersuchung solcher Patienten zeigt einen Teufelskreis: Die übermächtigen Disziplinierungen wecken bedrohliche Regressionsbedürfnisse, deren Druck die disziplinierende Wachsamkeit verstärkt. Während der Wille noch kämpferisch angespannt ist, sehnt sich etwas Unbewußtes nach mißgönnter Versorgung, Dynamik des Magengeschwürs.

«Tages Arbeit, abends Gäste»*, ein geflügeltes Wort der bürgerlichen Lebensform, verliert an Relevanz. Die Arbeit verschlingt (im Fall des sogenannten Workaholic) die gesamte Zeit und verzehrt alle Energie. Der Erfolgreiche wird süchtig nach Erfolg, der Erfolglose möchte das ganze Leben als Rauschzustand verfeiern und betäubt sich mit Drogen, um einer nur noch als trivial und drückend erlebten Disziplin zu entfliehen. Beide Erscheinungen tragen dazu bei, daß sich in den Konsumgesellschaften die Bevölkerung spaltet.

Es gibt viel Arbeit und Verdienst für die Konkurrenzfähigen und Kompetenten, während breite Bevölkerungsschichten aus dem Wettbewerb herausfallen, im Arbeitsleben nicht mehr vermittelbar sind und ihren Ehrgeiz nur noch darin befriedigen können, das ärmste Opfer, der kränkste Kranke oder der am meisten gesuchte Verbrecher zu sein. Diese Situation prägt ein gesellschaftliches Klima der Kälte und seelischen Fragmentierung, zu deren Chiffre die Borderline-Persönlichkeitsorganisation geworden ist.

Befriedigung und Rache

Das wirtschaftliche Handeln verliert in der Konsumgesellschaft seine vorwiegend progressive Orientierung; nicht Bedürfnisaufschub, sondern Bedürfnisbefriedigung wird als gesellschaftlicher Wert vermittelt. Sparsamkeit und schuldenfreies Wirtschaften heißen jetzt Sekundärtugenden. Konsu-

---

* «Tages Arbeit! Abends Gäste! Saure Wochen! Frohe Feste!» aus J. W. von Goethe, Der Schatzgräber, in: Büchmann, Geflügelte Worte, S. 45/6, Ausg. Berlin 1926

menten, die zuviel kaufen, sind so häufig geworden, daß die Sozialämter eigene Stellen für Schuldnerberatung einrichten.

In der individualisierten Gesellschaft sind solche Veränderungen von Wertvorstellungen niemals allgemein und vollständig. Es gibt nach wie vor sparsame Menschen, die es ablehnen, einen Ratenvertrag abzuschließen oder auch nur ihr Konto zu überziehen, weil die Kreditkarte so bequem ist. Aber es gibt genügend Hinweise auf eine typische *Entwicklungsrichtung* der Konsumgesellschaft:

1. *Abnehmende Frustrationstoleranz.* Vor allem Lehrer, von der Grundschule bis zur Universität, klagen über schwindende Belastbarkeit der Schüler und Studenten. Die Bereitschaft, Unlust in Kauf zu nehmen, weil es von einer Autorität gefordert wird, ist im Bildungsbereich – anders als früher – nicht mehr vorauszusetzen.* Kinder und Jugendliche sollen «motiviert» werden, Pädagogen ihren Stoff attraktiv aufbereiten, um die Lust am Lernen zu wekken.

2. *Anspruch auf schnelle Befriedigung.* Die *instant gratification* ist notwendig, um nicht heftige Gefühle von Wut und Enttäuschung zu wecken. Nur eine verwöhnende Welt wird noch als ausreichend gut erlebt; daher ängstigt das mögliche

---

* Vergleiche auch Ch. Lasch, Das Zeitalter des Narzißmus, München 1982, S. 150 f. An privaten Oberschulen in den USA sanken die durchschnittlichen Prüfungsergebnisse in Mathematik und Englisch in einem einzigen Jahr um 8 bzw. 10 Punkte. «Sogar an der Eliteschule des Landes ging die Fähigkeit der Studenten, sich ihrer eigenen Sprache zu bedienen, ihre Kenntnis fremder Sprachen, ihre Argumentationsfähigkeit, ihr Fundus an historischem Wissen und ihre Kenntnis der wichtigsten literarischen Klassiker samt und sonders unaufhaltsam zurück.» (Lasch, a. a. O., S. 151)

Ende der Verwöhnung. Es wird mit einem Ende *jeder* Befriedigungsmöglichkeit identifiziert. Der regredierte Konsument verhält sich zum Warenganzen, an das er symbolisch gebunden ist, wie ein Kind in einer Krise seiner Verselbständigung.*

3. *Renaissance der Rache.* In den letzten dreißig Jahren ist die Rache wieder salonfähig geworden. In Filmen (wie «Blue Steel») übergibt die Polizistin nicht mehr den Verbrecher, den sie endlich gestellt hat, der Justiz, sondern erledigt ihn triumphierend mit einigen wohlgezielten Schüssen. In anderen («Ein Mann sieht rot») beginnt das Opfer eines brutalen Verbrechens einen Feldzug gegen den «Abschaum». Erzieherinnen im Kindergarten klagen über kleine Rambos oder Mädchen, die sich Medienereignisse zum Vorbild nehmen (wie die Tat einer amerikanischen Ehefrau, die ihrem brutalen Gemahl im Schlaf den Penis abschnitt) und mit glücklicher-

---

* An sich, von seinen körperlichen und seelischen Voraussetzungen her, kann das Kind eine Trennung von einigen Stunden überbrücken und verkraften. Aber es regrediert im Augenblick der Trennung, fängt an, panisch zu schreien und zu klammern. Es ist, als ob die Mutter nicht für Stunden, sondern für alle Zukunft verschwände. Wenn nun die Mutter sich von dieser Regression beeindrucken läßt, wird sie als Reaktion stabilisiert; da anderseits vielleicht die Mutter insgeheim auf das klammernde Kind wütend ist, hat dieses bald berechtigte Ängste, die Liebe der Mutter zu verlieren. Wenn die Mutter so selbstbewußt ist und das Kind so realistisch einschätzt, daß sie sich und ihm den erträglichen Trennungsschmerz zumutet, wird das Kind aus dieser Regression herausfinden und entdecken, daß ein diszipliniertes Verhalten ihm selbst und der Mutter Freude macht. Die Verwöhnung steigert die Regression, und die Regression wünscht sich zuverlässigere Verwöhnung; parallel dazu wachsen die Ängste vor einem Ende der Verwöhnung, das dem regressiv geschwächten Selbstgefühl unerträglich erscheinen muß.

weise stumpfer Schere einen Spielkameraden entmannen
wollen.

Rache und Terror funktionieren augenblicklich. Sie werden von derselben Strömung getragen wie die sofortige
Wunscherfüllung des modernen Konsumenten – räche dich
jetzt, denke später darüber nach. Sie sind von breiten Massen
idealisierte Mittel der politischen Durchsetzung geworden.
Dazu paßt, daß ein Privatsender unter dem Titel «Rache ist
süß» eine Show ankündigt, in der geplagte Menschen ihre
Racheaktionen durch eine versteckte Kamera exhibitioni-
stisch ausschlachten können.*

Die konsumgeprägte Rache befriedigt Aggressionen, die
aus der Frustration narzißtischer Bedürfnisse (nach «gerech-
ter» Anerkennung, Beachtung, Aufmerksamkeit) entstehen.
Das unterscheidet sie von der traditionsgebundenen «Blutrache» oder der Sitte, Beleidigungen in einem Duell zu rächen. Damals ging es vor allem darum, einen ziemlich genau
definierten, schichtspezifischen Ehrbegriff zu verteidigen:
die «Satisfaktionsfähigkeit» des Adeligen, des «Gebildeten»
gegenüber der proletarischen Prügelei. Heute trifft die Rache
wehrlos den, der individuelle narzißtische Ansprüche nicht
erfüllt. Disziplinierte, zum Beispiel juristische oder politische
Konfliktlösungen sind «umständlich» und daher unbefriedigend. Ihre Fähigkeit, Ungerechtigkeiten zu verhindern, wird
im Impuls zum Faustrecht verachtet. In allen Hollywoodfil-
men, die das Rachethema auswalzen, ist die Polizei entweder
unfähig oder korrupt. Das disziplinierte Gewaltmonopol des
Staates wird wieder zurückgenommen, eine Refeudalisie-
rung, ähnlich der Maxime «Nach uns die Sintflut».

---

* Die Vergeltungsshow soll im Sender RTL laufen. Vergleiche «Rache ist süß», *Süddeutsche Zeitung*, 18. Februar 1994, S. 18

In der Trivialliteratur des 19. Jahrhunderts wurde das Rachethema unermüdlich aufgegriffen, ein Zeichen dafür, wie sehr die damals noch junge Einrichtung des Rechtsstaats mit seinem Gewaltmonopol die Gemüter seit Schillers Jugendwerk «Die Räuber» beschäftigt. Karl May hat in seinen Beduinenromanen, von «Durch die Wüste» bis zum «Schut», die ganze Handlung am Thema verschiedener Blutrachen aufgefädelt und immer wieder die Pflicht des Christen, auf Rache zu verzichten, gegenüber der «mohammedanischen» Rachsüchtigkeit idealisiert. Es geht um humanen Fortschritt gegen Primitivität. Prosper Mérimée greift in seinen Novellen über die Blutrache in Korsika und in «Carmen» das Rachethema literarisch differenzierter auf. Das Urteil über die moralische Fragwürdigkeit und die selbstzerstörerischen Qualitäten der Rache teilt er aber mit dem trivialen Autor ebenso wie eine geheime Faszination. Die Rache triumphiert über die Empörung der zivilisierten Betrachter.

Therapeutisierungen

Während in der Industriegesellschaft die Konflikte zwischen Disziplin und Regression hingenommen und ihre unerwünschten Folgen vor allem chemisch bekämpft werden (zum Beispiel durch Aspirin, das gut gegen die Muskel- und Kopfschmerzen* als Folgen der Überspannung wirkt), ge-

---

* In der Schweizer Uhrenindustrie bekamen die Arbeiter so lange kostenlos phenacetinhaltige Kopfschmerzmittel, bis deutlich wurde, daß diese Medikamente bei täglichem Verbrauch tödliche Nierenschäden hervorrufen können.

hört es zur Konsumgesellschaft, daß die kontrollierte Induk-
tion von Regressionen als Ware entdeckt und produziert
wird. Neben einem wachsenden Angebot an «Unterhaltung»
durch Bild- und Tonkonserven, durch das jede amüsement-
freie Minute verhindert werden kann, werden auch Bildungs-
angebote entwickelt, welche die durch eine früh einsetzende
und unspezifische Disziplinierung entstandenen Einschränkungen wieder aufheben sollen.

Atemtherapie bringt uns dazu, den latenten Atemstau loszuwerden, Tanztherapie lockert die gehemmten Bewegungen
und Bewegungsphantasien, Kunsttherapie setzt die unter
dem Prinzip der Zweckmäßigkeit verkümmerte Kreativität
frei. Schamanenkurse und Tantra-Übungen unter kundig-
exotischer Leitung versprechen rückgängig zu machen, was
die kolonialistischen Eroberungen zerstört haben. Die Mühe,
Reibungsverluste im Zusammenspiel von Regression und
Disziplin zu mindern, ist freilich auf den zweiten Akt des
Dramas verwiesen. Therapeuten werden erst dann aufgesucht
und ihre Tätigkeit gefördert, wenn die Arbeitsfähigkeit bedroht ist.

Therapeuten, Trainer, Supervisoren und Animateure sind
einerseits Professionelle, die in einem disziplinierten Arbeits-
tag funktionieren, anderseits Jäger des Schatzes der verlorenen Regression. Die potentiell segensreiche Wirkung dieser
Berufe für die Lebensqualität einzelner Männer und Frauen
wird überschattet von Verschleierungsfunktionen. Sie versprechen Lösungen und beschäftigen sich nicht mehr mit den
Seiten der Problematik, die ohne strukturelle Schritte unlös-
bar ist. Der Suchttherapeut, welcher zusammen mit einer
Gruppe von Gymnasiallehrern ein prophylaktisches Programm für Schüler entwickelt, die Ökologin, welche ein Pa-
pier über Umwelterziehung ausarbeitet, der Therapeut, der

eine Selbsterfahrungsgruppe für Arbeitslose anbietet, sie üben sich nicht selten in dem, was das Schlagwort «positives Denken» nennt und was in der Realität entweder kein Denken ist oder nicht positiv.*

Diese Betrachtungen widersprechen nur scheinbar Dreitzels These, daß die «Verfeinerung unserer Sinne und unserer Emotionen, die Entwicklung einer reflexiven Sinnlichkeit, eine notwendige, wenn auch gewiß nicht hinreichende Bedingung zur Abwehr beziehungsweise zur qualitativen Veränderung katastrophaler Entwicklungsprozesse ist».** Mir scheint es freilich naiv, *generell* von der Therapeutisierung Abhilfe gegen Verleugnungsneigungen zu erhoffen. Ich vermute aber, daß Dreitzel mit der Formulierung «reflexive Sinnlichkeit» jene Differenzierung des Ich meint, in der Disziplin und Regression dadurch versöhnt werden, daß der Mensch lernt, sich selbst als ein sowohl triebhaftes wie verantwortliches Wesen zu erkennen. Die seelische Störung der Moderne liegt darin, daß diese Versöhnung den einzelnen nicht mehr gelingt und sie deshalb für Manipulationen durch Autoritäten (welche ungestörte und folgenlose Triebbefriedigung versprechen) so empfänglich werden.

Die von Dreitzel als zukunftsweisend angesehene Kultur der Selbsterfahrungsgruppen enthält leider ebenso viele regressionsfördernde, Verleugnungen stabilisierende Elemente

---

* Angesichts der unerschöpflichen Vorräte an Beschönigungen und Selbstbetrug sollten wir eine Verpflichtung erkennen, negative Seiten zu betonen, schwarzzusehen und kritisch zu sein. Die Gefahr, verborgen Positives zu verkennen, wiegt demgegenüber leicht.

** Hans Peter Dreitzel et al., Ungewollte Selbstzerstörung, Frankfurt (Campus) 1990, S. 44

wie kritisches Potential. Vor allem greift die These, Affekt-
kontrolle müsse «abgebaut» oder «verfeinert und verflüs-
sigt»* werden, doch wieder nach der Illusion, die seelische
Aufrüstung des Individuums könne ausreichen, um der
Übermacht des Warenganzen wirkungsvoll zu begegnen.

* Dreitzel, a. a. O., S. 45

Zweiter Teil
Zweifel am Fortschritt

5
Die Idee des Fortschritts

Auf allen Stufen der Kultur gibt es Beobachtungen über den Narzißmus der eigenen Gruppe: Das Wir dünkt sich immer besser als das andere. Zu diesem Dünkel trat, wohl zu Beginn der neolithischen Umwälzungen (Seßhaftigkeit, Tierzucht, Ackerbau, Bewässerungen, geschliffene Steinwerkzeuge), auch die Vorstellung, überlegen zu sein, weil das Nachbarvolk zum Träger der soeben überwundenen Rückständigkeit wurde. Anthropologen, die vor einem Menschenalter in den von Steinzeitkulturen besiedelten Teil Neuguineas eindrangen, stellten fest, daß jeder Stamm sich selbst für human, die Nachbarn aber für wilde Barbaren, Räuber und Diebe hielt: Über den Bergen, jenseits der Flüsse, wohnten immer minderwertige und rückständige Menschen.

Die griechischen Kolonisten unterwarfen die Bauern und Hirten der Mittelmeerküsten mit der Überzeugung, ihnen den Fortschritt einer überlegenen Kultur zu bringen. Die Anführer der römischen Legionen versprachen den Germanen die Pax Romana. In einigen Religionen hat sich dieser Dünkel bis heute erhalten. Es gehört zu ihren Glaubensartikeln, nicht abzuwarten, bis ihre gute Weisheit erkannt ist, sondern den Ungläubigen nachdrücklich, notfalls mit Gewalt, klarzumachen, welche bösen Götzen sie verehren. Missionare landen an fremden Küsten und bringen den Wilden dort, die sich viele Jahrtausende stabiler Kulturen erfreut haben, als soziale

Verbesserung jene Werte, die für den drohenden Kollaps der Biosphäre mitverantwortlich sind.*

Der Fortschrittsbegriff als Konzeption der Entwicklung *aller* Menschen, als Modellvorstellung über den Gang der Geschichte (folgerichtig mit einem welthistorischen Ansatz) entstand erst während der Aufklärung in den Dekaden nach der Mitte des 18. Jahrhunderts unserer Zeitrechnung. Sein frühes Dokument ist die große Enzyklopädie, welche Diderot zwischen 1751 und 1772 herausgab, 32 Bände, das Werk illustrer Geister wie Voltaire, Buffon, Montesquieu, Quesnay, d'Alembert und vieler anderer. Im Gegensatz zur christlichen Historie, in der (ähnlich den Mythen vom Goldenen Zeitalter bei Hesiod) zu Beginn der menschlichen Entwicklung ein Verfall oder Verlust stehen und die Erlösung, das Ziel der Geschichte, nur von außen (von Gott) kommen kann, ist jetzt der Mensch Träger der Geschichte. Diese hat ihre spirituellen Qualitäten eingebüßt und folgt den Fortschritten des Wissens, das Macht über eine früher unzähmbare Natur verspricht.

Nach den ersten Versuchen im 18. Jahrhundert wurde die Fortschrittsidee im 19. Jahrhundert zur Grundlage einflußreicher philosophischer Systeme und politischer Theorien. Sie war die Ideologie, welche die aufwühlenden Neuerungen der Industrialisierung sowohl erklären wie auch in optimistisches Licht tauchen konnte. Adam Smith, Benjamin Frank-

---

* Es ist sicher kein Zufall, daß in den von einer solchen missionierenden Religion geprägten Ländern der Fortschrittsglaube zuerst formuliert und ein weltumfassendes Imperium der Warenkultur begründet wurde. Aber nichtmissionierende Religionen wie das Judentum, der Buddhismus oder der Hinduismus enthalten kein Element, das gegen den Konsumismus immunisiert.

lin, John Adams, John Stuart Mill, Herbert Spencer und (im Anschluß an Hegel) Karl Marx entwickelten Systeme, die zum Teil pragmatisch und wirtschaftlich orientiert, zum Teil mit den Qualitäten einer Ersatzreligion auftraten. Spencer beschrieb den Fortschritt als individuelles und evolutionäres Geschehen, Marx betonte seine kollektiven und revolutionären Qualitäten. Beiden gemeinsam war jedoch die Vorstellung eines perfekten Endzustandes, in dem alle gesellschaftlichen Übel besiegt sind.

Als bräuchte die neue Weltreligion ihre eigenen Kathedralen und Wallfahrtsorte, wurden seit der Mitte des 19. Jahrhunderts Weltausstellungen veranstaltet. Hier setzte sich der Fortschrittsgedanke Denkmäler. Der internationale Erfolg war großartig: Bereits die erste Ausstellung im Londoner Kristallpalast wurde von sechs Millionen Menschen besucht. Den Rekord für das ganze 19. Jahrhundert hielt die Ausstellung in Paris zur Jahrhundertwende: 39 Millionen. Am ersten Januar 1901 schrieb die *New York World*: «Die Welt ist optimistisch genug zu glauben, daß das zwanzigste Jahrhundert allen Gefahren begegnen und sie überwinden und beweisen wird, daß es das beste ist, welches dieser ständig sich verbessernde Planet jemals gesehen hat.» *

Das Unbehagen im Fortschritt

Kritische Stimmen haben von Anfang an in diesem euphorischen Chor nicht gefehlt. Sie wurden nur so übertönt, daß die gegenwärtigen Dissonanzen lange Zeit kaum hörbar waren.

---

* G. A. Almond et al. (Hg.), Progress and its Discontents, Berkeley (Univ. of California Press) 1982, S. X

Während naive Aufklärer (wie Turgot und Condorcet) Wissen, technische Fertigkeiten und politisch-moralischen Fortschritt immer untereinander verbunden auf dem Weg sahen, bezweifelten bereits der große Skeptiker Voltaire und auch sein Freund Diderot diese angeblich unausweichlich günstigen Auswirkungen größeren Wissens und effektiverer Technologie. Daß der Fortschritt unter Umständen sogar mehr kostet, als er wert ist, hat zuerst Jean-Jacques Rousseau als Denkmöglichkeit erschlossen. Unter dem Eindruck der Siegeszüge der Naturwissenschaften im 19. Jahrhundert dauerte es lange, ehe diese skeptische Möglichkeit neu aufgegriffen wurde.

Pioniere der modernen Fortschrittskritik sind Max Weber, Sigmund Freud, Ferdinand Tönnies und Émile Durkheim. Max Weber entwickelt in «Wissenschaft als Beruf»* den für die Spannung zwischen Progression und Regression wesentlichen Gedanken, daß heute eine Mehrheit der Bevölkerung viel weniger über die Dinge weiß, mit denen sie täglich umgeht, als das in angeblich «rückständigen» Gesellschaften der Fall ist. Etwas zu wissen ist ein spezieller Beruf, an eine Elite delegiert, von der eine vergeblich um ein mündiges Urteil ringende Masse von Stimmberechtigten abhängig ist. Sigmund Freud benennt das «Unbehagen in der Kultur».** Er beschreibt die Unfähigkeit des Menschen, mit den Forderungen nach ständiger sittlicher Verfeinerung fertig zu werden, und die Ambivalenz der Abhängigkeit von technischen Prothe-

---

* Max Weber, Wissenschaft als Beruf, 1919, in: M. Weber, Gesammelte Aufsätze zur Wissenschaftslehre, hg. von J. Winckelmann, 3. Aufl. Tübingen 1968

** Sigmund Freud, Das Unbehagen in der Kultur, Erstaufl. Leipzig (Int. Psychoanalytischer Verlag) 1930, Ges. W. Bd. XIV, S. 421 f.

sen. Ferdinand Tönnies* analysiert die Verwandlung kleiner, überschaubarer, von engen Beziehungen bestimmter sozialer Gemeinschaften in die anonyme, fragmentierte Gesellschaft. Émile Durkheim** konzipiert in seiner Studie über den Selbstmord die Anomie der modernen Sozietät, einen moralischen Rückschritt, der dazu führt, daß isolierte Individuen keine gemeinsamen Ziele und keinen Halt aneinander haben.

Überlegungen, daß der Fortschritt nicht der Segen, sondern der Fluch der Menschheit sei, hat es immer wieder gegeben. Sie wurzeln in zwei Situationen, die sich ergänzen, aber auch unabhängig voneinander wirken können: Einmal hat eine früher herrschende Schicht durch eine neue soziale Klasse so viel Macht verloren, daß sie die alten Tage ihrer Vorherrschaft glorifiziert. Um diesen Vorgang zu rechtfertigen und ihn weniger auffällig zu gestalten, wird er in ein Gleichnis sozialer Abstiege ganz allgemein umgesetzt. Anderseits gibt es Menschen, die sich eine gewisse Unabhängigkeit von den allgemeinen Beschönigungs- und Verleugnungsmechanismen erhalten und deshalb fähig sind, den Schleier der Idealisierung zu lüften, in den sich der Fortschritt zu kleiden liebt.

Der griechische Dichter Hesiod beschrieb in «Werke und Tage» den Niedergang der Menschheit vom Goldenen über das Silberne und Eherne bis zum Eisenzeitalter, in dem nur noch Grausamkeit und Treuebruch herrschen. Er war ein Vertreter der alten Adelsklasse, die in Griechenland durch die neureichen Kaufleute bedrängt wurde. Eine derartige historische Position macht zum Außenseiter und erleichtert eine

* Ferdinand Tönnies, Gemeinschaft und Gesellschaft, Darmstadt (Wissenschaftl. Buchgesellschaft) 1963

** Émile Durkheim, Suicide: A Study in Sociology, New York (Free Press) 1951

kritische Distanz, die kreativ gefüllt werden kann. Rousseau
gehört eher zum zweiten Typus: Er war zu nachdenklich und
in gewisser Weise zu selbstbezogen, um sich von dem aufklä-
rerischen Optimismus seiner Zeit blenden zu lassen.

Das Nachdenken über den Fortschritt hatte sowohl zu He-
siods wie auch zu Rousseaus Zeit eine andere Qualität als
heute. Es gab damals Spielräume, die angesichts der ökologischen Risiken gegenwärtig fehlen. Hesiod entwarf nach rückwärts gewandte Utopien der Friedfertigkeit von Tier und
Mensch im Goldenen Zeitalter, in dem die Erde nicht vom
Pflug geritzt wurde und kein Mensch die Waffe gegen seinen
Nächsten erhob. Rousseau betonte vor allem den moralischen Rückschritt vom ungekünstelten Naturkind zum
Geldverleiher und Diplomaten. Die gegenwärtige Fortschrittskritik ersetzt diese moralische Frage durch eine
grundlegendere. Was frommt die moralische Debatte, wenn
die Lebensmöglichkeiten zerstört sind und es auf dem Planeten nur noch Stehplätze gibt?

Während die Zukunftsprognosen zur Jahrhundertwende
rosig waren, aber die technischen Möglichkeiten sich erst zu
entfalten begannen (etwa im enthusiastisch begrüßten Stra-
ßen- und Luftverkehr), ist seit dem Zweiten Weltkrieg deutlich geworden, daß die Technik das Potential für die kom-
plette Zerstörung der Menschheit in sich trägt. So ist der
Optimismus getrübt; was nötig ist, scheint eher ein Schritt,
der von dem gegenwärtigen Fortschritt *fort* führt, als weitere
Schritte in der eingeschlagenen Richtung. In Frage steht heute
auch, ob die Menschheit überhaupt das alleinige Subjekt einer
tragfähigen Konzeption von Geschichte sein kann. In der
Ökologiebewegung ist deutlich geworden, daß es sinnvoll ist,
von der Gesamtheit der Lebewesen auszugehen. Die traditionelle Herrschaftsgeste des Menschen auf Kosten anderer

Organismen, unter Preisgabe der Artenvielfalt, hat uns in
große Gefahr gebracht.

Parallel dazu ist auch die Überzeugung ins Wanken geraten, daß die Wissenschaft von einem linearen, kumulativen
Fortschritt bestimmt ist. Während die Prozeduren der Mes-
sung im kontrollierten Experiment und des mathematischen
Modells in den klassischen Bereichen der Naturwissenschaft
zu einem tieferen und in sich geschlossenen Wissen geführt
haben, ist in anderen Bereichen – zum Beispiel in der Psychologie – mit diesen Methoden nur wenig erreicht worden, was
über ein Beschäftigungsprogramm für akademische Lehrer
hinausgeht. Die Versuche, Gesellschaft, Kultur und menschliches Verhalten mit denselben Mitteln aufzuklären wie phy-
sikalische und chemische Prozesse, sind gescheitert. Ganz
ähnlich hat sich auch die Erwartung der naiven Aufklärer, daß
die Kunst ständige Fortschritte machen würde, nicht erfüllt.
Im Gegenteil sind viele Menschen überzeugt, daß die künstlerischen Leistungen der Vergangenheit, vor allem jene, an denen über viele Jahrzehnte hin unterschiedliche Begabungen
zusammenwirken mußten (wie zum Beispiel die Erbauer go-
tischer Kathedralen), heute unerreichbar sind. Kontinuierlich
verbessert wurde nur der museale und konservatorische
Aspekt. Wir können mehr Kunstwerke der Vergangenheit erhalten als je zuvor. Daß wir es (in Friedenszeiten) tun, drückt
die verbreiteten Zweifel an unseren gegenwärtigen kreativen
Möglichkeiten aus.

Die Fortschrittsidee ist gegenwärtig kein geschlossenes
Konzept mehr. Sonntagsreden preisen heute nicht mehr den
Fortschritt, sondern suchen eher, ihn zu verteidigen, für un-
verzichtbar zu erklären (Wer will zurück in die Steinzeit?)
und den verantwortungsvollen Umgang mit den geschenkten
Möglichkeiten zu betonen. Wie sehr das Denkmuster uns be-

stimmt, zeigt unsere spontane Reaktion auf die viktoriani-
schen Bürger, die voll naivem Optimismus durch die pathe-
tisch stilisierten Pforten ihrer Weltausstellung gehen: Wir erleben, indem wir uns mit ihnen vergleichen, einen deutlichen
Fortschritt in unserem Umgang mit der Fortschrittsidee.

Während die Skeptiker vor allem das Versagen der Utopie
einer moralischen Verbesserung der Menschheit betonen,
gibt es immer noch Autoren, die solchen Kritikern Ungeduld
vorwerfen und den Determinismus der Moderne durch Technologie und Konsum nicht pessimistisch in Frage stellen, sondern sich hoffnungsvoll mit ihm identifizieren. Die klassische
Bemerkung von Marx, daß ein Land, das mehr industrialisiert
ist als ein anderes, diesem ein Bild seiner eigenen Zukunft
zeigt, wird auf die kapitalistischen Gesellschaften übertragen.
Alle Wirtschaftssysteme werden und müssen sich in den fünf
Schritten von der Subsistenz zur agrarischen und traditionellen Ökonomie zum reifen Kapitalismus und schließlich
zur Konsumgesellschaft entwickeln, sagt Walt Rostow.* In
einem Punkt hat er sich tatsächlich als Prophet erwiesen: Was
1960 noch unglaubwürdig klang, daß nämlich der Kommu-
nismus eine «Übergangskrankheit» ist, scheint sich seit der
Auflösung der Sowjetunion und dem Fall der starren Grenzen in Europa und Asien zu bestätigen.

Die Weltkonsumgesellschaft ist hier kein Alptraum eines
dauernden Bürgerkrieges zwischen einer reichen Minderheit
und verelendeten Massen, sondern ein entspannter Zustand
allgemeinen Wohlstandes, der nur durch die Expansion von
Produktion und Konsum erreicht werden kann. Bevölke-
rungswachstum und schwindende Rohstoffreserven werden

---

* Walt Rostow, The Stages of Economic Growth: A Non-Commu-
nist-Manifesto, Cambridge (Cambridge Univ. Press) 1960

allerdings bagatellisiert. Theoretiker wie Rostow scheinen Max Webers These über den Geist des Kapitalismus als Verfallsstufe der protestantischen Ethik zu bestätigen.* Die Vernunft verliert ihre werteschaffenden Qualitäten (für die Philosophen wie Immanuel Kant stehen). Sie wird zum taktisch genutzten Instrument, das die Welt zwar kontrolliert, die letztlich triebhaften, irrationalen Beweggründe dieser Kontrolle aber ebensowenig zügeln kann wie die materiellen Zerstörungen infolge einseitiger Vorgaben für die Ziele. In einer entzauberten Welt ersetzen oberflächliche Rationalisierungen die früheren Werte. Es gibt keinen Schutz für Schwache, keine Reservate gegen eine ungehemmte Funktionalisierung aller Bereiche des menschlichen Lebens und der Natur. Die Suche nach irdischer Leistung und Expansion hat sich als Vorwegnahme jeder anderen Form von Erlösung verselbständigt und ist in dieser weltlichen Form zum Selbstzweck erstarrt.

Der Kult des Effektiven fordert unpersönliche, bürokratische Regelungen. Gefangen in diesem eisernen Käfig, verlieren die Individuen fast jeden Spielraum. Aldous Huxley («Brave New World») und George Orwell («1984») haben diese Schattenseiten der industriellen Fortschritte mit teilweise prophetischer Genauigkeit dargestellt.

Die Wurzeln dieser Einschränkungen, welche die ursprünglichen Ziele der Aufklärung vom freien und vernunftbestimmten Individuum fast in ihr Gegenteil verkehren, haben zwei weitere, einflußreiche Kritiker der Industriegesellschaft in den Fesseln entdeckt, die in einer Szene aus Homers Bericht über den «ersten modernen Menschen», den listen-

---

* Max Weber, Die protestantische Ethik I, Eine Aufsatzsammlung, hg. von Johannes Winckelmann, Hamburg (Siebenstern) 1973

reichen Odysseus, eine Rolle spielen. Weil Odysseus *weiß*,
daß jeder, der dem Gesang der Sirenen lauschen will, unweigerlich verzaubert wird, dennoch aber seine Neugier befriedigen möchte, verstopft er seinen Gefährten die Ohren und be-
fiehlt ihnen, sich seiner Verführbarkeit bewußt, ihn am Mast
festzubinden und seine Fesseln sogar enger zu ziehen, wenn
er befehle, ihn zu befreien, oder versuche, sich loszureißen.

Mit diesem Gleichnis illustrieren Max Horkheimer und
Theodor W. Adorno in ihrer Untersuchung der «Dialektik
der Aufklärung», daß die Vernunftideologie des 18. und
19. Jahrhunderts im Versuch, die traditionellen Mythen zu
überwinden, einen neuen Mythos geschaffen hat: die Diktatur der instrumentellen Vernunft, die Unterwerfung der Welt
unter eine Berechnung, die nur dazu dient, die Menschen im
Dienst einer zum Selbstzweck gewordenen Produktion zu
manipulieren.*

Der Mensch hat im Zug der Ideologien von Vernunftherr-
schaft und Fortschritt die traditionelle Beziehung zur Natur
so radikal geändert, daß die Folgen bedrohlich werden.
Schließlich ist auch der Mensch dem Menschen nur noch ein
Gegenstand, ein Objekt der Manipulation, der Züchtung, der
genetischen Veränderung, ein Ersatzteillager für transplan-
tierbare Organe**, ein Konsument, dessen weiche Stellen
ausgeforscht und mit gezielten Manipulationen beeinflußt

---

* Max Horkheimer, Theodor W. Adorno, Dialektik der Aufklärung,
Philosophische Fragmente, Frankfurt (Fischer) 1969
** Zu den am meisten kolportierten Schauergeschichten der Gegenwart gehört die vom nichtsahnenden Touristen (oder Kind), die in einer
orientalischen Stadt plötzlich aus einer Narkose erwachen und sich kost-
barer Organe beraubt finden. Real sind Praktiken, den Armen Nieren,
Netzhäute, Blut usw. abzukaufen.

werden. Daß dazu eine letztlich destruktive Stimulation der regressiven Neigungen gehört, hat zuerst Herbert Marcuse in seinen Studien über «Eros and Civilization» betont.*

Freud hatte die Abwehrqualitäten kultureller Sublimierungen erkannt. Er sprach sich dafür aus, den Kompromiß der Neurose, die durch Symptome versucht, Es und Über-Ich gleichzeitig zufriedenzustellen, durch einen vernünftigen Kompromiß zu ersetzen, in dem das Ich die Verantwortung für einen Teil der Triebwünsche übernimmt, einen anderen Teil aber durch bewußten Verzicht und Sublimierung erledigt. Das Über-Ich als innere Instanz bleibt erhalten; es wird jedoch differenziert. Odysseus am Mastbaum, der um seine Triebhaftigkeit weiß, sich auf diese planend einstellt, einen Teil seiner Wünsche erfüllt, einen anderen durch eine freiwillig gewählte Form von Gewalt außer Kraft setzt, steht für diese Haltung.

Die populäre Auslegung der Psychoanalyse in der Konsumgesellschaft modelt dieses Konzept um: Die Triebwünsche müssen befriedigt werden, der Konsument soll kaufen, nicht sublimieren. Das Über-Ich wird nicht differenziert, sondern nach außen delegiert. Die Lüste kommen nicht mehr aus einem unzähmbaren Es, sondern werden durch äußere Bilder überoptimaler Befriedigung geweckt. Die Situation

---

* Herbert Marcuse, Eros and Civilization, Boston (Beacon Press) 1955. – Ders., One-Dimensional Man, Boston (Beacon Press) 1964. Darin sagt Marcuse: «Ein ‹Ende der Kunst› ist nur vorstellbar, wenn die Menschen nicht mehr imstande sind, zwischen Wahr und Falsch, Gut und Böse, Schön und Häßlich, Gegenwärtig und Zukünftig zu unterscheiden. Das wäre der Zustand vollkommener Barbarei auf dem Höhepunkt der Zivilisation – und solcher Zustand ist in der Tat historisch möglich.» Übers. n. G. Kunert, *Die Zeit* Nr. 6/1994, S. 54

läßt sich in ein anderes mythisches Bild Homers fassen. Es
geht nicht mehr um das, was Odysseus ersann, um sich und
seine Kameraden zu retten, sondern um den Plan, welchen er
gegen seine Feinde ausheckte: die Täuschung durch das Tro-
janische Pferd (siehe Kapitel 2). Marcuse nannte diesen Vorgang, in dem auch die genitale Sexualität kanalisiert und nor-
miert wird (Mann und Frau müssen nach wohlüberlegtem
Liebesspiel durch entsprechende sexuelle Technik gleichzeitig orgasmieren), «repressive Entsublimierung».

In der kritischen Distanz zum Fortschrittsglauben steckt
bei Tönnies, Weber und Adorno/Horkheimer ein elitäres
Element. Die Industriegesellschaft nivelliert Bildungsunter-
schiede. Die verschafft dem Erfinder öffentliche Anerkennung und raubt sie dem «brotlosen Künstler». Der Ingenieur
verdient mehr Geld als der Altphilologe. Daraus folgert Oswald Spengler* kurz nach der Jahrhundertwende den «Untergang des Abendlandes».

Ein tieferes Verständnis der tragischen Seite kultureller
Entwicklungen und zugleich eine wirksame Distanzierung
vom Fortschrittsglauben gewinnen die französischen Strukturalisten, vor allem Claude Lévi-Strauss**, aus der Betrachtung des Schicksals sogenannter «primitiver» Kulturen, deren Eigentümlichkeit darin entdeckt wird, daß auf sie die Kategorie des Fortschritts nicht angewendet werden kann. Sie
sind bei genauer Betrachtung weder einfach noch entwickelt,
sondern in ihrer Ordnung einzigartig, im Prinzip gleichwer-

---

* Oswald Spengler: Der Untergang des Abendlandes. Umrisse einer
Morphologie der Weltgeschichte, München (Beck) 1929. Das Buch war
bereits 1912 weitgehend vollendet; die Erstausgabe erschien dann 1917.
** Claude Lévi-Strauss, Strukturelle Anthropologie, Frankfurt
(Suhrkamp) 1967

tig, in ihrer Verletzlichkeit jedoch sehr unterschiedlich. Es gibt unter den Kulturen sozusagen pflanzliche und fleischfressende Strukturen. Die ersten lassen einander ungeschoren, die zweiten dezimieren zuerst die wehrlosen Pflanzenfresser, bis am Ende nur noch Fleischfresser übrigbleiben, die nun anfangen müssen, sich gegenseitig zu verzehren.

Freud hat zuerst den Gedanken formuliert, daß große Entdeckungen durch eine wachsende Toleranz für narzißtische Kränkungen möglich werden.* Die Entwicklung der modernen Astronomie durch Kopernikus bedeutete auch, daß die Erde ein Stäubchen im All, nicht der Mittelpunkt des Universums ist. Die Theorie der natürlichen Evolution durch Charles Darwin nahm dem Menschen seine Sonderstellung in der Schöpfung. Die Entschlüsselung von Träumen, Fehlleistungen und Symptombildungen durch Freud schließlich beraubte Homo sapiens der Überzeugung, Herr im Haus der eigenen Psyche zu sein. Auch Lévi-Strauss läßt sich in dieser Reihe anführen: Sein Strukturalismus nimmt uns den kulturellen Dünkel, unser System sei besser als das der schriftlosen Kulturen, die es in den letzten dreihundert Jahren so unbarmherzig aus der Welt geräumt hat. Eine Axt aus Stahl ist nicht besser als eine Axt aus Obsidian, es sei denn, man legt das Wertsystem zugrunde, in dem diese Axt entstanden ist.

Hier liegt der Einwand nahe, daß überall dort, wo die Kultur der eisernen Äxte auf die der Äxte aus vulkanischem Glas traf, die Eingeborenen ihre Feuersteinbeile wegwarfen und sich für die Metalläxte prostituierten. Aber dieser Einwand drückt nur aus, wie schwierig es ist, uns von den eigenen

---

* Sigmund Freud, Die Widerstände gegen die Psychoanalyse, Imago, Bd. XI, 1925, nach einer Veröffentlichung in französischer Sprache in *La Revue Juive*, Paris, März 1925; Ges.W. Bd. XIV, S. 99 f.

Wertvorstellungen zu distanzieren. Er besagt nichts über den
Wert der materiellen Kultur der Europäer und über die Un-
terlegenheit der «Primitiven». Erkennbar wird nur, wie viel
bereiter die Wilden sind, fremde Überlegenheiten anzuerken-
nen, als wir das von der europäischen Zivilisation sagen können. Es ist gewiß kein Zufall, daß solche Gesichtspunkte erst
in einer Zeit gewonnen werden, in der deutlich wird, daß die
überlegene Technik auch unvorhersehbare Gefahren bedingt.
Solange es nur Steinäxte gab, waren die heute verkarsteten
Küsten Griechenlands und viele seiner Inseln üppig bewaldet.
Die Stahlaxt hat den Kahlschlag möglich gemacht, der Regen
spülte die fruchtbare Erde ins Meer. Angesichts der Kultur-
steppe erkannten die Axtträger zu spät, daß ihr perfektes
Werkzeug unwiederbringlich zerstört hatte, was das mangel-
hafte unbewußt erhalten half.

Daß Kulturen nicht unter dem Gesichtspunkt ihrer handwerklichen, künstlerischen oder wissenschaftlichen Fortschritte betrachtet werden, sondern unter dem Aspekt der
ökologischen Stabilität, ist von einigen amerikanischen Anthropologen weiter verfolgt worden. Neben Gregory Bateson* hat sich vor allem Marshall D. Sahlins** mit diesen Fragen beschäftigt. Beide betonen die inneren Gefahren einer
Fortschrittskultur. Bateson weist darauf hin, daß die Beispiele der Primitivkulturen lehren, wie wenig Bewußtsein
diese Menschen von der Überlegenheit ihrer Kultur unter
ökologischen Aspekten haben. Sie müssen sie verloren haben,
um diesen Gedanken zu fassen (der heute in vielen Eingebore-

* Gregory Bateson, Ökologie des Geistes, übers. v. H. G. Holl,
Frankfurt (Suhrkamp) 1983
** Marshall D. Sahlins, Culture and Practical Reason, Chicago
(Univ. Press) 1976

nenbewegungen, in Australien wie im American Indian Movement, diskutiert wird). Sahlins beklagt ebenfalls die Zerstörung der Primitivkulturen, die ihre Fähigkeit zur stabilen Vernetzung mit ihrer natürlichen Umwelt über viele Jahrtausende hin bewiesen haben.

Die ökologische Betrachtungsweise konzentriert sich auf die unkontrollierbare Qualität des Fortschritts der Konsumgesellschaft. Die Metapher von Krebszellen neben gesunden Zellen liegt für einen biologisch gebildeten Betrachter nahe. Auch Krebszellen sind kurzfristig erfolgreicher als gesunde Zellen, weil sie sozusagen deren Pflanzenqualität durch animalische, fleischfressende Eigenarten ergänzen. Wenn sie die körpereigene Abwehr überwunden haben, sind Krebszellen oft biologisch so tüchtig, daß der Tumor den Organismus durch sein Wachstum in wenigen Monaten verzehrt. Dieser Prozeß scheint vom Wohl des ganzen Organismus genauso abgekoppelt wie vom Selbsterhaltungstrieb der Krebszellen, denn im Tod des Kranken vernichten die so erfolgreichen Zellen auch sich selbst.

Ähnlich kann man aus dem rasenden Wachstum und dem Unterdrückungserfolg der Industrie- und Konsumgesellschaften nicht darauf schließen, daß es sich hier um die lebenstüchtigste Kultur in einer evolutionären Konkurrenz handelt. Möglicherweise wären bewußtseinsbegabte Zellen im Innern einer bösartigen Geschwulst vom überlegenen Wert ihres so durchsetzungstüchtigen Zelltypus und von ihrem Recht auf infiltrierendes Wachstum höchst überzeugt. Das würde einen distanzierten Beobachter jedoch nicht daran hindern, die destruktiven Qualitäten dieser Zellen zu erkennen und zu urteilen, daß diese schwerer wiegen als ihre metabolischen Vorzüge.

Dieses Beispiel hat seinen Zweck erfüllt, wenn es die Aufmerksamkeit für die bedrohlichen Qualitäten des Fortschritts schärft. So weit hergeholt die Analogie der ungehemmt wachsenden Krebszellen gegenüber den harmonisch in ihre Umwelt eingefügten, ihr mit Leben und Tod dienenden Zellen erscheinen mag: unsere Zivilisation hat tatsächlich eine bedrohliche Wachstumsqualität, weil sie – anders als die sogenannten Primitivkulturen – bisher keine gesellschaftlichen Mittel entwickelt hat, um die gesellschaftlichen Formen der Naturbeherrschung zu meistern.* Nicht das Überlebensinteresse der Menschen, sondern etwas wie die Verehrung eines menschenverschlingenden Götzen bestimmt das Verhältnis der fortschrittsbestimmten Gesellschaften zum Warenganzen, am deutlichsten ablesbar an den Symbolen der Mobilität (wie Auto und Flugzeug) oder an den Massenmedien.

* Sahlins, a. a. O.

6
Die Entwicklung
der Werkzeuge

In der menschlichen Entwicklungsgeschichte ist das Werkzeug ein zentrales Element. Es prägt die menschliche Progression und erhöht gleichzeitig die regressiven Möglichkeiten. Die menschliche Persönlichkeit ist von Freud durch einen «seelischen Apparat» erklärt worden: Der Mensch im Industriezeitalter sucht sich selbst als Werkzeug zu verstehen, das zwischen Trieb und Kultur vermittelt.

Am Anfang der Menschwerdung stand das *behaltene* Werkzeug. Es unterscheidet uns vom Schimpansen, der zwar aus einer Situation heraus, etwa beim Überfall durch einen Leoparden, nach einem Prügel greift, das Ding jedoch wieder fallen läßt, wenn die Gefahr vorbei ist. Der Mensch dankt seinen Erfolg in der Evolution der Hartnäckigkeit, mit der er Werkzeuge für eine nur *mögliche* Benützung *festhält*. Sein Leben wird dadurch beschwert. Eine Last tragen zu müssen, enthält ein progressives Element der Sorge und Disziplin. Sein Leben wird aber auch erleichtert und regressiv gefährdet, denn allen Feinden durch eine Waffe überlegen zu sein, kann kindliche Allmachtsvorstellungen wecken und destruktives Handeln fördern.

Krönung der frühen Strukturbildungen, ohne die wir uns den Menschen nicht vorstellen können, ist das *festgehaltene Wort* mit genau umgrenzter sprachlicher Bedeutung. Übertroffen wird es noch vom Schriftzeichen, das flüchtige Worte dauerhafter macht als Erz, wie Horaz sagt. Die Schrift stimuliert wiederum einerseits die Disziplin, anderseits aber auch die regressiven Möglichkeiten. Durch sie wird das Individuum gezwungen, sich mit anderen zu vergleichen und die eigenen Worte an einer perfekten Vorlage zu messen. Seine Lernmöglichkeiten erweitern sich in extremer, bald individuell nicht mehr ausschöpfbarer Weise. Die Wissenschaft ist größer als jeder Gelehrte. Gleichzeitig verkümmern durch die neu geschaffenen Bequemlichkeiten der Aufzeichnung die alten Disziplinen des Memorierens und die Fähigkeit, Verse aus dem Augenblick heraus zu finden, welche die alten Dichter auszeichneten.

Wer Zugang zu den Schriften hat, fühlt sich im Besitz eines Wissens, das gar nicht in ihm arbeitet; es gibt Bildungsschranken, die auf geistigem Gebiet ähnliche Überlegenheiten schaffen wie Waffen in einer körperlichen Auseinandersetzung. Reizt die Waffe den kindlichen Allmachtswahn, so stimuliert die Schrift infantile Allwissenheitsphantasien, Vorstellungen, im Recht zu sein, weil man sich an einen Buchstaben hält.

Seit den gesellschaftlichen Veränderungen, deren Symbolfigur Christoph Kolumbus ist, haben die Mutationen der Werkzeuge eine Qualität gewonnen, die sie früher nicht hatten. Gemessen an ihr erscheinen alle früheren historischen Schritte harmlos. Technische Fortschritte werden unbarmherzig auch globale Fortschritte. Kulturen, welche überlegene Werkzeuge haben, beeindrucken Kulturen, denen diese fehlen, bis zu deren narzißtischem Kollaps. Wir können uns nicht mehr vorstellen, daß die Deutschen mit Pfeil und Bogen jagen, um Wild und Wald zu schonen, während die Franzosen Repetiergewehre benutzen. Es gibt keinen Ort mehr, an dem wir uns technischer Neuerungen enthalten können, es gibt kaum wirkungsvolle soziale Versuche, wie die Entwicklung ohne sie weitergehen würde (Gruppen wie die Amish-Farmer in den

Vereinigten Staaten sind bedrohte soziale Kuriosa und keine kulturellen Leitbilder). Der regressive Genuß, mit den überlegenen Werkzeugen der eigenen Kultur die Träger der unterlegenen Werkzeuge einer fremden Kultur zu versklaven, war und ist so unwiderstehlich, daß es schwer möglich scheint, auf solche Bestätigungen des eignen Wertes zu verzichten.

Seit es Mordwerkzeuge gibt, ist auch Arglist möglich, kann der Bewaffnete im Vertrauen auf seine technische Übermacht den Waffenlosen tyrannisieren. Umgekehrt hat aber der Schwächere endlich eine Chance, seinen Nachteil auszugleichen und durch Anstrengung, Fleiß, Aufmerksamkeit, Sorgfalt (sämtlich progressive Qualitäten) seinen Mangel an brutaler Kraft oder zahlenmäßiger Überlegenheit wettzumachen. Diese Dramaturgie bestimmt die Erzählungen über Waffen. Beispielsweise sind in den amerikanischen Westernfilmen der klassischen Ära die Indianer immer in der Übermacht und den Weißen an brutaler Grausamkeit überlegen, was den Gebrauch von Repetiergewehren zur tugendhaften Notwendigkeit macht. Erst später und vom Publikum weniger geliebt wurden realistische Szenen von Hollywood aufgegriffen: Die überlegene Waffentechnik der amerikanischen Kavallerie dient dazu, aus sicherer Distanz wehrlose Indianer, auch Frauen und Kinder, zu töten.

Jeder Fortschritt in der Waffentechnik enthält regressive Potentiale. Wenn der Urmensch mit Stein und Knüppel gegen ihn anstürmt, hat der Bogenschütze in freiem Gelände schon einen Vorteil von vielleicht fünf zu eins. Odysseus, der die Waffen seiner Rivalen fortschaffen ließ, soll mit zwei Helfern und seinem Bogen fast ein volles Hundert der Freier Penelopes getötet haben. In solchen Überlegenheiten stecken aber immer auch Verluste an Selbstdisziplin und Mut, regressive Versuchungen. Diese Qualität ist den früheren Kulturen viel

bewußter gewesen als der Gegenwart. Auch dieses Unbe-
wußtwerden ist ein Symptom, das Aufmerksamkeit verdient.

Die ältesten Fernwaffen, Schleuder und Bogen, waren so
lange umstritten, bis sie von Armbrust und Muskete abgelöst
wurden, die ihre Risiken harmlos erscheinen ließen. Sie galten
als tückisch und knabenhaft. Ihr Gebrauch mußte durch
große Überlegenheit des Gegners gerechtfertigt werden, wie
in der Geschichte von David, der mit seiner Hirtenschleuder
den gepanzerten Riesen Goliath tötete. Viele Germanen-
stämme verachteten den Gebrauch des Bogens im Krieg. In
den Reiterkulturen der Thraker, Parther, Numidier, Araber,
Hunnen und Mongolen war er die bevorzugte Waffe.

Die englischen Bogner des Mittelalters schossen mit ihren
fast zwei Meter langen Eibenbögen in einer Minute zehn
Pfeile ab, die noch einen zweihundert Schritt entfernten
Mann töten konnten. Nicht höhere Treffsicherheit und schon
gar nicht gesteigerte Schußgeschwindigkeit führte dazu, daß
der Bogen durch die Armbrust und später durch die Arkebuse ersetzt wurde. Eine dem geschickt geführten Langbogen
überlegene Fernwaffe waren erst die Repetiergewehre des
ausgehenden 19. Jahrhunderts. Die weniger windempfindli-
che Feuerwaffe setzte sich vor allem deshalb durch, weil die
Munition erheblich billiger war. Für präzise Schüsse brauchte
der Bogner sorgfältig in Handarbeit gefertigte, meterlange
Pfeile mit einer geschmiedeten, geschliffenen, oft auch in Europa vergifteten Spitze.

Am Ende wurde der Schaft mit Federn versehen, die seinen
Flug stabilisierten. Solche Pfeile kosteten erheblich mehr als
Pulver und Blei. Ein normaler Köcher faßte nur zehn davon.
Deshalb war ein Bogenschütze schneller wehrlos als ein Ar-
kebusenträger, der zwar bei Windstille kaum genauer traf und
längst nicht so rasch hintereinander schießen konnte, aber er-

heblich mehr Munition bei sich trug. In der Jagd blieb der Bogen viel länger erhalten als im Krieg; dort war es auch möglich, verschossene Pfeile wieder aufzusammeln, die im Krieg höchstens dem Feind zugute kamen. Fortschritte in der Metallurgie hatten im sechzehnten Jahrhundert dazu geführt, daß Blei für ein paar Pfennige zu haben war; Salpeter, Holzkohle und Schwefel, die Grundstoffe des Schwarzpulvers, kosteten ebenfalls nicht viel und waren leicht zu beschaffen.

Die Arkebuse bot einen Vorteil, den bereits die Armbrustschützen schätzten: Wer anlegte, konnte entspannt zielen, was beim Bogenschießen nicht möglich war. Daher sind Armbrust und Gewehr ideale Waffen, um einem beweglichen Ziel aufzulauern. Will der Bogenschütze das tun, muß er über lange Zeit die volle Kraft des Bogens halten, was ihn aber sehr anstrengt. Wird das flüchtige Ziel in dem Augenblick sichtbar, in dem sein Bogen noch nicht gespannt ist, kann es während des komplizierten Ablaufs des Bogenspannens, Zielfassens und Loslassens wieder verschwinden. Bei Armbrust und Muskete gibt die Weiterentwicklung der Waffe dem Schützen die Möglichkeit, zwischen der Vorbereitung des Schusses und seiner Auslösung beliebig lange zu warten. Diese Waffen speichern die benötigte Energie und entladen sie erst in dem Augenblick, in dem der Schütze das will. Eine wesentliche progressive Qualität wird an das Werkzeug delegiert. Damit verliert auch der Schütze als selbstverständliche, ihm vom Gerät aufgezwungene Übung die Fähigkeit, Spannungen auszuhalten und sich dessen bewußt zu bleiben, daß dafür Kraft benötigt wird.

Der Bogen ist bei aller Verführung zur Regression, die er (verglichen mit dem Speer) enthält, doch insofern ein weit disziplinierenderes Werkzeug als die Armbrust oder die Feuerwaffe, weil er die seelische Auseinandersetzung des

Schützen mit Spannung, Entspannung und Schnellkraft fördert, die bei der Armbrust nur noch zeitversetzt und bei der
Flinte überhaupt nicht mehr stattfindet. Es ist kein Zufall, daß
der Bogen immer wieder als Werkzeug zu religiösen und ethischen Übungen verwendet wurde. In japanischen Zen-Klö-
stern gehört Bogenschießen noch heute zu den meditativen
Künsten; auch Mohammed erwähnt den Gebrauch des Bogens als gottgefälliges Werk.

Die Armbrust macht sich auf eine im Prinzip dem Bogen
ähnliche Weise die Schnellkraft eines Hebels zunutze. Doch
wird das Hebelgesetz nicht nur für die Bewegung des Pfeils,
sondern auch beim Spannen der Waffe eingesetzt. Ein Bogen
aus Stahl oder Fischbein wird quer auf einen hölzernen Schaft
montiert, auf dem das Geschoß – Pfeil, Bolzen, Kugel – in
einer Rinne liegt. Die Sehne zieht ein Spanner zurück; sie
wird durch eine Nuß arretiert. Bei Reitern war der Spanner
vorzugsweise ein einfacher Hebel, der Geißfuß; bei Fe-
stungssoldaten mit stärkeren Bögen wurden Winden mit
Zahnrädern verwendet. Wenn die Nuß durch den Abzug ge-
senkt wird, schnellt die Sehne nach vorne und treibt das Geschoß mit großer Wucht die Rinne entlang ins Ziel.

Die Armbrust wurde im frühen Mittelalter entwickelt, war
aber vielleicht schon in griechischer Antike bekannt (Gasta-
phrete); die Belagerungsgeschütze vor der Erfindung des
Schießpulvers beruhten auf demselben technischen Prinzip.
Armbrüste galten als derart gefährlich und heimtückisch, daß
ihr Gebrauch im Krieg gegen Christen im Zweiten Laterani-
schen Konzil verboten wurde, eine Vorschrift, die Innozenz
III. im Jahr 1215 erneuerte. Die Wiederholung des Verbots
zeigt, daß es wohl nicht genügend beachtet wurde. Gleichzeitig wird erkennbar, daß im 12. und 13. Jahrhundert weit in-
tensiver als heute über die moralische Bedeutung und Bewer-

tung von Fortschritten der Waffentechnik nachgedacht wurde. Verräterisch ist das Schlupfloch, welches der Heilige Vater den Armbrustern ließ: Gegen Heiden gerichtet blieb ihr Mordwerkzeug gottgefällig, nur christliche Ritter sollten einander allein mit den ritterlichen Waffen bekämpfen.

Wegen des hohen technischen Aufwands bei der Produktion war die Armbrust eine typische Waffe städtischer Bürger. Sie nahm zahlreiche Entwicklungen der späteren Gewehre vorweg; es gab Armbrüste mit Stecher (einem Feinabzug, der nach Auslösung des Grobabzugs bei der leisesten Berührung den Schuß freigab und so das Verreißen beim Abdrücken verminderte), Kimme und Korn, bedeckte Rohre, durch die Kugeln aus Marmor, Ton oder Blei mit solcher Wucht geschossen wurden, daß sie noch auf 250 Schritt einen Panzer durchschlugen.

Bei der Armbrust kann die Kraft für den Schuß zwar gespeichert werden, wird aber durch die Muskelkraft des Schützen oder eines Gehilfen erzeugt. Die kollektive Vormacht regressionsfördernder Techniken geht durch die Entdeckung der Feuerwaffen einen großen Schritt weiter. Sie sind die ersten Werkzeuge, durch die Explosionen in den Dienst der menschlichen Bequemlichkeit gestellt werden. Dieses Phänomen steht bis hin zu den modernen Maschinenkanonen und Explosionsmotoren für die destruktive Entwicklung der Technik. Die Verführung, in der scheinbaren Beherrschung von Explosionskräften eine eigene Kraftsteigerung zu phantasieren, ist seither menschliches Allgemeingut. Während der Bogen unter dem Aspekt seiner latenten Folgen für die menschliche Psyche die Qualitäten des Ertragens von Spannung und des Loslassens im richtigen Augenblick fördert, ist die Feuerwaffe ein Werkzeug der Regression in die Analität. Sie kracht, stinkt, gewährt sadistische Befriedigungen, Gefühle der Überlegenheit, der Kontrolle über die Umwelt. Es ist nicht mehr die eigene Kraft, die riskiert werden muß, um zu verletzen und zu töten, sondern die entfesselte Energie von Holzkohle, Schwefel und Salpeter.*

Die Evolution der Handfeuerwaffen bietet viele Beispiele, wie unmerklich sich die Verluste an progressiven Qualitäten der Werkzeuge vollziehen. Verglichen mit der Maschinenpistole, ohne die sich ein sechzehnjähriger Drogendealer in Los Angeles nackt fühlt, ist die Arkebuse eine Waffe, deren richtige Bedienung viel Aufmerksamkeit und Disziplin verlangt. Es gibt keine mühelose Verfügung über perfekt verpackte Explosionen, die mit großer Sicherheit nur in eine gewünschte Richtung wirken. Der Vorderlader hält den Schützen auf einem progressiven Niveau, das mit dem Hinterlader und der genormten Patrone verlorengeht. Spielten beim Übergang vom Bogen zur Armbrust und Arkebuse noch ökonomische Gründe der ersten Ordnung (Prinzip Sparsamkeit) eine Rolle, so herrschen bei der Entwicklung des Hinterladers bereits ökonomische Gründe der zweiten Ordnung vor: Wettbewerbsvorteile um jeden und Bequemlichkeit auch zu höherem Preis.

Die zentrale progressive Qualität eines Geräts liegt darin, wie weit es jeden, der es benutzt, dazu bringen kann, sich über die Grundprinzipien seiner Funktion klar zu bleiben. Disziplin und Progression lassen sich am genauesten dadurch bestimmen, daß die Realitätsbeziehung in einem umfassenden, vernünftigen Sinn gewahrt bleibt. Diese Situation ist bei den paläolithischen Waffen gegeben. Begonnen mit der Suche nach Feuerstein, Holz und Darmsaite, müssen sie vom Schützen selbst produziert werden. Die progressiven Qualitäten

---

* Die Stoffe, aus denen das Schwarzpulver hergestellt wurde.

der Autonomie eines Nutzers, der Gewinn und Verlust realistisch einschätzen kann, bleiben so gewahrt. In der Tat ist der Pygmäe mit zerbrochenem Bogen im Dschungel längst nicht so hilflos wie der Weiße mit zerbrochenem Gewehr. Er kann sich aus dem Material, das ihn umgibt, einen neuen Bogen machen, notfalls mit Steinen und Ästen Fallen bauen oder sich von Pflanzen ernähren. Da der Europäer um das Risiko seiner Technologie weiß, wird er auch Sorge tragen, den Gefahren ihres Versagens vorzubeugen. Dadurch wird er wirtschaftlich abhängiger von seiner Ursprungsgesellschaft, die ihn mit Ersatzteilen und Munition versorgt, behält aber seine sichere Überlegenheit über den Jäger, der sich im Urwald zu Hause fühlt. Dieser wird nie in der Lage sein, zehn Elefanten aus sicherer Entfernung abzuschießen. Der weiße Jäger *kann* das nicht nur, sondern er *muß* es auch tun, um mit dem Erlös für das Elfenbein seine Ausrüstung zu bezahlen.

Durch die Möglichkeit, die Elefanten (oder die Büffel der Neuen Welt) maschinenmäßig zu töten, verliert der seiner Umwelt angepaßte, sie stabilisierende Jäger die Existenzgrundlage. Die Ungleichgewichtstechnik der Weißen ist seiner Gleichgewichtstechnik kurzfristig überlegen; da menschliche Kulturen keinen Kälte- oder Trockenschlaf kennen, nützt der Gleichgewichtstechnik dann ihre langfristige Überlegenheit nicht mehr. Sie ist verloren; die Menschen, die sie leben können, gibt es nicht länger. Nur große Verzichtleistungen könnten den einst so selbstverständlichen Zustand zurückgewinnen.

Gemessen am Bogen ist der Vorderlader ein regressiver Schritt. Verglichen mit dem Hinterlader, dem Repetiergewehr und schließlich der automatischen Waffe ist er weit mehr von progressiven Qualitäten bestimmt. Der Vorderlader war zunächst ein Handrohr, aus Eisen geschmiedet, in

Holz geschäftet, manchmal mit anderen Waffen verbunden (in einem der ältesten erhaltenen Modelle bildet das Schießrohr den Griff einer Streitaxt). Pulver und Blei wurden mit Hilfe eines Ladestocks eingepreßt; das Pulver dann durch ein Zündloch mit einer glühenden Kohle oder Lunte abgebrannt. Die Handbőller der bayerischen Schützen entsprechen diesem urtümlichen Modell. Man vermutet heute, daß die Erfindung der Kanone daraus entstand, daß die Belagerungsmaschinen des Mittelalters das seit 600 nach Christus in Konstantinopel bekannte griechische Feuer, eine frühe Form des Schwarzpulvers, in kugelförmigen Brandgeschossen über den feindlichen Mauerring schossen.

Die Entwicklung der Armbrust mit Schießrohr (des Kugelschneppers) und dieser Pulverkugeln führten gemeinsam dazu, daß irgendwann solche Kugeln in einem geschlossenen Rohr abgeschossen wurden und – vielleicht durch ein plötzlich in seiner möglichen Bedeutung erkanntes Versehen – entdeckt wurde, daß die Pulverexplosion selbst ein solches Geschoß weiter treiben kann als die Schnellkraft des Bogens. 1313 soll der Mönch Berthold Schwarz die erste Kanone abgefeuert haben. 1340 sind in Augsburg bereits Pulvermühlen dokumentiert, ein Zeichen, wie rasch sich diese Technik durchsetzte.

Die Gewehre blieben fast fünfhundert Jahre lang Vorderlader. Der Schuß wurde vom Schützen selbst vorbereitet. Die dazu notwendigen Stoffe wurden getrennt und je nach der Schußsituation unterschiedlich gerüstet (bei weiten Schüssen eine stärkere Ladung). Der Jäger im Märchen, der die kugelfeste Hexe mit einem silbernen Jackenknopf erlegt, gehört in diese Welt. Jeder Schütze mußte um die verheerende Gewalt der von ihm gezündeten Explosion wissen. Er spürte sie am eigenen Leib als Rückstoß, er erfuhr von Läufen, die bei unvorsichtiger Handhabung geplatzt waren und den Schützen verletzt hatten. Anderseits war sein Gewehr zuverlässig und kaum reparaturanfällig; die technisch komplizierte Struktur entfiel, welche beim Hinterlader die Zufuhr der Munition und den gasdichten Verschluß des hinteren Laufendes ermöglicht.

Jeder Schuß aus einem Vorderlader ist kostbar; der Schütze hat nur einen, aus einem Doppelgewehr zwei. Wer jagt, kann einen Fehler nicht korrigieren, ganz anders als der modern ausgerüstete Jäger. Die Soldaten Friedrichs des Großen schossen immerhin schon viermal pro Minute: Der Krieg erzwang Perfektionierungen, die in der Jagd unnötig sind. Die Treffsicherheit wurde schrittweise verbessert, am meisten durch die Einführung kleinerer Kaliber (leichtere Geschosse fliegen eine gestreckte Bahn) und gezogener Läufe, die zwar bereits 1630 in Nürnberg entdeckt worden waren, aber nur langsam an Bedeutung gewannen, weil die glatten Läufe leichter zu laden und vielseitiger waren (man konnte aus einem Lauf Kugeln, groben und feinen Schrot verschießen).

Auch die Auslösung des Schusses wurde verbessert. Die Lunte verriet den Schützen bei Nacht und erforderte immer einen Topf mit glühenden Kohlen. Sie wurde durch das Steinschloß ersetzt, bei dem ein in den Hammer geschraubter Feuerstein (englisch «flint», daher «Flinte») durch Federkraft den gespannten Hahn gegen eine Zündpfanne schlägt, sie öffnet und mit dem entstandenen Funken das Zündpulver erfaßt.*

---

* Die sprachprägende Gestalt eines technischen Stadiums ist immer ein wesentlicher Gesichtspunkt. Die Entdeckung des Feuersteins als Auslöser der Explosion, die den Begriff «Flinte» begründete, hat die Qualität eines solchen Schrittes. Beim Luntengewehr war nur die Explosion gespeichert, nicht aber ihre Auslösung; dazu mußte eine Glut un-

Solche Gewehre funktionieren bei nassem Wetter schlecht. Daher war die Entwicklung von Zündhütchen aus Knallquecksilber ein Schritt, der die Allwettertauglichkeit der Gewehre verbesserte und neue Abhängigkeiten von Zulieferern schuf.

Beim Vorderlader kennt der Schütze noch alle Teile seiner Waffe und seiner Munition. Viele stellte er selbst her. Aus der Oper vom «Freischütz» wissen wir, daß der Jäger seine Kugeln selbst goß, sein Pulver selbst prüfte und maß. Alle Komponenten des Systems waren mit viel höherer Zwangsläufigkeit bekannt und forderten Aufmerksamkeit. Der Schütze gewann eine sinnliche Beziehung zu den Vorzügen und Grenzen seiner Waffe. Heute muß ein Experte dazu fertige Munition zerlegen oder die geschlossene Mechanik einer Waffe erst offenlegen.

Der «umständliche» Vorderlader macht alle Umstände, die für seine Bedienung nötig sind, zwangsläufig bewußt. Es ist keine eigene Ausbildung oder Motivation nötig, um zu begreifen, was vor sich geht. Das Gerät erzwingt durch seine Konstruktion eine Auseinandersetzung, die in bestimmtem Umfang Regressionen verhindert und Progression aufrechterhält. Ein junger Mann mit einem Vorderlader wird zwangsläufig schonender und aufmerksamer jagen als ein anderer, der eine automatische Flinte führt. Der letztere muß Disziplin und ethische Einstellungen erwerben, um nicht im Jagdrausch angesichts einer Herde von Beutetieren mehr abzuknallen, als er essen kann. Der erstere wird durch sein Instrument in seinen möglichen Regressionen begrenzt. Ein

---

terhalten werden. Die Flinte ist das erste Beispiel einer abgestuften Speichertechnologie, wobei ein Speicher die wirksame, ein anderer die auslösende Explosion enthält.

zentraler Irrtum der Moderne liegt in dem Glauben, daß moralische Einsicht wirksamer und besser ist als die Wirkung der von außen auferlegten Notwendigkeit.

Der Vorderlader ist narrensicher, die Maschinenpistole narrenfreundlich. Wenn der Schuß aus einer Steinschloßflinte nicht ausgelöst werden kann, weil der Feuerstein verlorenging, kann der Schütze immer noch mit einer Lunte oder einem glühenden Stöckchen schießen. Die regressiven Qualitäten der modernen Waffentechnik lassen sich dadurch illustrieren, daß die Soldaten in dem heute dominierenden Typus des Krieges – dem Guerillakampf in der dritten Welt – immer jünger werden. Ähnlich den Computer-Kids der Konsumgesellschaften wissen sie nicht, wie die Gerätschaften aufgebaut sind, mit denen sie umgehen, können sie aber virtuos bedienen.

Die Guerillakrieger, die an den Rändern zerfallender Staaten eine parasitäre Existenz führen, stehen für das Extrem einer regressiven Entwicklung im militärischen Bereich. Ein schmächtiger Kämpfer kann mit einer automatischen Waffe die Einwohner eines ganzen Dorfes in Schach halten und sie nach seiner Laune töten oder leben lassen. Die Möglichkeit solcher Macht ist in sich selbst böse; wer sie in Händen hält, muß über das vom durchschnittlichen Menschen erwartete Maß hinaus gut sein, um die regressiven Qualitäten seines Werkzeugs auszugleichen. Andernfalls müßte er in strenger militärischer Disziplin gehalten sein, die gerade unter den Umständen der Guerillakriege eher schwindet als aufgebaut wird. Die Unbewaffneten müssen unter diesen Bedingungen mehr leiden als die Bewaffneten; so steigen Druck und Sog, die machtsüchtigen Waffen zu besitzen, auch bei jenen, die noch nicht über sie verfügen. Gandhi und Martin Luther King sind Heroen einer Epoche, in der die Prägungen der

Konsumgesellschaft noch nicht im heutigen Maß um sich gegriffen hatten.

Bis zum Ende des 19. Jahrhunderts war umstritten, ob es sinnvoll sei, Soldaten mit Repetiergewehren auszurüsten. Die berechtigte Sorge der Strategen galt der Vergeudung von Munition. In unübersichtlichen Gefechtssituationen könnte der Waffenträger dazu neigen, um so mehr Schüsse ungezielt abzugeben, je weniger Mühe ihn das Feuer im einzelnen kostet. Daher wurden viele der frühen Hinterlader so konstruiert, daß sie im Normalfall als Einzellader benutzt werden konnten. Nur in Gefechtslagen, die Schnellfeuer erforderten, sollten Magazine abgegeben werden, mit deren Hilfe eine rasche Schußfolge erreicht werden konnte.

Damals mußte für jeden Schuß noch eigens der Verschluß geöffnet werden, um die leere Patrone auszuwerfen und eine neue in die Kammer zu befördern. Inzwischen nimmt dem Soldaten eine Automatik diese Mühe ab. Jede Explosion schafft die Voraussetzungen für die nächste, so daß pro Minute tausend Schuß und mehr abgegeben werden können. Diese Veränderungen der Grundwaffe, des Gewehrs, spiegeln die übrigen Veränderungen der Waffentechnik, die immer der Schrittmacher anderer Neuerungen war. Die Angst, im Wettlauf zu verlieren, macht alle Erwägungen bedeutungslos, die unser wirtschaftliches Alltagshandeln bestimmen und mit dem Respekt vor dem *Grenznutzen* zusammenhängen. Damit ist die Tatsache gemeint, daß in der Regel der erreichbare Nutzen nur in einem mittleren Bereich der investierten Anstrengung entspricht. Ist dieser verlassen, dann läßt sich der Erfolg auch durch extreme Anstrengungen nur noch um Bruchteile steigern.

Wem beispielsweise die Qualität eines normalen Bogens nicht genügt, den er um hundert Mark erworben hat, der kann sich einen Spezialbogen kaufen, der vielleicht das Dreifache kostet. Will er die Qualität nun noch einmal um die Differenz zwischen dem Grundmodell und dem aufwendig konstruierten Modell verbessern, kostet ihn diese Stufe bereits viele tausend Mark; will er weitere Verbesserungen, kann er solche Steigerungen nicht mehr erwarten. Er kommt in den Bereich des Grenznutzens, in dem winzige Unterschiede mit höchsten Summen bezahlt werden. In der Militärtechnik werden solche Grenznutzenrechnungen durch sogenannte «Sicherheitsbedürfnisse» außer Kraft gesetzt. Rüstung ist durchweg extrem teuer; moderne Waffensysteme kann sich ein armes Land nicht leisten, ohne zu verelenden.

Die Entwicklungslinie Bogen – Armbrust – Vorderlader – Hinterlader – Automatik enthält Merkmale, die sich auf andere Zweige der menschlichen Werkzeuge übertragen lassen. Techniken, die einen Bildungsanspruch erfüllen, die meditative und philosophische Qualitäten haben, die regressive Neigungen begrenzen und progressive seelische Leistungen aufrechterhalten, wurden und werden durch Neuerungen abgelöst, die nur noch wirksam und bequem sind. Weil sie diese Eigenschaften eindrucksvoll verwirklichen und die regressiven Qualitäten des Lebensstils den Geist der Philosophen verwirren, sind uns diese Verluste innerhalb des Warenganzen bisher kaum bewußt gemacht worden.

Das kritische Urteil der Intellektuellen trifft die Schwäche der Ungebildeten. Hinter ihm bleibt die Illusion unangetastet, man könnte ohne Folgen immer mehr äußere Zügel der Regression durch innere Strukturen ersetzen. Der Glaube an deren Stabilität ist in den letzten Jahrzehnten auf der Strecke geblieben. Aber ein neuer Blick auf die Warenwelten, die als lebensprägendes Element an die Stelle der alten moralischen

Prinzipien getreten sind, fehlt ebenso wie eine systematische Kritik der in diesen implizierten Regressionen. Nur durch solche Anstrengungen können wir aber weitere Rückschritte auf psychischem Gebiet verhindern, die durch die Fortschritte der materiellen Bequemlichkeit gewiß zu teuer bezahlt sind.

Der Verlust der progressiven Seiten eines Werkzeugs oder einer Waffe tritt schrittweise ein und wird dadurch erst spät erkannt. Die Armbrust ist dem Bogen noch sehr ähnlich, sie überwindet einige seiner Nachteile, macht es dem Schützen bequemer, steigert seine Möglichkeiten. Der Vorderlader verbessert wiederum den Kugelschnepper erheblich; daß jetzt eine neue Abhängigkeit von einem chemischen Treibmittel entstanden ist, fällt zunächst kaum ins Gewicht. Der Hinterlader bietet noch einmal eine große Bequemlichkeit mehr; das Treibmittel kann in säuberlich abgepackter, übersichtlicher Form schachtelweise gekauft werden, Kugel, Pulver, Zünder und Hülse sind in der Patrone miteinander verbunden und bequem zu laden. Damit ist eine neue, noch weit ausgeprägtere Abhängigkeit entstanden. Der Schütze muß nicht mehr denken und nichts mehr wissen, er braucht nur noch fertige Munition und kann schneller schießen und sich tiefer in seine Omnipotenzphantasien gleiten lassen als je zuvor. Mit jedem dieser Schritte gerät der Werkzeugträger mehr in die Rolle des Konsumenten, der in einer Welt von Waren nur noch deren Oberfläche kennt, ohne ihre inneren Gesetze zu verstehen und sich mit eigenen oder fremden Grenzen zu beschäftigen. Ein aktuelles Exempel:

Zwischen 1986 und 1989 schenkte der amerikanische Geheimdienst den afghanischen Widerstandskämpfern rund tausend *Stingers*: tragbare Waffen mit hochentwickelten Computerchips und einem wärmeempfindlichen Suchkopf. Diese

Lieferung entschied den Krieg. Binnen weniger Monate verloren die sowjetischen Besatzungstruppen fast dreihundert Flugzeuge und Hubschrauber. Die CIA gab die meisten Flugabwehrraketen den Mujaheddin um den fundamentalistischen Extremisten Gulbuddin Hekmatyar, der ihr vom pakistanischen Geheimdienst als besonders vertrauenswürdiger Antikommunist empfohlen worden war. Inzwischen ist der Krieg in die USA zurückgekommen. Verschwörer, die nach dem Anschlag auf das World Trade Center verhaftet wurden, waren in den achtziger Jahren als Spendensammler für die afghanischen Freiheitskämpfer tätig, die damals in den USA noch als Freunde gehandelt und nicht als proiranische Terroristen verfolgt wurden.

Nach einer wie immer, wenn es um die CIA geht, unbestätigten, aber gut belegten Nachricht hat der amerikanische Präsident 1993 eine hohe Summe (über 50 Millionen Dollar) beim Kongreß beantragt, um die geschenkten Raketen zurückzukaufen. Ihr Preis ist inzwischen so gestiegen, wie man es sonst nur bei Sammlerstücken kennt: Die Besitzer verlangen das Vierfache des Einkaufspreises, der zwischen 25 000 und 35 000 Dollar liegt. Nachdem der einigende Feind verschwunden ist, fallen die Freiheitskämpfer übereinander her. Kabul erleidet das Schicksal Beiruts oder Mogadischus. Nicht die Mitverantwortung an diesen Zerstörungen ist es, die den amerikanischen Geheimdienst mobilisiert, sondern die Angst, die Wunderwaffen könnten sich als Bumerang erweisen.

Irgendwo an der Grenze zwischen Pakistan, dem Iran und Afghanistan kauft eine kleine Gruppe fundamentalistischer Fanatiker mit Geld aus Libyen oder dem Iran einige Stingers. Es gibt genügend von US-Beratern ausgebildete junge Krieger, die das in einem handlichen Koffer transportierte Gerät zusammensetzen und abfeuern können. Sie müssen sich nur noch an den Rand eines Flughafens setzen, der für sie logistisch geeignet ist und von «feindlichen» Jumbos – israelischen oder amerikanischen – angeflogen wird. Es gibt kaum Möglichkeiten, zu verhindern, daß ein solches Flugzeug von einer Rakete getroffen wird, die mit Überschallgeschwindigkeit ihren hitzesuchenden Sprengkopf in eines der Triebwerke lenkt.*

Solche Szenarien beleuchten den Zerfall der Fortschrittshoffnungen, zu dem keine Technologie mehr beigetragen hat als die der Waffen. Von den Musketen, die ein gewissenloser Segelschiffkapitän den Eingeborenen polynesischer Inseln verkauft, bis zu den geschenkten Stinger-Raketen hat sich die gesellschaftliche Dynamik nicht verändert: Über Jahrhunderte gewachsene Ordnungen geraten durcheinander, wenn plötzlich der Waffenträger Macht gewinnt.

Zerschossene Häuser, massakrierte Menschen und hungernde Kinder sind in den optischen Medien durch kaum je überbrückte Distanzen von Produzenten und Lieferanten der Waffen getrennt. Nach mir die Sintflut, außer mir der Feind! Das Feudalsystem trug Entwicklungschancen in sich, die der Konsumgesellschaft abgehen. In ihm hatte die besten Möglichkeiten, wer Menschen besser einschätzen und überzeugen konnte als andere. Er wurde Führer, er konnte einen Lehnsherrn gewinnen, konnte Raum für sich und seine Anhänger schaffen.

Das Risiko der Konsumgesellschaft liegt darin, daß die produzierten Waren und Waffen ihre Benützer in einen primitiven Zustand zurückversetzen oder – falls sie sich bereits in einem solchen befinden – es ihnen ungeheuer schwer ma-

---

* Vergleiche Kurt Kister, Hand-Luft-Raketen in falschen Händen, in: *Süddeutsche Zeitung* Nr. 174/1. August 1993, S. 9

chen, sich aus ihm zu befreien. Mohammeds Koran gilt für Krieger, die mit Pfeil und Bogen kämpften, nicht für fanatisierte junge Männer, die Raketen auf Jumbo-Jets richten.

7
Ein Faschismus der Waren

Im Lauf der Geschichte haben sich nur wenige Völker *nicht* für besser gehalten als ihre Nachbarn. Der Dünkel gehört zur Kultur, im alten China wie im alten Ägypten. Neu am Faschismus ist eine regressive Bewegung, das Bekenntnis zu Herrschaftsformen und sozialen Werten, die bereits in Frage standen und von einer fortschrittlichen, aufgeklärten Elite als veraltet und primitiv abgelehnt wurden. Faschismus verträgt sich nicht mit Humor, Ironie und Distanz zu den eigenen kulturellen Werten. Er gedeiht in einem fanatischen Klima und erzeugt es.

In Europa waren die faschistischen Bewegungen immer auch antiintellektuell und gegen die «seichte» Aufklärung gerichtet. Die Boten der Moderne wurden für die Botschaft gestraft. Der Antisemitismus schuf einen Sündenbock für alle besorgniserregenden Erscheinungen der Industriegesellschaft, was sich in der Propaganda der Nazis zeigt, die Juden für den Kapitalismus *und* für den Sozialismus verantwortlich zu machen. Die Vielfalt biographischer Möglichkeiten im emanzipierten Judentum, eine Vorwegnahme der Individualisierung in der Moderne, wurde als Symptom der gesellschaftlichen Auflösungsprozesse bekämpft. Gleichzeitig unterstellten die Antisemiten einen unheimlichen Zusammenhang aller Veränderungen, eine Verschwörung (wie sie in Pamphleten wie den «Protokollen der Weisen von Zion» formuliert wird).

Einfache Lösungen haben in einer komplexen, international vernetzten und von Weltmarktabhängigkeiten bestimmten Welt eine große Anziehungskraft. Ulrich Beck hat eine Gesellschaft beschrieben, die zwar Atomkraftwerke bauen, aber niemanden mehr finden kann, der die potentiellen Opfer dieser Technologie gegen Schäden versichert.* Damit ist etwas qualitativ Neues entstanden, das sich von den Hochleistungen der Industrietechnik, etwa Eisenbahnen und Dampfschiffen, unterscheidet. Die Verleugnung möglicher Folgen wird in der «Risikogesellschaft» nicht als unverantwortlich erkannt, sondern als zwangsläufig hingenommen. Ähnlich dem faschistischen Denken ist auch diese Haltung blind für Zusammenhänge und Gefahren. Wie in den phantastischen Welten Tolkiens verschwindet das scheinbar besiegte Böse nicht aus der Welt, sondern kehrt in einer neuen Gestalt zurück, die gefährlicher ist als die alte.

Der Faschismus der großen Diktaturen im zweiten Viertel unseres Jahrhunderts kämpfte für den Fortschritt einer Nation und gegen Menschen, die für das «Schlechte» in dieser Nation verantwortlich gemacht, mit Rizinusöl traktiert, verprügelt, ermordet und schließlich vernichtet wurden. Der gegenwärtig vorherrschende Faschismus kämpft für das Warenganze und den Komfortschritt; er richtet sich gegen die Regenerationsprozesse von Erde, Wasser und Luft. Das Prinzip, immer mehr vom «Guten» selbst zu besitzen und alles «Schlechte» nach außen zu verlegen, bestimmt die Konsumgesellschaft ebenso wie den Faschismus. Die Anstrengungen,

---

* Ulrich Beck, Von der Vergänglichkeit der Industriegesellschaft. In: T. Schmid (Hg.), Das pfeifende Schwein, Berlin (Wagenbach) 1985. Ders., Risikogesellschaft. Auf dem Weg in eine andere Moderne, Frankfurt (Suhrkamp) 1986

das in solcher Weise definierte Gute zu vermehren, betreffen nicht mehr nationale Menschengruppen, sondern international gehandelte Waren. Diese werden ständig verbessert und in den Kampf ums Dasein auf dem Weltmarkt geschickt. Das Recht des Stärkeren gilt hier ohne Vorbehalte.

Die Hohenpriester dieser Verbesserungen der Welt sind die Wissenschaftler, Techniker und Marktexperten der reichen Industrienationen; die Gläubigen sind die Konsumenten, reich wie arm; die Geiseln sind unsere Kinder und Enkel. Die destruktiven Folgen der Konsumgesellschaft sind an ihren Rändern, in den Flüchtlings- und Apathiebewegungen der Entwicklungsländer und der früheren sozialistischen Staaten, viel deutlicher als im Herzen der reichen Industrienationen. Das liegt daran, daß eine bereits hoch entwickelte Progression eher in der Lage ist, destruktive Regressionen zu kompensieren, als eine traditionelle oder autoritäre Gesellschaft, in der Strukturen viel schwächer entwickelt sind, welche Regressionen in den Dienst des Ich stellen können. Während die reichen Länder an ihren inneren Widersprüchen fast zerbrechen, glauben die armen immer noch, sie seien Vorbilder, weil das, was sie aus diesen Ländern am eindrucksvollsten kennen und erleben, deren Waren sind.

Manche Zeitkritiker haben beklagt, daß in der modernen Welt der Glaube an Offenbarungen und transzendente Gottheiten schwindet. In den prophetischen Ironien der Popkultur (angefangen von Janis Joplins Lied «Oh Lord, would you buy me a Mercedes-Benz») wird uns klargemacht, daß zwar die überlieferten Götter Erfindungen ihrer Priester und Propheten sind, die Warengötter der Gegenwart jedoch wirklich existieren. Die menschenprägenden und menschenfressenden Waren sind ein komprimierter Ausdruck langer, komplexer Entwicklungen, in denen sich menschliche Emo-

tionen und Erfindungsgabe mit Mechanik und Elektronik
verbanden. In diesem Prozeß sind Mischwesen aus Maschine
und Mensch entstanden, deren augenfällige Symbole die lebendigen Roboter der Science-fiction sind («Robocop»,
«Terminator»). Wie Marx den Arbeiter als lebendiges Rad in
der Maschinerie der kapitalistischen Fabrik beschrieben hat,
organisieren in der Konsumgesellschaft die faszinierenden
Waren Menschen und Kapitalien um sich wie die Tänzer um
das Goldene Kalb.

Jetzt gibt es eine leibhaftige Kommunion zwischen dem
großen Gott des Automobilkonzerns und dem kleinen Göt-
zenbild des einzelnen Autos – Fleisch von seinem Fleisch,
Stoff von seinem Stoff. Die Warenkommunion verbindet den
Manager mit dem Kapitaleigner und dem einzelnen Konsumenten. Allen gemeinsam ist das gute Produkt, an dem sie
partizipieren, während alle schlechten Folgen abgespalten
werden. Die Nachteile des Autos werden mißmutig ertragen,
die Verbesserungen der Modelle euphorisch genossen und in
jedem Detail liebevoll beschrieben. Wie das einzelne kleine
Maschinenmolekül seine Abgase in die Atmosphäre bläst, so
entläßt auch die große Fabrik ihre festen, flüssigen und gas-
förmigen Abfälle in die Umwelt. Der Leviathan der Konsumgesellschaft ist nicht mehr aus Menschen, sondern aus lebendigen Warenmolekülen zusammengesetzt, in denen sich
industriell gefertigte mit menschlichen Atomen verbunden
haben.

Die Macht über die Explosion

Der von Moralisten immer wieder geäußerte Eindruck eines moralischen Verfalls der Menschheit (Hesiod, Rousseau, vergleiche Seite 87 f) läßt sich genauer begründen, wenn der Zusammenhang zwischen Komfortschritt und existentiellem Risiko deutlicher wird. In den altsteinzeitlichen Kulturen ist die Regelung der Regression sehr weitgehend an die Umwelt delegiert. Wenn ein Elefant erbeutet wurde, ist es für den Pygmäen vernünftig, nichts zu tun als sich für künftige magere Tage ein wenig Speck unter der Haut anzuessen. Bei Anblick von viel Nahrung viel Hunger zu bekommen, ist für den Menschen genetisch angelegt; in unserer reichen Spätzeit müssen wir uns disziplinieren, um nicht zu fett zu werden. Einfach ist das nicht, und es mißlingt öfter, als es unsere Schönheitsideale oder unsere medizinischen Experten für gut halten.

Jeder Komfortschritt verlegt ein Stück dieser äußeren Regelungen nach innen. Damit entstehen neue Freiheitsgrade und neue Gefahren, die sowohl unsere seelische Gesundheit wie auch unsere Mitmenschen betreffen. Jäger und Sammler sind von ihren Anlagen her wohl nicht weniger jähzornig und geltungsbedürftig als Hirtennomaden. Aber es gibt in ihren Grenzkämpfen keine Beute. Daher sind sie zwar gute Kundschafter, aber schlechte Soldaten. Unter steinzeitlichen Kulturen gibt es Raufereien und den einen oder anderen Überfall. Aber es gibt keine organisierten Kriege, allein schon deshalb, weil ohne Vorratswirtschaft und Transportmöglichkeiten keine Feldzüge und keine Besetzung eines Territoriums möglich sind. In paläolithischen Kulturen können sich nur ausnahmsweise mehr als einige hundert Menschen länger versammeln, weil der Zwang, sich in einem größeren Areal zur

Nahrungssuche zu verteilen, die Gruppierungen immer wieder auflöst.

Für den Paläolithiker ist die Natur ebenso Heimat wie Gegenstand von Verehrung und Scheu. Als ein Ethnologe einige primitive Jäger in ein afrikanisches Reservat nahm, waren diese «Naturmenschen» über die paradiesische Zutraulichkeit der großen Säugetiere sehr erstaunt. Zeitlebens hatten sie keine so unvorsichtigen Gazellen oder Büffel gesehen. Die Entdeckung der Viehzucht muß also einen gewaltigen inneren Wandel des Menschen eingeleitet haben, etwas viele Jahrtausende Undenkbares. Aber die damit verbundene Machtsteigerung durch erheblich größere Menschenansammlungen kostete auch einen hohen Preis. Wenn Tiere dem Besitzer dienen, warum nicht auch Menschen? Die frühen Nomadenkulturen waren auch die ersten, welche die Sklaverei kannten, die mit wechselnden Gesichtern, seit der Industrialisierung monetär umformuliert, die Evolution des Menschen begleitet.

In Ackerbau und Viehzucht wird auf lebende Wesen das Prinzip angewendet, welches die Menschwerdung charakterisiert: das Festhalten eines Werkzeugs. Ein großer Teil der früher äußeren Disziplinierungen muß jetzt verinnerlicht werden. Aber verglichen mit dem Zustand nach der Erfindung von Kraftmaschinen war dieser Spannungsschub in das Verhältnis von Disziplin und Regression harmlos. Es gab keine Möglichkeiten, das Maß der Handarbeit zu überschreiten. Was an Veränderung gedacht oder geträumt wurde, es war immer vom Bewußtsein der Grenzen menschlicher Kraft durchtränkt. Das mit diesem eingefleischten Wissen verbundene Empfinden für das zwangsläufige Verhältnis zwischen Anspruch und Anstrengung ist erst in der Durchsetzung der Konsumgesellschaft – in Deutschland seit dem Wirtschaftswunder – schrittweise verlorengegangen; es wird, mit gro-

ßen pädagogischen Anstrengungen und unbefriedigenden
Ergebnissen, durch soziale Normen und Appelle an die moralische Vernunft kompensiert. Vor hundert Jahren lebten in
Europa ungefähr zwei Drittel der Menschen von der Landwirtschaft. Hier war ganz deutlich, daß jeder Bissen durch
Arbeit erkämpft werden muß. Wer durch eine solche innere
und äußere Schule gegangen ist, unterscheidet auf eine andere
Weise zwischen Phantasie und Realität als die Heranwachsenden der Gegenwart, die vielleicht dieselbe Zeit, die ihr
Großvater mit körperlicher Arbeit verbrachte, damit beschäftigt waren, unangenehme Bilder auf Knopfdruck verschwinden zu lassen.

Idealisierungen einer guten alten Zeit sind immer naiv,
nicht anders als Idealisierungen der Segnungen des Fortschritts. Wer auf dem Boden schläft, kann nicht aus dem Bett
fallen; wer aber die Wahl zwischen dem Boden und dem Bett
hat, entscheidet sich in der Regel für das Bett. Die Entwicklung der Lebensumstände in den letzten hundert Jahren kann
erklären, weshalb die Ansprüche an den Sinn unserer Anstrengung gegenwärtig so gewachsen sind. Die Betrachtung
der menschlichen Evolution kann unser Verständnis dafür
verbessern, weshalb wir so wenig mit der komfortablen Welt
zurechtkommen, die wir selbst geschaffen haben. Die
menschliche Fähigkeit zur Progression ist sehr groß, aber sie
ist instabil. Es gibt kein Mittel, sicherzustellen, daß grandiose
Leistungen der Progression nicht regressiv mißbraucht werden, außer von Anfang an mit dieser Möglichkeit zu rechnen.
Das fundiert zu tun, heißt auch, davon auszugehen, daß diese
Gefahr nicht eliminiert werden kann.

Die Parteilichkeit der Technik

Neutral ist Technik nur so lange, wie das Verhältnis von Progression und Regression ausgewogen ist, zum Beispiel bei Handwerkzeug wie Hammer und Sichel, die zwar unsere Fertigkeit vergrößern, jedoch keine Suchtqualität entfalten und auch nicht vorgaukeln, es gäbe einen Gewinn an Macht ohne Kosten. In der Konsumgesellschaft wird Technik systematisch benützt, um süchtig zu machen; kommerziell erfolgreiche Waren beruhen weitgehend auf solchen Mechanismen, die bei den Genußgiften durchschaubar sind, nicht jedoch angesichts des Fernsehens oder des komfortablen Automobils. Deshalb ist auch der Jugendliche in der Ente vor dem Geschwindigkeitsrausch besser geschützt als der Fahrer eines «zeitgemäßen», «modernen», eines Fahrzeugs auf dem «gegenwärtigen Stand der Technik».

Menschliche Regressionsneigungen berücksichtigende Motorfahrzeuge dürfen nicht schneller als etwa vierzig Stundenkilometer sein. Bei diesem Tempo lassen sie sich so konstruieren, daß tödliche Unfälle selten sind. Sie könnten ihren Kohlendioxidausstoß minimieren und mit einem Viertelliter Treibstoff pro hundert Kilometer auskommen. Wo Kinder spielen, ist nach Erfahrungen aus unzähligen Unfällen gegenwärtig kein höheres Tempo mehr erlaubt.

Jeder mit modernen Autos vertraute Fahrer fühlt sich jedoch in einer verkehrsberuhigten Zone wie eine Schnecke. Die Maschine verzerrt die Selbstwahrnehmung der eigenen Steuerungsmöglichkeiten. Wer eine Weile mit zweihundert Stundenkilometern rast, den dünkt selbst das (unter Sicherheitsinteressen für Hunde, Katzen und Kinder weit überhöhte) Landstraßentempo von 100 km/h ungeheuer langsam.

In jedem Rausch geht es um Macht. Die Drogen verleihen

Macht über Schmerz und Trauer. «Wer Sorgen hat, hat auch
Likör», sagt Wilhelm Busch. Wer mit der Hand sägt, findet
die Bewegung nur kurze Zeit angenehm. Bald ist sie anstren-
gend, sägt er weiter, schmerzt sie. In der Industriegesellschaft, in der Fleiß (lateinisch «industria») eine Leittugend
ist, gehört es zum Stil des Arbeiters, weiterzusägen, auch
wenn der Arm schmerzt. Die Maschine steigert seine Leistung und erlöst ihn von diesem Schmerz. Durch diese ver-
zerrte Beziehung zur Anstrengung explodieren in der Konsumgesellschaft die scheinbaren Entlastungen. Wer eines
dieser perfekten Autos fährt, verliert jedes Gefühl, daß er in
einem Geschoß, einer Waffe aus dünnem Blech sitzt. Auto-
bahnraser, die sich in die Stoßstange des Vordermanns verbei-
ßen, drücken diese Verleugnung nur besonders deutlich aus.
Weiche Polster und stumme Diener beim Lenken und Bremsen verheißen: Wir sorgen für dich, es kann dir nichts geschehen.

Glaubwürdige Drogenpolitik

Wer sich je mit Drogenpolitik befaßt hat, kennt das Dilemma
der Superware in einer Warenwelt. Weshalb soll plötzlich
verboten sein, was die sonst überall gültigen Prinzipien überoptimal erfüllt? Während die Komfortqualitäten der erlaub-
ten Waren langsam und unvollkommen entlasten, bietet die
Droge eine perfekte Blitzlösung. Die Schattenseiten der anderen regressionsfördernden Konsumgüter werden nur allmäh-
lich und keineswegs in allen Fällen deutlich. Sie lassen sich der
«toxischen Gesamtsituation» vergleichen, in der sich mini-
male Mengen von Umweltgiften potenzieren. Die Schattenseiten der Drogen sind kraß.

Die Illegalität des Giftes steigert die Bereitschaft der Süchtigen, Straftaten zu begehen, um es sich kaufen zu können. Das Verbot von etwas so Begehrtem in einem gesellschaftlichen Klima, das ständig die Erfüllung aller regressiven Bedürfnisse als Recht, ja als wirtschaftliche Pflicht suggeriert, ist nicht aufrechtzuerhalten. Auch das Klima für ein Abstinenzkonzept in der Drogentherapie ist ungünstig; daher wird in vielen Industrieländern heute die Frage diskutiert, ob nicht der Staat den Drogenhandel übernehmen und dieses Monopol dem organisierten Verbrechen streitig machen sollte.

Glaubwürdig wäre die Politik der Rauschgiftabstinenz erst in Verbindung mit einer Einschränkung *aller* Regressionen dort, wo sie für Individuum und Umwelt unzuträglich werden. Die Alternative wäre eine Legalisierung *aller* Drogen. Es ist schließlich unlogisch, manche Formen der Sucht und des Suchtmittels zu erlauben und andere zu verbieten.

In der kapitalistischen Industriegesellschaft gibt es große Institutionen, die in wirkungsvoller Weise die Regressionen innerhalb ihres Machtbereichs kontrollieren. Jeder Industriebetrieb funktioniert auf diese Weise. Allerdings wird die Regression nur *intern* kontrolliert. Institutionen, die nach *außen* destruktive Regressionen in Gang setzen, können genauso gut, ja besser bestehen bleiben als andere, die das nicht tun.

Seit es organisierte, stabile Institutionen gibt, besteht diese Gefahr der gesteigerten Regression nach *außen*, um die verminderte Regression *innerhalb* der Organisation auszugleichen. Ein historisches Beispiel ist die in Kriegen praktizierte Regression der Soldaten in Plünderung und Vergewaltigung, um sie für die Strenge der Kampfdisziplin zu entschädigen. Ähnlich wacht die Mafia, die den Drogenhandel kontrolliert, mit drakonischen Sanktionen darüber, daß kein führendes Mitglied der Organisation selbst von dem Gift abhängig wird. Nur Kleindealer, Träger des Ameisenhandels, sind selbst süchtig.

Überleben können die modernen Gesellschaften, wenn es ihnen gelingt, die in der Altsteinzeit von der natürlichen Umwelt vorgenommene, *ständig* wirksame Regressionskontrolle wieder in menschliche Regie zu nehmen und keine Freiräume offenzulassen, in denen angestaute regressive Bedürfnisse zum Schaden aller entsorgt werden können.

In einer gegenwärtig viel zitierten Fabel aus China lehnt der Weise den Hebelbrunnen ab, weil er fürchtet, durch seine Benutzung selbst wie eine Maschine zu funktionieren. Günther Anders* hat diesen Gesichtspunkt der Ansteckung durch die Maschine um den Aspekt der Beschämung durch sie ergänzt: Die «prometheische Scham» beschreibt die Reaktion auf Produkte angehäufter, überindividueller menschlicher Erfindungskraft, vor der die eigenen Fähigkeiten kümmerlich erscheinen. Mir scheint, daß beide Einwände in eine Zeit gehören, in der sich das selbstkritische Individuum noch von den regressiven Stimulationen der Konsumgesellschaft abgrenzen konnte.

Heute überwiegen *Verschmelzungen* mit den Maschinen, deren übermenschliche Qualitäten schamlos zur Steigerung des eigenen Machtempfindens und der Verwöhnungsbedürfnisse dienen. Solange Kühlschränke, Automobile und Videorecorder immer besser werden, sind wir auch davon abgelenkt, darüber nachzudenken, ob sie nicht prinzipiell unbekömmlich für den Menschen sind. In der Verschmelzung und Identifizierung mit dem Konsumgut ist das erschlichene Machtgefühl nicht mehr erkennbar. Der Konsument ist Sie-

---

* Günther Anders, Die Antiquiertheit des Menschen, 2 Bände, München (Beck) 1950 und 1980

ger, wenn nicht über die düstere Zukunft, dann doch über die hoffnungslos rückständige Vergangenheit, in der beispielsweise ein Auto noch eine Handkurbel hatte, um es anzuwerfen, ein Motorrad mit einem Fußtritt gestartet wurde, ein Fotoapparat mit Hilfe eines Daumendrucks den Film transportierte oder eine Uhr aufgezogen wurde und nicht alle zwei Jahre eine Portion Quecksilber in die Umwelt entließ.

Der Vertrauensschwund

Wären sie nicht selbst Teilhaber an diesem selbstverständlichen Machtgewinn, dann würden die Intellektuellen und die helfenden Berufe öfter darauf hinweisen, wie wenig die Warenverwöhnungen auf die unausweichlichen Enttäuschungen des Lebens vorbereiten und wie groß die Gefahr wird, daß kleine Einschränkungen wie unerträgliche Frustrationen erscheinen, die nach sofortiger Rache schreien. Schließlich ist es in der Welt der stummen Diener um uns herum selbstverständlich geworden, daß die kleinste Unbequemlichkeit von einem geräuschlosen Servomotor beseitigt wird.

Vertrauen setzt voraus, daß im Grenzfall der Vertrauenswürdige *gegen* seine eigenen Interessen handelt, um das Vertrauen nicht zu enttäuschen. In einem gesellschaftlichen Klima, das die eigene Bequemlichkeit zum sittlichen Gut erklärt, ist Vertrauen schwerer zu haben als alles andere. Dabei wirkt die Warenbotschaft weit überzeugender als die ethische Erziehung, die nach wie vor Gemeinwohl, Altruismus und Vertrauensbeziehungen betont. Der Vertrauensschwund ist chronisch und allgemein. Er wird häufig in den Massenmedien wie ein aktuelles Problem abgehandelt, das mit vermeidbaren Fehlern zusammenhängt.

Die typische Maschine der Industriegesellschaft wird in einem verschraubten Gehäuse geliefert, mit Werkzeug und einer Anleitung, wie mit Störungen umzugehen ist. Die typische Maschine der Konsumgesellschaft tritt in der Reklame wie ein unzerstörbares Wunderwerk auf, das Plastikgehäuse ist verschweißt, bei Störungen während der Garantiezeit wird das ganze Gerät ersetzt, bei einer später notwendigen Reparatur rät der Kundendienst (falls es ihn gibt), lieber das neue Modell zu kaufen, eine Reparatur lohne sich nicht. «Industriestandard», eine mit Ersatzteilen ausgerüstete und reparaturfreundliche Maschine, ist in der Konsumgesellschaft eine teure Spezialanfertigung, deren Wert zu schätzen und die auf dem Markt zu finden Spezialwissen erfordert.

Die Störung führt zu keinem progressiven Schritt, beispielsweise zu einer genaueren Kenntnis des Produktes und seiner Qualitäten. Der Konsument soll das nächste Produkt kaufen, ohne nachzudenken. Darin liegt seine Lebensqualität: Es gibt immer genug Produkte. Leider halten es Sozialberufler meist für unter ihrer Würde, sich mit Armbanduhren und Staubsaugern zu beschäftigen. Anderseits sind sie mit Fernwirkungen der regressionsfördernden Produkte konfrontiert, die sie zur Verzweiflung bringen.

Wer heute mit Ärzten spricht, kommt bald auf ein Thema, das vielen (und gerade den engagierten, nicht am raschen und bequemen Gelderwerb interessierten) Medizinern die Freude am Beruf vergällt. Patienten wollen zwar ihre Gesundheit wiederhaben, aber auf nichts verzichten. Der Doktor soll doch, wozu verfügt er über diese wunderbaren Apparate, das Herz in Ordnung bringen und die chronische Bronchitis wegschaffen, aber bitte nicht schon wieder die Leier vom Verzicht auf die Zigarette und vom Bewegungsmangel! Fällt ihm denn gar nichts Besseres ein? Kein neues Medikament, keine

Injektion, auch nicht die Laserakupunktur, von der neulich zu lesen war? Der Experte wird zur Ware, von Waren hört man nichts Schlechtes. Daher muß auch der Experte immer etwas Angenehmes zu sagen wissen.

Der Medizin sind Leistungen möglich, die der menschlichen Mobilität in einem Zweisitzer mit Zwölfzylindermotor entsprechen – die fünfte Herztransplantation bei einem Achtjährigen, Operationen im Greisenalter, die Rettung von Unfallopfern, die ein halbes Menschenleben im Koma liegen. Maßnahmen, die mit Verzicht und Disziplin zusammenhängen, könnten gegenwärtig für die Gesundheit der Bevölkerung unendlich mehr leisten als alle kostspieligen chirurgischen und medikamentösen Neuerungen. Obwohl wenig beachtet, ist doch die Sackgasse erkennbar, in die wir geraten, wenn wir anfangen, eine durch Alkoholismus bedingte Leberzirrhose durch die Transplantation eines gesunden Organs zu «heilen» oder Fettsüchtige dadurch zu behandeln, daß ihnen ein Stück Dünndarm herausgeschnitten wird.

8
Der gute Mensch –
ein Anachronismus?

Krasse Unterschiede zwischen dem, was ist, und dem, was sein sollte, bestimmen die meisten Debatten über unsere Zukunft. Klagen über Brüche zwischen Bekenntnis und Tat können wir kaum mehr hören. Ich will im Folgenden diese Situation aus einem anderen Blickwinkel betrachten: dem Gegensatz von Institution und Individuum und den Neigungen vieler Betrachter, in einer Steigerung des persönlichen Heroismus, in der Suche nach neuen Vorbildern für die Jugend und in unermüdlichen ethischen Ermahnungen Abhilfe herbeizureden.

Einer der wesentlichen Unterschiede zwischen Individuen und Institutionen ist, daß Individuen regredieren, Institutionen nicht. Sie müssen Regressionen vermeiden, da sie ihre Struktur, einmal verloren, nicht im biologischen Rhythmus zurückgewinnen können. Jeder Mensch muß schlafen, fast alle haben irgendwann Fieber, einen Schnupfen, Liebeskummer oder sind angetrunken. Das Gesetz, das Finanzamt, die Ärztekammer schlafen nie, träumen nie, sind nie betrunken. Ihre Regressionslosigkeit ist für einen großen Teil der bedrohlichen Qualitäten verantwortlich, die Institutionen anhaften; sie macht aber auch ihre Unbezwinglichkeit aus. Diese Bedrohung kann durch Identifizierung mit der Institution bewältigt werden. Um sich nicht von der Polizei bedroht zu fühlen, wird man selbst Polizist, um die Schule nicht mehr zu fürchten, Lehrer.* Gleichzeitig gewinnen Institutionen aus diesem Schutz vor periodischer Untätigkeit und Auflösung unentbehrliche Vorzüge. Das Gute, welches wir erträumen, ist freilich niemals eine Institution, sondern ein Mensch. Nicht das gute Krankenhaus wünschen wir uns, sondern den guten Arzt.

Das Kind identifiziert sich mit Gestalten, die stark sind, je stärker, desto besser. So will es seine Abhängigkeit und die Angst, Schutz zu verlieren, ausgleichen. Der Held ist so lange eine tröstliche, aber unschädliche Illusion, wie der Menschheit die Mittel fehlen, ihre Umwelt zu verändern und potentiell zu zerstören. In dem Augenblick, wo sie diese Mittel gewinnt, wird der überlieferte Held zum Zerstörer. Wir brauchen heute keine heroischen Rennfahrer, sondern Politikerinnen und Politiker, die ein Tempolimit durchsetzen und dafür sorgen, daß die Autobahnen wieder schmäler und weniger befahren werden. Wir brauchen keine heroischen Cops, sondern Familien, in denen Menschen lernen, nicht über ihre Verhältnisse zu leben.** Der Held als das *grenzüberschreitende* Vorbild hat nicht nur ausgedient, er ist gefährlich.

---

* Solche Gesichtspunkte erfassen nur eines von mehreren Motiven: Sie konzentrieren sich in psychoanalytischer Tradition auf die gesellschaftlich weniger (an)erkannten Aspekte.

** Daher pflegt auch ein kritischer Autor wie Sloterdijk die Heldenillusion, wenn er sagt: «Nur Individuen können weise sein, Institutionen sind im günstigsten Fall gut konzipiert.» Er übersieht, daß Weisheit als Kategorie selbst eine Institution ist, die aus der griechischen Antike stammt. Institutionen sind in den meisten Fällen nicht konzipiert. Sie entwickeln sich ähnlich wie Organismen oder Landschaften; dabei vermögen sie Analoga zu großer Weisheit und großer Torheit auszubilden. Peter Sloterdijk, Wieviel Katastrophe braucht der Mensch? in: *Psychologie heute*, September 1986.

Die Sehnsucht nach dem guten Menschen als Erlöser ist heute ein Anachronismus und selbst ein regressives Phänomen. Eine Gesellschaft, die in der Lage ist, Atomkraftwerke zu bauen, hat ihre Möglichkeiten verscherzt, Helden zu verehren. Denn jeder Held wird irgendwann eine Schwäche, ein Nachlassen seiner Konzentration, ein Stück Schlaf, Traum oder Wahn zeigen. Gerade die Überwindung solcher Phasen der Niedergeschlagenheit, der Schwäche macht ihn zum Helden. Herakles wäre nicht Herakles, könnte ihn nicht Omphale dazu bringen, in Weiberkleidern am Spinnrocken zu sitzen. Und er wäre auch nicht Herakles, wenn er nicht einige Zeit danach erneut auszöge, um Riesen zu bezwingen und Drachen zu töten.

Wenn irgendwo ein Atomreaktor steht, sind solche Helden veraltet und gefährlich. Der Heroismus des einzelnen ist nur noch der des Terroristen, der den Reaktor sprengt, eine gigantische Steigerung der lebendigen Fackel (siehe Seite 207).

Christus und die Inquisition

In der Vorstellung, daß Jesus, Mohammed, Marx, Freud, wenn nur die Institutionen nicht wären, die Welt zum Guten gefördert hätten, steckt ein unerschöpfliches Element der Regression. Dostojewski hat seine Parteinahme nicht nur darin ausgedrückt, wie gut und milde Jesus dem bösen Großinquisitor gegenübertritt, sondern auch in der Tatsache, daß dieser als Person auftritt, offen spricht und sich nicht auf Verfahrensbestimmungen, Vorschriften, Erlasse hinausredet. Es ist eben *keine* Person, es ist eine Institution, welche die Lehre Jesu «verbessert» hat. Aus ihr eine Person zu machen, die der verehrten Gestalt des Gründers gegenübertritt, ist Wunschdenken, ein kreativer Akt der Regression. Sollen wir uns auch einen Dialog zwischen Marx und Stalin ausmalen, einen zwischen Mohammed und Khomeini?

Es gehört zum Wesen der Beziehung zu einer idealisierten Heldengestalt, daß es diesen Dialog nicht gibt. Sonst ginge zuviel Legitimation verloren; es würde sich herausstellen, daß Jesus nicht katholisch ist, Marx kein Kommunist. Der Großinquisitor beruft sich auf Jesus und spricht in seinem Namen, Stalin beruft sich auf Marx und füllt die Gulags in seinem Namen. Aber auch die Opfer des Großinquisitors und Stalins identifizieren sich mit Jesus oder mit Marx. Sie fühlen sich in der Institution dem verehrten Menschen an der Wurzel des Ganzen sehr nahe, sie stehen in seiner Nachfolge. Aus dieser Identifizierung schöpfen sie die Kraft, gegen die Institution zu kämpfen, aber in der Art, wie sie es tun, stärken sie die Institution.

Die katholische Kirche ist nicht nur reich mit Großinquisitoren, sondern auch mit Priestern gesegnet, deren Dissidentennarzißmus unverkennbar ist. Obwohl sie kein gutes Haar an der Institution lassen, der sie angehören, kämpfen sie doch mit allen Mitteln darum, in ihr zu bleiben. Die von ihnen verkündeten Banalitäten verlören jegliche Originalität, sobald sie nicht mehr von einem mutigen Kämpfer gegen die große Inquisition gesprochen würden.

Ein Pfarrer stellte in der Analyse die Frage: Was würde unser Herr Jesus denken, wenn er in das Ordinariat käme, die Bürotüren und die Schilder sähe? In seiner Phantasie nahm er den Strick und reinigte den von Krämern und Geldwechslern entweihten Tempel. In seiner Realität entzog er sich durch sein Leiden einer Entscheidung, sich von der Institution zu lösen oder ihr zu dienen. Er wollte Jesus sein, aber nicht auf sein Gehalt und seine Pensionsansprüche verzichten.

Die Identifizierung mit der idealisierten Gründergestalt erspart die Mühe einer Trennung. Wie Kinder, die lieber keinen Beruf erlernen, als den Anspruch auf die Versorgung durch ihre Eltern aufzugeben, wird in diesen Fällen die Hoffnung gepflegt, die Institution müsse sich doch den Argumenten des Individuums beugen, das sich mit der heiligen Gestalt des Gründers identifiziert. Aber gerade das kann nie geschehen. Die Institution hat ein Bild des Gründers geschaffen, das sie legitimiert. Sie wird es nie wieder durch einen lebenden Menschen ersetzen. Niemand, der so ist wie Jesus, kann jemals Papst werden. Die Abhängigkeit der Dissidenz vom Gegenstand der Distanzierung wird in dem zähen Festhalten an der Institution deutlich, die dringend gebraucht wird, um alle negativen Seiten der eigenen Heilandsidentifizierung unterzubringen. So ist die Verantwortung für die eigene Ambivalenz aufgehoben und ein moralischer Sieg errungen.

Ich kann mir vorstellen, daß Freud gegen die Usurpation der Psychoanalyse durch die Medizin war, ich kann ihn zitieren und mich von ihm in meiner eigenen Distanz von Entwicklungen der psychoanalytischen Bewegung bestätigen lassen. Damit pflege ich die Illusion, daß eine komplexe und widersprüchliche Person auf meiner Seite steht. In Wirklichkeit hat Freud die Medizinalisierung der Psychoanalyse abgelehnt *und* gefördert. Die gegenwärtige Politik der IPA* ist ebenso von seinen Schriften und Intentionen gedeckt wie meine Einwände.

So opfern alle Autoren, die Jesus und den Großinquisitor spalten, einer Regression. Wir wissen nicht, wie Jesus wirklich war, aber der Jesus der Kirche ist beides, er ist machtbe-

---

* International Psychoanalytical Association, der größte und einflußreichste psychoanalytische Verband.

wußt wie der Großinquisitor und rein wie Dostojewskis Traum von ihm, der von so vielen Frommen weitergeträumt wird, die weder dem institutionalisierten Christentum folgen noch sich von ihm trennen wollen. Dem dissidenten Theologiedozenten guckt beim Kampf gegen seinen zwanghaften Bischof die Jesushaftigkeit aus allen Knopflöchern; die Gläubigen regredieren zu ihm, sobald er von den Inquisitoren der katholischen Kirche publikumswirksam verfolgt wird.

Wer die marxistischen Richtungskämpfe der späten sechziger Jahre verfolgt hat, entdeckte ganz ähnliche Mechanismen. Die Identifizierung mit dem genialen Geist des Gründers wird gegen die tristen Realitäten der Einrichtungen gesetzt, die seine Epigonen verwirklicht haben. Welche Faszination übte ein ferner Weiser wie Mao Tse-tung auf jene aus, die von Ulbricht und Stalin enttäuscht waren!

Helden spielen nicht trotz, sondern wegen ihrer anachronistischen Qualitäten in den Medien eine zentrale Rolle. Jeden Tag flimmern Dutzende auf den Fernsehkonsumenten zu. Während die realistische Überlebenspolitik einen konsequenten Verzicht auf gefährliche Regressionen fordert, steht der Held dafür, daß es möglich ist, als einzelner in letzter Minute alles herumzureißen. Der heroische Detektiv, der bei seinen Verfolgungsjagden Autos zu Schrott fährt, achtet nicht auf sparsamen Benzinverbrauch. Er macht schließlich etwas, das viel wichtiger ist als der schonende Umgang mit den Ressourcen. In Wahrheit sind heute unsere persönlichen moralischen Siege Schnörkel, wie sie der Rauch eines abstürzenden Flugzeugs in den Himmel schreibt.

Die Regression der Helden

Parallel zum regressiven Anachronismus des Helden als
Denkmodell und Identifizierungsobjekt entwickeln sich die
Gestalten der (Bild-)Geschichten in einer regressiven Weise.*
Während traditionelle Helden der bürgerlichen Trivialliteratur
wie Old Shatterhand, Tarzan oder Superman moralischen
Prinzipien gehorchen, ihre Affekte von Wut und Rachsucht
kontrollieren, ertappten Verbrechern fast unermüdlich ver-
geben und keine Gelegenheit verstreichen lassen, ihre Tugenden zu zeigen, sind die Helden der Comics und der Filme in
der entwickelten Konsumgesellschaft amoralisch geworden.
Sie kämpfen mit allen Mitteln, lassen sich in Sexualität wie in
Aggression gehen. James Bond hat noch eine offizielle Li-
zenz, zu morden, während sich in vielen späteren Comics
oder Filmen die Helden in einer völlig chaotischen Welt
durchschlagen, in der kein anderes Gesetz gilt als das Überleben der nächsten Gefahr.

Es sollte uns zu denken geben, daß solche Gestalten – eine
davon ist Conan, der Barbar, eine Romanfigur, die später mit
Arnold Schwarzenegger verfilmt wurde – in einer Zeit geschaffen wurden, in der die Bürokratisierung und Rationalisierung der Gesellschaft einen viel höheren Stand erreicht
hatte als in der Epoche, in der Karl May seine Helden erfand
oder Edgar Rice Burroughs die Gestalt Tarzans entwarf. Man
könnte darin harmlose Phantasien erkennen, wären nicht die
Szenarien, in denen diese späten, amoralischen, chaotischen,

---

* In einer Untersuchung, die vor rund zehn Jahren veröffentlicht
wurde, habe ich bereits auf diese Entwicklung hingewiesen: W. Schmidbauer, Die Ohnmacht des Helden. Unser alltäglicher Narzißmus, Reinbek (Rowohlt) 1981

jeder Regression nachgebenden Rambos sich durchschlagen, die der Bürgerkriege unserer Gegenwart.

In den Spielfilmen sehen wir die unermüdlichen Helden, die sich durch Feindesmassen schlagen. Ihre Opfer verschwinden sofort aus dem Gedächtnis, so sehr begleitet der Blick den Rächer. In den Nachrichten aus den Bürgerkriegsgebieten sehen wir dann die Opfer, blutend in schlecht ausgerüsteten Krankenhäusern, Schrecken und Hunger noch ins Gesicht geschrieben. Jetzt sind es die Täter, die unsichtbar bleiben, wenn sie nach ihrem blutigen Tagwerk in sicherer Entfernung ihre Geschütze säubern.

Die Konsumgesellschaft ist das erste Experiment in der Geschichte, in dem jedem Individuum versprochen wird, es habe das Recht, über seine Verhältnisse zu leben. Luxus gab es schon, seit die ständischen Ordnungen der traditionellen Gesellschaften existieren. Er war ein Mittel, durch das sich die Oberschicht von den Habenichtsen unterschied. Aber noch nie hat eine ganze Kultur den Zugang zum Luxus als Dauerzustand* und als Ziel aller Mitglieder akzeptiert. Zur ständischen Gesellschaft gehört auch die Verteilung luxuriöser Attribute. Es war in bestimmten Spielräumen geregelt, wer zu

---

* Verwöhnungsphantasien werden im Christentum und im Islam in ein paradiesisches Jenseits projiziert; man kann vermuten, daß hier eine religionspsychologische Wurzel der Entwicklungen zur Konsumgesellschaft liegt. Eine interessante Variante dieser Paradieshoffnungen traten eine Zeitlang in Melanesien im Rahmen der sogenannten Cargo-Kulte auf. Die entwurzelten Eingeborenen entliefen der Zwangsarbeit und folgten Propheten, die durch spezielle Riten (zum Beispiel den Bau von «Flughäfen») erreichen wollten, daß die Ahnen, denen in Wahrheit die begehrten Konsumgüter der Weißen gehörten, ihre Flugzeuge mit der kostbaren Ladung (im Pidgin-Englisch Cargo) nun zu ihren frommen Kindern schicken würden.

Fuß gehen mußte, wer einen Esel, wer ein Pferd reiten durfte; wer wie viele Pferde vor seine Kutsche spannen durfte, wer welche Stoffe tragen, welche Speisen essen, welche Dienstleistungen in Anspruch nehmen durfte. Einen akademisch ausgebildeten Arzt zu einem Bauern zu schicken, hätte man im 17. Jahrhundert für dieselbe Tölpelei gehalten, wie einen Theologieprofessor für den Rechtschreibunterricht in einer Volksschule zu verwenden.

Die Regressionsneigung des einzelnen wird zu keinem allgemeinen Problem, solange es kein gesellschaftliches Entgegenkommen gibt. In der Konsumgesellschaft wird dieses Entgegenkommen nicht nur ideologisch formuliert – das wäre relativ harmlos –, sondern massenhaft produziert und zugänglich gemacht, so daß sich alle, denen Waren und Dienstleistungen nicht zugänglich sind, benachteiligt fühlen.

Wir sehen, wie gegenwärtig *alle* Gesellschaftsformen keine Widerstandskraft gegen die Warenwelt entwickeln können und aus diesem Grund von der Substanz leben. Inzwischen ahnen wir, welche verheerenden Folgen entstehen. Aber das hindert die Anrainer nicht daran, ihren Energieverbrauch so hoch zu halten, daß sie auf Atomkraftwerke nicht verzichten können, oder so viel Wasser auf die Baumwollfelder zu pumpen, daß einer der schönsten Seen Asiens verlanden muß. Die Mehrheit der Individuen glaubt ein Recht darauf zu haben, mehr zu verbrauchen, als nachwächst.

Eine Perspektive, die dem menschlichen Wesen einen Lebensvorrang gegenüber der stummen Kreatur einräumt, mag kurzfristig human sein, langfristig führt sie zu viel größeren Unmenschlichkeiten als eine Perspektive, die den Zusammenhang der Lebenden berücksichtigt. Eine der unheilvollsten Gestalten ist hier Albert Schweitzer, der seine Karriere als Organist und Theologe dem ruhmreicheren Unternehmen der Heilung kranker Afrikaner «geopfert» hat. Die «Ehrfurcht vor dem Leben», die Schweitzer als seine ethische Entdeckung feiert, ist eine Ehrfurcht vor dem eigenen unbewußten Ehrgeiz und ein Programm, dessen Auswirkungen wir heute in Afrika und anderswo am Wachstum der Wüsten und der Guerillagewalten ablesen können. Schweitzer ist nicht schuldig an dem, was geschah. Er war ein Opfer seiner Illusionen, wie andere Kolonisatoren und fanatischen Helfer auch. Doch sind diese ehrlicher, was ihre Interessen angeht. Schweitzer wird nach wie vor idealisiert, als seien neue Helden, neue Albert Schweitzers eine Lösung der globalen Probleme.

Unsere ökologische und psychologische Situation zeigt, daß wir die Weisheit der Steinzeit verlieren müssen und die neuen Weisheiten der Kolonisatoren schlechter sind als die alten. Gleichzeitig aber richten sie innere Sperren auf, welche nur den Weg vorwärts freigeben. Kleist hat das in seiner Skizze «Über das Marionettentheater» geahnt und schließlich die Hoffnung formuliert, auf dem Weg um den ganzen Erdball herum ließe sich vielleicht die Hintertüre zum verlorenen Paradies finden. Was er übersah: Es war gar kein Paradies. Es war, verglichen mit unserem zum Untergang führenden Luxus, höchst armselig, von dauernder Lebensgefahr begleitet und doch unendlich sicherer als unsere gegenwärtige Konsumgesellschaft. Die Falle, die für den Kritiker hier offensteht und im Kopf vieler Leser zuschnappen wird, ist doch die: Wer eine heroisch-ethische Gestalt wie Albert Schweitzer kritisiert, der muß sich doch selbst als besseren Heros anbieten können – und kann er das? Nein, er kann es nicht. Dann soll er beschämt schweigen, denn das Prinzip des heroischen Einzelnen darf nicht in Frage gestellt sein.

Es scheint mir an der Zeit, die geheime Verwandtschaft

zwischen Gestalten wie Albert Schweitzer und jenen Kran-
kenpflegern zu erkennen, die subjektiv aus Barmherzigkeit die
ihnen anvertrauten schwerkranken und multipel pflegebe-
dürftigen Menschen töten.* In beiden Fällen werden Grenzen
nicht respektiert. Die Entscheidung über Leben oder Tod wird
aus einem kulturellen Zusammenhang herausgenommen und
zur Frage des persönlichen Vollkommenheitsstrebens gemacht. Die Anmaßung, sich Herr über Leben und Tod zu
dünken, wird innerhalb unserer eigenen Kultur bestraft. Richtet sich dieselbe Anmaßung gegen Angehörige einer «unterlegenen» Kultur, gilt es als tugendhaft, in deren ehrwürdige Regelungen über Leben und Tod einzugreifen. Denn dadurch
wird die Überlegenheit der Europäer bewiesen, die sich angesichts der gegenwärtigen Übervölkerung und der drohenden
ökologischen Katastrophe als Lüge erweist.

In Wahrheit ist die unvollkommene und im Einzelfall oft
grausame Regelung der primitiven Kulturen besser als die
unsrige, weil sie destruktiven Regressionen weniger Raum
gewährt und daher auch niemals die Gefahr einer organisierten Todesmaschinerie mit sich bringt, wie sie die Zivilisatio-
nen auszeichnet. Die Anmaßung der moralischen Kolonisatoren liegt daran, ihre Idee der Humanität für universell zu
halten und zu übersehen, daß sie nur in ihrer eigenen Kultur
gilt, in der fremden Kultur jedoch Situationen heraufbe-
schwört, die noch schlimmere Folgen haben als die gegenwärtig beklagten Übel.

---

* W. Schmidbauer (Hg.), Pflegenotstand – das Ende der Menschlichkeit. Vom Versagen der staatlichen Fürsorge, Reinbek (Rowohlt Ta-
schenbuch Verlag) 1992. Hier sind die Fälle der Tötung Schwerkranker
durch überforderte Pflegekräfte in Wuppertal und Wien-Lainz analysiert.

Die Unfähigkeit, Werte anderer Kulturen zu respektieren, ist Teil unserer Kultur. Die kritische Vernunft, welche unserer Kultur ebenfalls möglich ist, geböte heute, solche Grenzüberschreitungen in Frage zu stellen und den hohen Preis zu beachten, den dieser auf lange Sicht nicht nur nutzlose, sondern zerstörerische Heroismus kostet. Wenn erst in Lambarene das Hospital mit den Wunderwerken des weißen Mannes steht, ist auch dort die regressive Illusion geschaffen, man könnte diese Wunderwerke haben ohne einen Preis. Und wenn die Menschen dort erst einmal daran gewöhnt sind, daß Dysenterie kein Todesurteil mehr ist, dann ist jeder Tod an diesem Leiden doppelt schmerzhaft, auch wenn das Überleben zu vieler bald dazu führt, daß die Überlebenden in einem kollabierenden Ökosystem verhungern.

Durch die Zerstörung der vielen Kulturen, die es vor der großen Gleichmacherei des Kolonialismus gab, haben wir die meisten Modelle menschlicher Existenz verloren, die uns zeigen könnten, wie es in einer Welt aussieht, die unsere Fehler vermeidet und dafür mit einem Mangel an unseren komfortablen Neuerungen bezahlt. Die Idee des Individuums, das aus einem Supermarkt von kulturellen Formen wählt, was ihm behagt, hat sich als stärker erwiesen als die kulturellen Kontexte, die wir aus der Geschichte traditionsorientierter Gesellschaften kennen. Dieses Individuum darf sich als Kategorie in Frage stellen und zweifeln, ob es nicht dem Überleben der Menschheit dienlicher gewesen wäre, sich selbst gar nicht zu entdecken. Auch wenn diese Schritte nicht rückgängig gemacht werden können, wird so unsere Aufmerksamkeit für die destruktiven Potentiale der regressiven Spaltungen geschärft, denen dieses Individuum dann zum Opfer fällt, wenn es glaubt, sich das Gute nehmen zu können, das Schlechte aber draußen zu lassen.

Der Primitive, der seinen Medizinmann sitzenläßt und Albert Schweitzer zuläuft, glaubt eine Weile, er könne das Gute der eigenen Kultur trotzdem behalten. Erst wenn es schwindet, wächst seine Erkenntnis, daß die neu gewonnenen Dinge ihn an eine Kultur binden, die nicht die seine ist, ihm aber den Verlust der eigenen nicht ersetzen. Die Funktionstüchtigkeit der modernen Gesellschaften bemißt sich schon lange danach, wie gut sie diesen Verlust kompensieren können. Wir haben uns von Dingen abhängig gemacht, die uns an ein System binden, das wir nicht als unser eigenes, nicht als etwas erleben, das unsere Existenz trägt, das uns Sicherheit und Geborgenheit gibt und auf das wir stolz sein können.

Die menschliche Kultur hat sich in dem Augenblick selbst zerstört, als sie dem Individuum erlaubte, Progression und Regression zu spalten, die Folgen der Regression auf die Zukunft zu verlagern und die Heilung der aufgerissenen Wunden dem Fortschritt anzuvertrauen. Natürlich ist auch hier eine schrittweise Entwicklung zu beobachten. Solange nur gelegentlich ein Segelschiff an einer Küste landet und Handel treibt, können die Kulturen, die hier in Kontakt treten, noch einen Teil ihrer Unabhängigkeit bewahren. Auf den Fidschi-Inseln hat es sich gezeigt, daß der Verkauf weniger Musketen ausreichte, um die eingeborene Kultur in ihren Grundfesten zu erschüttern.* Irgendwann überschreitet der Kontakt eine kritische Grenze, die Kulturen lösen sich auf, entweder eine von ihnen oder alle beide.

Die Verfallserscheinungen hängen damit zusammen, daß die Warenfaszination alle Kulturen fragmentiert. Die Ware produziert immer die Illusion, daß es möglich ist, sie zu ha-

* Gert von Paczensky, Die Weißen kommen. Die wahre Geschichte des Kolonialismus, Hamburg (Hoffmann und Campe) 1970

ben, ohne etwas anderes als einen Gewinn. Sie verspricht Reinheit: Die Umwelt kann zerstückelt werden, man darf das Beste aus ihr nehmen und den Rest irgendwohin «entsorgen». Es ist unendlich schwer, einen kulturellen Kontext, die Struktur einer Gesellschaft einzuschätzen; eine Ware hingegen läßt sich in Minuten beurteilen. Das aus seinem Kontext gerissene Ding reißt auch den Menschen aus seinen Verbindungen. Dienstleistungen (wie medizinische Angebote) sind ein ebenso verhängnisvolles Exportgut wie Waffen.

Dritter Teil

Zur Psychologie der Regression

9
Progression und Regression

Das Begriffspaar Progression (Disziplin) – Regression* bezieht sich auf individuelle Erscheinungen, der Fortschrittsbegriff (*progress* im englischen Sprachraum) hingegen trifft ein allgemeines Prinzip. Durch die Geschwindigkeit des kulturellen Wandels entstehen heute im *Inneren* der Kultur regressive Phänomene, die sich früher in der *Begegnung* zweier Kulturen abgespielt haben. In Slums, Favelas oder Wellblechstädten innerhalb der modernen Metropolen leben wachsende Menschengruppen in einer Situation, die jener der amerikanischen Indianer in den Reservaten gleicht.**

Die Untersuchungen des französischen Strukturalisten Michel Foucault über die zu Beginn des französischen Absolutismus gegründeten Hospitäler zeigen, wie die zunehmend zentralisierte und von Vorstufen der Industrialisierung bestimmte Gesellschaft sich ihrer einst integrierten regressiven

---

* Ich habe darauf verzichtet, durchweg mit dem Gegensatz von Progression und Regression zu arbeiten; der Begriff der Disziplin ist verständlicher. In diesem Kapitel, das speziell psychoanalytische Gesichtspunkte sammelt, scheint mir diese Antithese sinnvoll.

** Konrad Lorenz hat die (auto)destruktiven Verhaltensweisen der Prärieindianer in dieser Situation der Entwurzelung und Ausgrenzung auf deren Gene zurückgeführt. Vergleiche Konrad Lorenz, Das sogenannte Böse, Wien (Borotha Schoeler) 1963; Wolfgang Schmidbauer, Die sogenannte Aggression. Die kulturelle Evolution und das Böse, Hamburg (Hoffmann und Campe) 1972

Elemente zu entledigen sucht.* Verschwender, Bettler, Arbeitslose, Krüppel, Vagabunden, Sträflinge und Geisteskranke erhalten alle dasselbe «Heim», in England das *workhouse*, in Deutschland das *Zuchthaus*, in Frankreich das *hôpital général*. In der 1656 in Paris gegründeten Einrichtung waren bereits wenige Jahre nach seiner Gründung rund 6000 Frauen und Männer gefangengesetzt, etwa ein Prozent der Einwohner. Die Leiter dieser Häuser verfügten über eigene Gerichtsbarkeit mit Galgen und Pranger, ihr Gebot war Befehl. 1676 schrieb Ludwig XIV. eine solche Einrichtung in jeder Stadt vor. In Deutschland wird das erste Zuchthaus noch früher gegründet, 1620 in Hamburg. Es folgen Breslau (1668), Frankfurt (1684), Spandau (1684) und Leipzig (1704).

Das «feste Haus» gehört ebenso zum Stil der Neuzeit, mit regressiven Erscheinungen umzugehen, wie das «Narrenschiff» zum Stil des Mittelalters. Damals wurden Geisteskranke, derer sich Städte und Gemeinden entledigen wollten, auf ein Schiff gesetzt, das man treiben ließ. Sollten sich andere kümmern, man hatte genug getan! Vielleicht fanden sie auf dieser Pilgerfahrt einen Heiligen, der sie heilen konnte, oder aber den Tod, der ohnehin alles heilt. Auch Tristan ließ sich, als Irrer getarnt, von Seeleuten an der Küste von Cornwall aussetzen, um Isolde zu werben.

Systematisch studiert und in ihrer Bedeutung für das menschliche Verhalten beschrieben hat Sigmund Freud die Regression, zuerst in den «Studien über Hysterie», dann in

---

* Michel Foucault, Wahnsinn und Gesellschaft. Eine Geschichte des Wahns im Zeitalter der Vernunft, Frankfurt (Suhrkamp) 1969. – Ders., Überwachen und Strafen, Frankfurt (Suhrkamp) 1979

der «Traumdeutung».* In dem von ihm entworfenen Modell
der seelischen Erkrankung gibt es einen fließenden Übergang
zur Charakterentwicklung gesunder Menschen. Die reifen
Möglichkeiten, Triebversagungen und Konflikte zwischen
äußeren Forderungen und inneren Wünschen zu verarbeiten,
können derart strapaziert werden, daß ein Mensch regrediert.
Er setzt kindliche Lösungsmuster ein, weil er den Konflikt
zwischen Wunsch und Wirklichkeit mit seinen erwachsenen
Mitteln nicht mehr zu bewältigen vermag.

Diese Dramaturgie hat Thomas Mann in seiner Novelle
«Der kleine Herr Friedemann» gezeigt. Er beschreibt hier,
wie ein mühsam erreichtes Niveau an Sublimierungen bei
einem Krüppel in dem Augenblick zusammenbricht, in dem
sich dieser in die grausam-schöne Frau von Rinnlingen verliebt. «Tod in Venedig» ist eine nicht weniger eindrucksvolle
Darstellung, wie sich die hochgespannt-brüchige Disziplin
des Schriftstellers Aschenbach unter dem Triebdruck einer
homoerotischen Schwärmerei auflöst. Auch körperliche
Krankheit beschreibt Mann als Zeichen einer regressiven
Krise (Hanno Buddenbrooks Typhuserkrankung; die tu-
morbedingten, als Zeichen wiedererwachter Jugend mißdeu-
teten Blutungen der «Betrogenen»).

Freud verglich die Entwicklungsstadien der Libido mit der
Wanderung eines Volkes, das an geeigneten Punkten, die es
während seines Zuges erreicht, Siedlungen zurückläßt, die –
falls es im weiteren Fortschreiten Schwierigkeiten oder Nie-
derlagen gibt – in einem Rückzug wieder besetzt werden kön-

---

* Sigmund Freud, Studien über Hysterie, Ges. W. Bd. I und Die
Traumdeutung, Ges. W. Bd. II / III

nen.[*] Sagt der gekränkte Ehepartner: «Ich gehe zurück zu meiner Mutter», so regrediert er zu den damals gewonnenen Möglichkeiten, sich zufrieden und geborgen zu fühlen. Er gibt das riskante Unternehmen der genitalen Sexualität auf und besetzt die frühen, oralen Befriedigungen erneut. In seiner Regression dominiert das Element der Anlehnung. Sie ist weniger primitiv als die Regression des Gewalttätigen, der in einer solchen Situation seine Partnerin schlägt, im Extremfall tötet.

Es gibt eine Objektregression, in der libidinöse Bindungen an Personen erneut belebt werden, die früher bestanden, und eine zeitliche Regression, in der sich innere Strukturen zurückbilden. Die Regression kann starke Ängste auslösen, die zu Gegenreaktionen führen. Wenn ein fünfzehnjähriges Mädchen wegen einer brüchigen Identifizierung mit der Mutter die Entwicklungsanforderungen ihres reifenden Körpers nicht bewältigen kann, fällt nicht die orale Regression auf, sondern deren entschiedene Abwehr. Die Heranwachsende beginnt mit einer radikalen Abmagerungskur, die ihre Gesundheit gefährdet (Anorexia nervosa), oder sie macht ihren Eltern Kummer, weil sie an den Mahlzeiten nicht mehr teilnimmt, aber nachts den Kühlschrank leert und sich anschließend erbricht (Bulimie).

Die Anorektikerin gibt sich betont unabhängig und kritisch; die regressiven Bedürfnisse, gefüttert und versorgt zu werden, sind an die Eltern abgetreten (die der Tochter immer wieder zureden, doch zu essen). Die Kranke kann die eigene Regression in den zum Füttern entschlossenen Eltern entwerten und bekämpfen. Zugleich kann sie die Anforderungen der

---

[*] Sigmund Freud, Vorlesungen zur Einführung in die Psychoanalyse, Ges. W. Bd. VI

reifen Sexualität abwehren; sie ist zu schwach, zu sehr mit ihren Zwängen beschäftigt. Die Anorexie ist eine typische Krankheit der reichen Gesellschaften und der verwöhnten Schichten. Die Betroffenen sind häufig sehr ehrgeizig und leistungsfähig; es gelingt ihnen nicht, ein ausgewogenes Verhältnis von Anspannung und Entspannung, von progressiven und regressiven Erlebnisformen zu finden. Wenn wir Freuds Metapher von der Libidoentwicklung als der Wanderung eines Volkes auf sie anwenden, dann gleichen sie dem Eroberungsheer, das von einem rücksichtslosen Feldherrn so vorangepeitscht wird, daß der Kontakt zur Versorgung abreißt und die zuerst so erfolgreiche Truppe meutert. Der Neid auf jene, die es leichter haben, macht oft auch den Therapeuten das Leben schwer, die immer mit Entwertungen rechnen müssen.

Objektregressionen bei Erwachsenen werden häufig dadurch kaschiert, daß hochgespannte, kindliche Erwartungen an Eltern oder Ex-Ehepartner nur noch in negativer Form erscheinen. Diese Personen werden nicht als Götter, sondern als Teufel auf einen Sockel gestellt, nicht als Geber bewundert, sondern als Versager heftig abgelehnt. Eine vierzigjährige Diplompsychologin sagt empört, sie hätte noch nie ein geschmackvolles Kleidungsstück von ihrer Mutter (einer einstigen Hilfsarbeiterin) erhalten; diese einfühlungslose Person habe neulich tatsächlich wieder versucht, ihr einen Hundertmarkschein zuzustecken, was sie selbstverständlich zurückgewiesen habe, sie lasse sich nicht kaufen.

Die Regression kränkt das Selbstgefühl; Kränkungen steigern die Regressionsneigung. Wer sich lieber ins Bett legt oder betrinkt, als zu einer gefürchteten Prüfung anzutreten, wird vor dem nächsten Prüfungstermin noch mehr Angst haben. Der wegen seiner Autodiebstähle verurteilte Jugendliche wird es angesichts der Kränkungen, die er als Vorbestrafter erfährt, schwerer als vorher finden, regelmäßig zu arbeiten, um auf ehrliche Weise zu einem Wagen zu kommen.

Zwei zentrale Aspekte der Regression lassen sich unterscheiden: *Abwehr* und *Zugang*. Beides sind die zwei Seiten der vorübergehenden oder dauernden, teilweisen oder vollständigen Preisgabe eines bereits erreichten Entwicklungsniveaus. Die *Abwehr* gilt den realen oder vorgestellten *Gefahren* dieser Entwicklungsstufe. Der *Zugang* erschließt grundlegende psychische *Fähigkeiten* und *Kraftquellen*, mit denen wir unsere Möglichkeiten der Regeneration erweitern können.

Progression richtet sich auf die *Bewahrung einmal errichteter seelischer Strukturen* und die *Bindung an die äußere Realität*, Regression strebt danach, beide aufzulösen und aus den freigewordenen Fragmenten, zwischen denen Teile des ursprünglichen Chaos auftauchen, neue formale und inhaltliche Möglichkeiten zu erschließen. Ohne Regression ist die Struktur zwanghaft und tot; ohne Disziplin führt die Regression in Spaltung und Selbstzerstörung.

Gegenwärtig dominiert in vielen Lebensbereichen eine *maschinengestützte Regression*. Schnelles Autofahren, Surfen, Drachenfliegen, Skifahren, Segeln erfordern hohe Konzentration und erfüllen doch regressive Bedürfnisse narzißtischer Qualität (Allmachts- und Unverwundbarkeitsphantasien).

10

Bequeme Heilungen?

Lernprozesse, die nicht in rational kontrollierbaren Schritten, sondern auf dem Weg einer emotional getragenen Identifizierung ablaufen, erfordern ein gewisses Maß an Regression. In der menschlichen Persönlichkeitsentwicklung sind solche Identifizierungen ein wesentlicher Faktor. Ein Alltagsbeispiel ist die Verliebtheit, eine Regression zu zweit, in der sich ein anderer Mensch verklärt. Er wird zum Vorbild, zum Befreier und Erlöser, der in gewissem Umfang aufheben kann, was schon als feste Form erschien. Verliebtheit macht aus Weisen Narren, aber auch aus Narren Weise; sie kann binden und lösen, hemmen und enthemmen. Schwächen, Ängste und Einschränkungen scheinen plötzlich abzufallen.

Wer sich seinem Lehrer oder Trainer nicht anvertraut, das heißt, in einem konstruktiven Maß («im Dienst des Ich») regrediert, wird niemals komplexe Aktivitäten wie Golfspielen, Tanzen oder auch die Aktivierung der Selbstheilungskräfte in einer Therapie optimal meistern.

Die konstruktive Regression ist mit einem hohen Grad an Disziplin vereinbar. Eine «im Dienst des Ich» stehende Disziplin akzeptiert ebenso ein gewisses Maß an Regression, wie eine vernünftig gesteuerte Regression die disziplinierenden Beziehungen zur Realität aufrechterhält. Die Regression als Abwehrmechanismus hingegen dient nicht dazu, Kreativität zu mobilisieren, sich mit der Realität auseinanderzusetzen und sich in ihr einen Platz zu erobern, sondern dieser Aufgabe auszuweichen und in unangemessener Weise zu erwarten, daß die Umwelt einem so entgegenkommen müsse, wie es in der Kindheit einfühlende Eltern tun.

Solche Abwehrregressionen sind in der Therapieszene ebenfalls verbreitet. Sie werden gelegentlich von naiven Kritikern für das Wesen aller (dann nutzlosen) Psychotherapie gehalten, von interessierten Vertretern einer therapeutischen Ware hingegen Konkurrenzprodukten unterstellt.

Auch in differenzierten psychotherapeutischen Theorien stecken Voraussetzungen, die eine kritische Distanz gegenüber Regressionen erschweren. So falsch es historisch ist, zu behaupten, die Psychoanalyse fordere und fördere das freie Ausleben aller Triebe und Wünsche: die Untersuchung der gefährlichen Folgen von Triebunterdrückungen und die Kritik einer sexualfeindlichen Moral regte solche Mißverständnisse an, die zum Zeitgeist der beginnenden Konsumgesellschaft paßten. Die regressive Verführung der Psychoanalyse scheint mir eher in dem Glauben zu liegen, daß sich, wie Freud behauptete, die leise Stimme des Intellekts schließlich doch durchsetzen muß.* Das widerspricht nicht gründlich genug der Illusion, alle Menschen seien in der Lage, sich verantwortungsvoll und vernünftig zu entscheiden, wenn man sie einfühlend über ihr schweres Kindheitsschicksal aufklärt und ihnen die freie Wahl zwischen Neurose und Normalität überläßt.

In der Annahme von der rationalen Lehrbarkeit wenn nicht der Tugend, dann doch der vernünftigen Einsicht enthält die

---

* Sigmund Freud, Die Zukunft einer Illusion, Ges. W. Bd. XII. In der wenige Jahre später verfaßten Arbeit «Das Unbehagen in der Kultur» ist Freud in diesem Punkt bereits sehr viel skeptischer. Dort zitiert er Fontane: «Es geht nicht ohne Hilfskonstruktionen».

Psychoanalyse keine Kritik, sondern eine Fortschreibung der Aufklärung. Angesichts der lauten Verführungen durch die umweltzerstörenden Komfortschritte hat die leise Stimme der Einsicht immer weniger Möglichkeiten, sich Gehör zu verschaffen, wenn es nicht gelingt, Strukturen zu schaffen, die sie verstärken.

Ein Beispiel für den regressiven Mißbrauch der Psychoanalyse sind Vorwurfserzählungen über schlechte Eltern, die ein Kind verlassen, mißbraucht, festgehalten, fortgestoßen haben. In diesen Klagen steckt ein Wunsch nach Entschädigung, nach einem erlösenden Idealzustand, wie ihn die Warenwelt verheißt. Solche Klagen stammen nicht von Kindern, die aus wirklich elenden Verhältnissen kommen; diese sind in der Regel froh, erwachsen zu sein und überlebt zu haben. Jammerkindheiten drücken eine Mischung aus Verwöhnung und Trauma aus.

Jede Verwöhnung führt irgendwann, früher oder später, in das Trauma, denn kein Elternpaar ist mächtig genug, seinem Kind die Auseinandersetzung mit der Wirklichkeit zu ersparen. In der indischen Geschichte über einen Königssohn (den späteren Buddha) wird erzählt, wie ein verwöhnender Vater den Prinzen vor allen Begegnungen mit Armut, Alter, Krankheit und Tod schützen wollte. In der Folge war die erste Begegnung mit einem sterbenden Greis für den jungen Mann so traumatisch, daß er in eine tiefe Depression verfiel.

Wir können die primäre Verwöhnung von der reparativen unterscheiden. Die erste scheitert an der schwindenden Macht der Eltern über die Umwelt des Kindes. Die zweite wird oft angeboten, um das Kind für vergangene oder gegenwärtige Mängel zu entschädigen, sich aus Schuldsituationen sozusagen freizukaufen – etwa von geschiedenen Elternteilen, oder nach einer Traumatisierung des Kindes.

Nicht selten hängt in der Konsumgesellschaft ein Entschluß, therapeutische Hilfe zu suchen, mit Enttäuschungen zusammen, die gutgemacht werden sollen. Es hat sich gezeigt, daß die Liebespartner des Erwachsenen auch nicht besser sind als die Eltern des Kindes. So ist die Hoffnung bedroht, entschädigt zu werden. Die Partnerinnen oder Partner haben das Verliebtheitsversprechen, ganz anders zu sein als die Eltern, bitter enttäuscht. Auch sie sind Geizkrägen, die gierig das Maul aufsperren, aber kein Futter ins Nest bringen. Oft verstärkt der Therapeut durch naive Anteilnahme und einen in ihr verborgenen Anspruch, selbst der gute Mensch und vollkommene Helfer zu sein, die Neigungen, alle bisherigen Bezugspersonen zu entwerten. Dann wird auch er nach einer regressionsfördernden und hoffnungsreichen Behandlungsphase neben den Eltern und Partnern des Kranken das Knusperhäuschen bewohnen, in dem Hexen Kindern die Kraft rauben, im Leben zu bestehen.

Die Fähigkeit, zwischen konstruktiven und destruktiven Regressionen zu unterscheiden, ist eine wichtige Qualität erfolgreicher Psychotherapeuten. Wem sie fehlt, der wird in dieser Arbeit nicht froh werden und immer wieder perplex vor malignen Entwicklungen seiner Patienten stehen, denen es schlechter geht und nicht besser. Er hat es ganz besonders gut gemeint, aber am Ende ist der Patient unverändert, entwertet den Therapeuten als Versager und sucht den nächsten, diesmal wirklich «guten» (das heißt *dauerhaft* verwöhnenden) Heiler. Wie einst die Eltern neigen auch Therapeuten, die ihren Verwöhnungskomplex nicht bearbeitet haben, zu übermäßig nachgiebigem Verhalten, dem im Zusammenbruch der Helferillusionen schroffe Zurückweisung und eine Entwertung des vorher idealisierten Kranken folgen.

Verwöhnende Helfer möchten Lösungen anbieten, statt

herauszufinden, weshalb der Patient seine eigenen Lösungs-
kompetenzen nicht einsetzt. Sie sind enttäuscht, wenn sich
dieser nicht mit ihren Vorschlägen identifiziert.* Sie können
sozusagen nur im Zustand der Verliebtheit (der positiven
Übertragung) arbeiten und scheitern, wenn es darum geht,
sich von solchen Abhängigkeitsparadiesen zu distanzieren.
Gefährlich ist hier eine Konkurrenzsituation unterschiedlicher Therapiemodelle. Wenn Therapeuten Reklame für sich
machen, geraten sie in Gefahr, verwöhnende Versprechungen
zu machen. Dadurch werden regressive Neigungen der Patienten stimuliert, die unangefochten hoffen dürfen, ihre
Sehnsucht nach himmlischer Befriedigung werde erfüllt. Je
mehr die Flughöhe anwächst, desto schlechter finden sich die
Abgestürzten auf der Erde zurecht. Auch in der Therapiewelt
gibt es Scharlatane, die das Blaue vom Himmel versprechen.
Wer ihnen folgt, taumelt wie die Unerlösten in Dantes In-
ferno von einem magischen Heiler zum nächsten; jeder soll
gutmachen, was sein Vorgänger versäumt hat.

Wenn eine Kunststudentin über die Verständnislosigkeit
ihres Vaters klagt, der keine Ahnung von Malerei habe, und
sich in ihren Zeichenprofessor verliebt, dann bräuchte sie eine
Therapeutin, die sie damit konfrontiert, daß es in ihrer Le-
bensphase wesentlich ist, diszipliniert am Aufbau einer beruflichen Identität zu arbeiten und nicht in Erlösungsphantasien
auszuweichen. Die Gefühle der Studentin gegenüber dem un-

---

* Eric Berne, Spiele der Erwachsenen, Reinbek (Rowohlt) 1967,
S. 155, beschreibt das «Ja, aber»-Spiel in dem unermüdlich Hilfe beansprucht, gleichzeitig aber die Aggressionen gegen den Helfer durch Einwände gegen dessen gute Ratschläge befriedigt werden. Vgl. auch
W. Schmidbauer, Die hilflosen Helfer. Über die seelische Problematik
der helfenden Berufe, Reinbek (Rowohlt) 1977, 1992

befriedigenden Vater und ihre Sehnsucht nach dem befriedigenden Professor dienen dazu, Autonomieschritte zu vermeiden, die in ihrem Alter anstehen.

Diese Situation wird freilich in einer Therapie dann nicht
bearbeitet, wenn die Therapeutin ihrerseits von einem guten
Vater verwöhnt werden möchte. Dann wird sie die Vaterenttäuschung und Professorenverliebtheit der Patientin zum
zentralen Thema der Analyse machen und die defensiven Regressionen unbearbeitet lassen. Das führt dann dazu, daß die
Patientin keinen Weg findet, auf dem sie ihr Ich entwickeln
und ihr Selbstbewußtsein stärken kann. Schließlich bricht sie
die Therapie enttäuscht ab. Die Arbeit an ihrem Vaterkomplex ohne Aufmerksamkeit für die regressiven Strömungen
hat in eine Sackgasse geführt.

Die Gefahr einer Regression wird dadurch gesteigert, daß
der Therapeut eine anfängliche Idealisierung seiner Person
nicht erkennt und sich nicht genügend klar von ihr distanziert. Eine junge Gestalttherapeutin bemüht sich um eine
Frau, die trotz einer belasteten Vorgeschichte mit verschiedenen Suchtformen in einem mittleren Unternehmen Abteilungsleiterin geworden ist. Die Kranke klagt über einen völligen Mangel an privaten Beziehungen und Sexualleben; sie ist
mit dreißig Jahren noch Jungfrau. Mit dem Beginn der Therapie verliert die Patientin das Interesse an ihrer Arbeit. Sie
fehlt häufig mit den verschiedensten Krankheiten oder
Schmerzzuständen, wirkt aber auf die Therapeutin durch eine
Mischung aus dramatischen Verschlechterungen und ebenso
dramatischen Besserungen sehr engagiert und behandlungsmotiviert. Sie will den Beruf wechseln, will ihre ganze Kindheit aufarbeiten, vermutet abwechselnd einen Vater- und
einen Bruderinzest. Sie verbringt viel Zeit mit verschiedenen
Selbsterfahrungsgruppen und liest, was an Literatur über

weibliche Identität, humanistische Psychologie und Esoterik auf dem Markt ist.

Nach fünf Jahren Behandlung ist ihr Zustand immer noch schlecht. Sie ist berentet; ihren neuen Lebensentwurf, selbst Therapeutin zu werden, konnte sie nicht verwirklichen, Berufsarbeit erscheint ihr unerträglich. Sie klagt nach wie vor über ihre Kinderlosigkeit und ihr Gefühl, nichts aus ihren Fähigkeiten machen zu können. Die Therapeutin hat die Stunden mit ihr, die sie belastender findet als die restliche Arbeitswoche, vor ihre Mittagspause gelegt. Sie begründet das damit, daß die Patientin die wesentlichen Probleme und die echten Gefühle häufig erst dann bringe, wenn die vereinbarte Zeit vorbei sei. So opfert die Ärztin an zwei Tagen in der Woche die Hälfte ihrer Mittagspause und muß den Ärger ihrer Kollegen ertragen, die sie gerne beim gemeinsamen Essen dabeihätten.

In diesem Fallbeispiel läßt sich eine jener malignen Regressionen beobachten, die mit der Phantasie zusammenhängen, die Therapie sei nicht ein Mittel, zwischen allgemeinem Leid und neurotischem Elend zu differenzieren, sondern eröffne den Zugang in eine bessere Welt.* Verführerisch für den in seinem Selbstgefühl unsicheren Therapeuten ist die Idealisierung durch einen regredierten Patienten. Sie appelliert an die latente Größenphantasie, die zur Helferpersönlichkeit gehört, verbündet sich mit ihr und erschwert die Wahrnehmung und realistische Interpretation von destruktiven Rückentwicklungen. Der Widerspruch kann nicht mehr durchschaut

---

* Die Unterscheidung zwischen dem neurotischen (hysterischen) Elend und dem «allgemeinen Leid», das heißt dem Leid, das jeder Mensch unweigerlich ertragen muß, ist eine der zentralen therapeutischen Einsichten Freuds aus den «Studien über Hysterie», Ges. W. Bd. I.

werden, der darin liegt, daß die Patientin gleichzeitig beteuert, es ginge ihr dank der wunderbaren Therapie schon viel
besser, aber wegen anderer, äußerer Einflüsse auch erheblich
schlechter, sie brauche daher noch *mehr* Therapie. Therapeuten, die teilnahmsvoll mit erwachsenen Frauen spazierenge-
hen, weil diese sagen, sie könnten einfach nicht still sitzen, die
vereinbarten Sitzungszeiten überziehen, weil ein Patient
weint, und diesem anbieten, er könne sie jederzeit, auch
nachts, zu Hause anrufen, tun nur in Ausnahmefällen einem
leidenden Menschen etwas Gutes. In der Regel reizen sie ihn
zur Regression und verwöhnen ihn mit einem Versprechen,
immer für ihn da zu sein. Interessant ist hier, daß die therapeutische Leistungswelt masochistisch ausgelegt ist. Wer
seine Nachtruhe opfert oder seine Mittagspause, wer sich mit
Selbstvorwürfen quält, weil er regressive Ansprüche seiner
Klienten nicht erfüllen kann, gewinnt unser Mitgefühl, während der Therapeut, der einem erotischen Antrag nachgibt,
auf Entrüstung stößt. In Wahrheit verletzten aber beide ihre
professionelle Aufgabe und schaden ihren Patienten.

Viele Menschen, die Hilfe suchen, leiden an einem Scheitern ihrer Lebensorientierung. Verletzungen und Enttäuschungen in den frühen Lebensphasen haben sie schlecht auf
die Forderungen des erwachsenen Lebens vorbereitet. Daher
ist bei den Nutzern von Psychotherapie das Bedürfnis groß,
vom Therapeuten Sicherheit über den richtigen Weg zu erhalten. Die Enttäuschung, wenn es unbefriedigt bleibt, kann die
Fortführung einer Therapie ebenso gefährden wie der Versuch, es zu erfüllen.

Dieser stößt an seine Grenze, wenn deutlich wird, daß der
Neurotiker zwar gerne in eine schönere Wohnung umziehen
möchte, aber sich leider außerstande sieht, die Miete zu bezahlen. Unterstützt ihn der Therapeut im voreiligen Kündi-

gen der unbequemen Gegenwart, findet er bald einen Patienten, der sich bitter beklagt und seine Forderungen nach Hilfe ins Unermeßliche steigert, weil er die schönere Wohnung nicht gewonnen, wohl aber die unbequeme verloren hat. Nun steht er auf der Straße und sehnt sich nach dem alten Gehäuse, dessen Vorteile er jetzt erkennt, nachdem er sie mitsamt den Nachteilen losgeworden ist.

Der Therapeut handelt also weise, wenn er nicht vorgibt, Lösungen für existentielle Probleme zu haben, die richtige Frau, den richtigen Mann, den richtigen Beruf für seinen Schützling zu wissen. Aber es gibt eine typische Situation, in der diese Weisheit nicht mehr allein durch Abstinenz – also durch Enthaltung von Ratschlägen, Vorschriften und ähnlichen aktiven Eingriffen in das Schicksal des Patienten – verwirklicht werden kann. Dieser Sonderfall tritt ein, wenn der Therapeut allein durch seine Existenz eine Norm, ein Ideal verkörpert, die zum Vorbild werden und Nachahmung finden kann.

Regressive Identifizierungen

Wenn ein Kranker während der Therapie immer unzufriedener mit dem Beruf wird, den er gerade ausübt, und schließlich wie befreit dem Therapeuten mitteilt, er habe die Lösung für dieses Mißbehagen gefunden: er wolle selbst Therapeut werden, dann genügt es nicht – zumindest nicht in jedem Fall –, Einfälle zu sammeln, Gefühle zu spiegeln und unbewußte Phantasien zu deuten, in der Hoffnung, daß der Patient verstehen möge, welche Abwehrfunktion seine Phantasie hat. Hier wird die Einflußmöglichkeit der Argumente und der verbalen Arbeit überschätzt, die Macht der existentiellen

Identifizierung und des leibhaftigen Eindrucks unterschätzt. Indem der Therapeut einfühlend über die Phantasie des Berufswechsels spricht, kann er auf dieser unbewußten Ebene einer Identifizierung soviel Bejahendes transportieren, daß sich der Patient bestätigt sieht und immer unkritischere Erwartungen an seine neue Berufung richtet.

Zu den Anfangszeiten der Psychoanalyse war der Beruf des Arztes noch längst nicht so prestigeträchtig wie heute. Im Großbürgertum, der damals tonangebenden Schicht, war der Arzt ein Handwerker, den man bei Not ins Haus bestellte; die Entwicklung der Psychoanalyse begleitete der Schritt vom Arzt, der kommt, zum Arzt, den man aufsuchen muß. Dieses geringe Prestige schützte den Psychoanalytiker damals weitgehend davor, daß sein Beruf während einer Behandlung ernsthaft begehrt wurde.

Heute hingegen genießt der Arzt das höchste Sozialprestige, der Psychotherapeut partizipiert daran. Heilpraktikerschulen, die mit einem Freud-Porträt für eine Blitzausbildung zum Therapeuten werben, haben offensichtlich genügend Umsatz, um teuren Werberaum zu kaufen. Der Neid auf den «interessanten» und «vielseitigen» Beruf des Therapeuten gehört zu den Phänomenen, die während einer Behandlung zu erwarten sind. Wohl auch aus diesem Grund fällt es vielen Helfern schwer, sich gegen die Patientenabsicht abzugrenzen, Therapeut zu werden. Sie fürchten, den Eindruck zu erwecken, ihre Privilegien nicht großzügig teilen, sondern eifersüchtig hüten zu wollen. Vielleicht schmeichelt ihnen das Interesse an ihrer Person, sie genießen es, Vorbild zu sein, lebensprägender Führer eines bisher orientierungslosen Menschen.

Im Berufswunsch des Patienten wird der Therapeut seiner eigenen Berufsmotivation begegnen. Je weniger er selbst sich in die Betrachtung dessen vertieft hat, was er mit dieser Wahl abwehrte, desto weniger wird er willens sein, sich mit dieser Aufgabe angesichts der Wahl seines Patienten zu beschäftigen. Kurzum, es gibt mächtige Motive, die Identifizierung mit dem Therapeuten eher als Therapieziel denn als Widerstand gegen die Identitätsfindung des Analysanden anzusehen.

Eine Fallgeschichte soll die Risiken dieser Situation verdeutlichen: Eine vierzigjährige Lehrerin, die bisher in wechselnden Anstellungen gearbeitet hat, sucht wegen einer Beziehungskrise therapeutische Hilfe. Ein Freund – erheblich jünger als sie – hat sie verlassen, kurz nachdem sie sich seinetwegen von ihrem gleichaltrigen Ehepartner getrennt hatte. Während der therapeutischen Arbeit entschließt sich die Lehrerin, die Schule zu verlassen und Kinderanalytikerin zu werden. Es gelingt ihr noch während der Therapie, an dem örtlichen Institut für Kinder- und Jugendlichentherapie einen Ausbildungsplatz zu bekommen. Sie schließt die Lehranalyse unmittelbar an die Heilanalyse an, durch die ihr Berufswunsch entstanden ist. Es zeigt sich, daß nach wie vor suizidale Krisen drohen. Nach einer erneuten Trennung von einem erheblich jüngeren Partner begeht die angehende Kinderanalytikerin an einem Wochenende einen ernsthaften Selbstmordversuch; sie wird durch das entschlossene Eingreifen ihres Lehranalytikers gerettet, der nach der versäumten Montagsstunde bei ihr anruft und – da sie nicht antwortet – die Tür aufbrechen läßt.

Wer selbst Therapeut wird, braucht keine gewöhnliche Therapie mehr. In der narzißtischen Phantasie gewinnt die Lehranalyse meist die Gestalt einer überlegenen, tiefgehenden Arbeit bei einem besonders qualifizierten Therapeuten. Jeder mit solchen Behandlungen Beschäftigte weiß, was die Theorie ohnehin erwarten läßt: daß sich die Lehranalyse im

günstigen Fall analog einer Heilanalyse entwickelt, im ungünstigen aber durch schwer auflösbare Widerstände belastet ist.
Einer dieser Widerstände betrifft die Angst des Analysanden
vor der Kränkung, in seiner beruflichen Eignung in Frage gestellt zu werden.

Die Perspektive, später werde die begonnene Arbeit in
einer «wirklichen» Therpie vollendet, ist eine bei Mehrfach-
nutzern von Therapien häufige Abwehrform. Sie führt dazu,
daß sehnsuchtsvolle Entschädigungshoffnungen an einen
idealisierten Menschen nicht erkannt, sondern agiert werden.
Der Wunsch, selbst Therapeut zu werden, verkörpert eine
subtilere Form dieses Agierens. Er ist in günstigen Fällen ana-
lysierbar; dann läßt sich ein Punkt im Ich des Analysanden
finden, von dem aus die Abwehrqualität dieses Berufswunsches aufgehellt werden kann. In ungünstigen Fällen ist er so
ich-synton, daß der Analytiker ihn nicht von einer «normalen» beruflichen Motivation unterscheiden kann, zumal diese
Aufklärungsarbeit auch durch die oben erwähnten Gegen-
übertragungsgründe behindert wird.

Wie diese Situation aufgelöst werden kann, hängt nicht zuletzt von der Einsicht in die narzißtischen Bedürfnisse ab, die
schließlich in jeder Therapie bei *beiden* Beteiligten eine Rolle
spielen. Je besser die Reflexion über diesen Aspekt der gemeinsamen Arbeit möglich wird, desto größer sind die Chancen, die Hintergründe des Berufswunsches zu durchleuchten.
In einer gelingenden therapeutischen Arbeit überwiegt trotz
aller Konflikte und Auseinandersetzungen die gegenseitige
narzißtische Bestätigung, angefangen von den milderen Formen der Achtung für die Persönlichkeit des Partners in der
gemeinsamen Arbeit bis hin zu herzlicher Sympathie. Diese
Entwicklung setzt voraus, daß die Unterschiede in den Per-
sönlichkeiten und in den Weltauffassungen zwischen Analy-

tiker und Patient immer genauer erkannt und durch die ge-
schilderten positiven Gefühle überbrückt werden: Verständi-
gung wird gerade dort als möglich erlebt, wo sprachlose Harmonie oder symbiotische Verschmelzung nicht bestehen bleiben müssen.

Die berufliche Identifizierung des Analysanden mit dem
Analytiker bedeutet möglicherweise, daß ein Teil der gegen-
seitigen narzißtischen Bestätigung nicht in die gemeinsame
Reflexion geführt werden darf, sondern unbewußt, auf der
Ebene der Verschmelzung, agiert wird. Das kann daran liegen, daß der Patient insgeheim am Therapeuten zweifelt, daß
ihm dessen Persönlichkeit gar nicht so großartig erscheint,
wie er sie in seiner idealisierenden Übertragung haben
möchte. Dieser Zweifel verschwindet dann in der Idealisierung und Identifizierung mit dem Beruf; es geht nicht mehr
um die analytische Situation und die Beziehung zwischen den
an ihr beteiligten Partnern, sondern um die Durchsetzung des
Berufswunsches gegen die äußere Realität.

Der Therapeut wird für diesen regressiven Pakt um so eher
verführbar sein, je weniger er im Grunde seinen und den
Kräften des Patienten vertraut, Konflikte in der gemeinsamen
Arbeit zu bewältigen. Das führt zu der wahrhaft verfahrenen
Situation, daß der Berufswunsch vom Patienten geäußert
wird, weil er an der narzißtischen Bestätigung durch den
Analytiker zweifelt und sich deren vergewissern will, während dieser, über die eigene Akzeptanz der Charakterstruktur
des Analysanden bereits unsicher, nun zögern muß, die von
ihm vermuteten Eignungsmängel offen auszusprechen. Er
vermutet, daß derartige Kränkungen das analytische Unternehmen scheitern lassen würden. Die Hoffnung, daß in der
späteren Lehranalyse diese bedrückende Situation nicht wieder auftreten wird, sondern aufgelöst werden kann, führt

dann dazu, daß die Analyse der wechselseitigen Idealisierungen unvollständig bleibt und in einem unklaren Stadium abgebrochen wird. Die Toleranz für den Berufswechsel wird
eine Art Zugabe, ähnlich der des Kaufmanns, der die Ware
großzügiger ausweigt, wenn ein angestoßener Apfel in der
Schale liegt.

In den Psychotherapien der Konsumgesellschaft kommt es
oft zu einem semantischen Wettlauf: Gelingt es der Analyse,
die defensiven Regressionen zu erkennen und an ihnen zu arbeiten, oder wird umgekehrt das therapeutische Vokabular in
den Dienst der Regression gestellt? Der Analysand kann beispielsweise alle Deutungen des Analytikers regressiv verwer-
ten und sie in sein System der Rechtfertigungen aufnehmen.
Er muß in seiner Untätigkeit verharren, er *hat* schließlich eine
Frühstörung oder eine Borderline-Struktur. Die Analyse soll
Gründe liefern, sich vor Entscheidungen zu drücken.

Freud hat die Situation, in der die Arbeit an den sexuellen
Hemmungen durch den Bruch der sexuellen Tabus in der
Analyse «abgekürzt» wird, mit der Situation des Hunderen-
nens verglichen, bei dem ein Spaßvogel einen Kranz Würste
auf die Rennbahn wirft. Wenn heute soviel mehr als früher
über sexuellen Mißbrauch in der Therapie diskutiert wird,
liegt das nicht daran, daß ein früher totgeschwiegenes Thema
durch mutige Schreiber an die Öffentlichkeit kommt. Es geht
um regressive Bedürfnisse aller Beteiligten: der Therapeuten,
die sich mit anbetenden Sexualpartnerinnen versorgen, der
Patientinnen, die alle Verantwortung an den Arzt abtreten,
der Journalisten, die pikante Geschichten erzählen und an
mehreren Grenzüberschreitungen gleichzeitig partizipieren.
Die Abkürzung, die in jedem Mißbrauch liegt, ist eine Form
der Verwöhnung. Wie jede Verwöhnung führt sie irgendwann zum Trauma.

Die Form der Mißbrauchsdebatte dokumentiert in ihrem Schwarz-Weiß-Raster von Opfern und Tätern den Rückschritt von einer individualisierenden Therapie zu einer konsumorientierten. Es geht nicht mehr um *gemeinsame Arbeit*, die gelingen kann oder auch scheitern, sondern um eine *therapeutische Ware*, die entweder in perfektem Zustand geliefert oder anklagend an den Lieferanten zurückgeschickt wird. Die Toleranz für Ambivalenzen und Mehrdeutigkeiten schwindet; die Enttäuschung idealisierter Erwartungen wird nicht durch Trauer, sondern durch Racheimpulse verarbeitet.

Regression und Disziplin in der Kombination von Therapien

Jede Therapie stößt an Grenzen. Je mehr verschiedene und untereinander konkurrierende Behandlungsmethoden es gibt, desto schwieriger ist es, diese Grenze zu ertragen und nicht nach Möglichkeiten zu suchen, über sie hinaus vorzudringen. Ein besonders schmerzlich anzusehendes Bild bietet etwa der an Krebs erkrankte Naturwissenschaftler, der angesichts seiner Metastasen zu einem philippinischen Geistheiler oder afrikanischen Medizinmann reist. Angesichts eines schweren körperlichen Leidenszustandes wirken solche regressiven Fluchten vergleichsweise verständlich. Viel problematischer ist die Preisgabe der Disziplin in Fällen, in denen die Regression tatsächlich Entwicklungen blockiert. Aus diesem Grund ist auch eine therapeutische Theorie, welche undifferenziert voraussagt, daß eine tiefe Regression während der Behandlung zu einem guten Ausgang, einem gestärkten Erwachen führen muß, so gefährlich. Die Regression in einer Psychotherapie ist doppeldeutig. Sie kann im günstigen Fall

zu jener Erweichung und teilweisen Entlastung von neurotischen Festlegungen oder erstarrten Abwehrformen führen,
die zu Beginn eines Neuanfangs steht. Sie kann aber auch das
Individuum so schwächen, daß es in einen Teufelskreis gerät,
in dem es immer mehr gegenwärtige, als unvollkommen erlebte Befriedigungen preisgibt und mit realen Rückschritten
für den großen, erlösenden Fortschritt zahlt, der leider niemals eintreten wird.

Aus diesem Grund erscheinen auch jene Richtungen der
gegenwärtigen Therapieszene bedenklich, in denen sozusagen die therapeutische Theorie an einem solchen regressiven
Prozeß insofern teilhat, als sie vorgibt, sie würde als «integrative Behandlung» aus den besten Fragmenten aller anderen
therapeutischen Schulen eine Supertherapie basteln, die alle
Vorteile kombiniert und alle Nachteile ablegt. Manche «inte-
grativen» Behandler neigen dazu, immer dann, wenn eine
Methode an eine Grenze stößt, mit einer anderen weiterzuar-
beiten, so daß die Beschränkungen der therapeutischen Möglichkeiten niemals genau erkannt werden. In extremen Fällen
hat der Patient bereits nach zwanzig Sitzungen den Eindruck,
er sei ein hoffnungsloser Fall, weil weder Tiefenpsychologie
noch Gestalttherapie, Bioenergetik und hypnotische Rück-
führung ihm geholfen hätten.

Es ist selten leicht, Fragen zu entscheiden, die sich auf die
Wahl zwischen Regression und Disziplin in der Therapie beziehen. In der Geschichte der Psychoanalyse wird hier häufig
die Freud-Ferenczi-Debatte angeführt: Ferenczi, der darauf
hinweist, daß es die Heilung fördert, wenn die Liebesbedürf-
nisse der Kranken durch Zärtlichkeiten des Therapeuten in
einem abgewogenen und überlegten Maß befriedigt werden,
stößt mit Freud zusammen, der angesichts solcher Vorschläge
fürchtet, die Kur würde zu einer *Petting-Party* entarten.

Heute scheint es, daß die Unversöhnlichkeit beider Haltungen, die Abwertung der Reformvorschläge statt nüchterner
Diskussion und Erprobung die methodische Entwicklung
der Psychoanalyse eher behindert als erleichtert hat. Inzwischen hat sich die Lage sehr verändert, es sind zahlreiche The-
rapieeinrichtungen hinzugekommen, in denen die Abstinenz
der Analyse von körperliche Berührung und suggestiver
Empfehlung für eine veraltete Marotte gehalten wird. Jüngst
haben Tilmann Moser und die Deutsche Psychoanalytische
Vereinigung die damals ungelöste Spaltung nicht überbrük-
ken, sondern nur erneut vertiefen können: Der körperthera-
peutisch engagierte Dissident Moser sah sich gezwungen, aus
dem Verband der orthodoxen Analytiker auszutreten.*

Mosers Grundthese ist, daß äußere Traumatisierungen die
zentrale Ursache der Borderline-Störung sind; diese kann ein
einzelner Therapeut nicht heilen, da er durch die von ihm ge-
forderte Rollenvielfalt – Halt geben, ein Arbeitsbündnis aufrechterhalten, negative Übertragungen auf sich ziehen, ein

---

* In einem Kongreßvortrag «Zu viele Therapien, zu wenig Integration» stellte Moser 1993 seine eigene Position zwischen Orthodoxie und
Vielfalt dar. «Wenn ich die Selbstanpreisungen ... lese, dann erschüttert
mich die Vielzahl von Techniken, mit denen knapp dreißigjährige Therapeuten meinen umgehen zu können. Ihr Angebot gleicht einer alterna-
tiven Psycho-Speisekarte, und die Gerichte tragen immer phantasie-
vollere Namen. Als Qualitätsgarantie scheint oft ein strahlend gesundes
Workshop-Foto im Kreise sonniger Jünger in esoterischer Landschaft
mit Zypressen oder asiatischen Tempeln auszureichen. Integration wird
hier gewaltig mißverstanden als ein Gemischtwarenladen von Eingriffs-
und Mobilisationstechniken, die variiert werden, wenn Widerstand auf-
kommt oder der berühmte Fluß der Energie zu stocken beginnt.» Zitiert
nach: T. Moser, Zu viele Therapien, zu wenig Integration, in: *Integrative Therapie* Bd. 20, S. 5 – 22, 1994

neues Idealobjekt zu werden – überfordert wird. Daraus läßt
sich die Notwendigkeit einer Funktionsteilung in der Therapie ableiten. Moser skizziert einen Fall, in dem er einer Patientin auf ihren Wunsch hin nacheinander mehrere zusätz-
liche Therapeutinnen vermittelte. Aufschlußreich erscheint
in solchen Berichten, daß der Therapeut die Erzählungen
über die (mißbrauchenden, narzißtischen und so weiter) Eltern der Patientin übernimmt und die Therapie an den Forderungen nach einer «besseren» Erfahrung orientiert. Wenn
sich die Patientin eine gute Mutter wünscht, strengt sich der
Therapeut an, ihr eine zu verschaffen.

Moser läßt seine Patientin sprechen: «Wie finde ich zusätzlich... eine weibliche Therapeutin. Ich will endlich eine Mutter, ich mache mir noch die Beziehung zu den Freundinnen
kaputt, weil ich immer das Kind sein will. Ich weiß, daß das
dort nicht hingehört. Ich will auch ein Vorbild haben.»*

Es wäre Trauerarbeit zu leisten. Um sie zu ermöglichen,
muß eine Ambivalenzdebatte geführt werden. Nimmt das
Eingehen auf den Wunsch nach reparativer Elternschaft der
Patientin Möglichkeiten, an disziplinierenden Forderungen
zu wachsen? Vermittelt ihr die Erfüllung ihrer Anlehnungs-
wünsche korrigierende Erfahrungen? Moser stellt die Situation so dar, als sei die Erfüllung regressiver Sehnsüchte ein
Weg zu sicheren Erfolgen, während die disziplinierenden
Forderungen einer umgrenzten Methode für Mißerfolge verantwortlich sind. Aber in Wahrheit ist die Lage komplizierter. Die integrative Wunscherfüllung kann ebenso zum Miß-
erfolg führen wie die orthodoxe Disziplinierung zum Erfolg.
Ein Therapeut, der viele Methoden integriert und sich intensiv in immer erneuten Selbsterfahrungen bemüht, möglichst

---

* Moser, a. a. O., S. 15

alle Bedürfnisse nach Bestätigung und Kompetenzerweite-
rung zu befriedigen, gibt und nimmt seinen Patienten etwas;
der Therapeut, der sich stets im Rahmen einer kohärenten
und disziplinierten Methodik bewegt, gibt ebenfalls etwas
und nimmt etwas.

11
Trauerarbeit

Eine junge Frau spricht mich nach einem Vortrag an. Sie habe sich bemüht, es richtig zu machen, als ihre letzte Beziehung schiefgegangen sei. Sie sei jedoch unbefriedigt geblieben. Es sei ihr nicht klar, was sie tun solle, um wirklich Trauerarbeit zu leisten. Müsse sie ganz intensiv nachdenken? Fühlen, weinen und schreien? Wann sei das abgeschlossen, und vor allem: Gebe es ein Mittel, die Trauerarbeit über die augenblickliche Erleichterung hinauszuführen, die sie nach ihren bisherigen Versuchen durchaus gespürt habe, sie zu einem Ziel, einem wirklichen Abschluß und einer neuen Sicherheit zu führen?

Diese Frage zeigt die Macht der metaphorischen Felder eines Ausdrucks. Die Verbindung von Trauer und Arbeit infiziert die natürlichen Reaktionen auf den Verlust eines Menschen mit der Qualität einer Leistung. Arbeit bedeutet nicht nur Tätigkeit, sondern auch Mühe, Strapaze (das lateinische «labor» hat diese Bedeutung in noch ausgeprägterem Sinn). Der Begriff der Trauerarbeit verdoppelt die unangenehmen Qualitäten des Traueraffekts und enthält gleichzeitig das Versprechen einer Gestaltungsmöglichkeit, einer Taylorisierung. Vom Psychologen wird erwartet, daß er diesen Ablauf optimieren kann.

Aber Trauer ist nur *eine* mögliche Reaktion auf einen Verlust. Eine zweite Gruppe von Reaktionen ist um Aggression und Wut zentriert. Der Säugling schreit wütend, wenn er die Brust nicht bekommt, und nicht weniger wütend (vielleicht sogar wütender), wenn sie ihm entzogen wird, ehe er genug hat. Trauer scheint sich dann einzustellen, wenn es chancenlos erscheint, das Verlorene zurückzugewinnen, und niemand sonst für den Verlust verantwortlich gemacht werden kann. Wenn einem Kind die Schnur seines Luftballons entgleitet, bricht es in Tränen aus; wenn aber die Mutter den Luftballon losläßt und dieser für immer entschwindet, richtet sich die Verlustwut gegen die Mutter.

Der Traurige kann untätig oder tätig sein. Das hängt damit zusammen, ob er einen anderen Menschen sucht, der ihn trösten kann, oder dazu nicht bereit ist. Er sitzt stumm da, läßt sich gestisch und mimisch hängen. Wartet er auf Zuwendung und Trost? Manche Trauernden sind dankbar dafür, andere wehren Hilfe ab und wollen ihre Ruhe. Die Passivität des Trauernden hängt damit zusammen, ob er glaubt, daß seine Selbstheilungskräfte ausreichen, den Verlust zu verwinden. Sie ist anders zu bewerten als heftige Aktivität, und auch anders als Lähmung und Resignation. Die gesunde Trauer ist eine partielle Resignation: Das Verlorene ist unersetzlich, aber es ist nicht alles verloren. Sie muß von der vollständigen Resignation unterschieden werden, die depressive Zustände auszeichnet. Zu diesem gesunden Trauerprozeß gehört auch eine Vorstellung der Schuldlosigkeit. Sie ist um so schwerer herzustellen, je höhere Anforderungen der Betreffende an seine individuelle Tüchtigkeit richtet. Daher können Kinder am schönsten trauern – Regen, der den Himmel reinigt und der Sonne Platz macht. Erwachsene haben gelernt, nach Schuldigen für einen Fehler zu suchen. Wo immer etwas fehlt, finden sie auch einen Fehler, einen eigenen oder fremden. Dann wird die Trauer durch fieberhafte Aktivität ersetzt, die auf Selbstbestrafung oder Rache, in milderen Fällen auf Entschädigung und Wiedergutmachung abzielt. Der Bluträcher

beweint den toten Bruder nur kurze Zeit; dann konzentriert
er seine Kräfte darauf, der feindlichen Familie anzutun, was
seine erlitt.

Komplizierte Abläufe lassen sich leichter verstehen, wenn
sie auf möglichst einfache Situationen und Modelle bezogen
werden können. Das macht die Kindheit unter den Psychologen, die sich mit aufwühlenden menschlichen Erlebnissen
auseinandersetzen, so beliebt. Diese Modellbildung an der
Kindheit birgt auch große Gefahren, weil sie Unterschiede
verwischt und nicht selten versucht, erwachsenes Verhalten
direkt aus dem kindlichen Leid heraus zu verstehen. Der
menschliche Säugling ist auf eine Beziehung zu einem sorgen-
den größeren Artgenossen angewiesen. Dazu gehört, daß er
im Fall eines Verlustes dieser Beziehung passiv bleibt, sich
anklammert und Alarmsignale – vor allem stimmlicher Art –
sendet.

Das Geschrei eines Babys wird von vielen Erwachsenen als
alarmierend, aufregend, schmerzlich, nicht selten auch als aggressiv empfunden. Die Befriedigung, welche Mütter aus dem
Umgang mit einem Säugling ziehen, gehorcht dem Kontrast-
prinzip: Sie stillen ein strampelndes, schrill kreischendes
Bündel Alarmwut zu einem zufrieden schlummernden, leise
glucksenden Schätzchen.

Man kann vermuten, daß dieser Kontrast eine gute Mutter-
Kind-Beziehung festigt, während in einer schlechten Beziehung das Kind lernen muß, möglichst wenig zu schreien, weil
die gereizte Mutter noch liebloser mit ihm umgeht als die
gleichgültige. René Spitz hat diese Zustände abgelehnter, ungenügend beachteter Säuglinge als *anaklitische Depression**
beschrieben. Aber wir wissen nicht, ob diese Metapher wirk-

---

* René A. Spitz, Vom Säugling zum Kleinkind, Stuttgart (Klett) 1960

lich die inneren Zustände trifft. Denn die Depression eines Wesens, das aus biologischen Gründen nicht handeln kann, um seine Unlustzustände zu verändern, hat grundsätzlich eine ganz andere Qualität als die Depression eines Erwachsenen, der etwas tun könnte, sich im depressiven Zustand jedoch dieser Kräfte beraubt fühlt.

Was den verlassenen Kindern und dem Depressiven gemeinsam ist, scheint die Ausdrucksarmut. Ein normales Kind schreit heftig, wenn es Unlust verspürt; das deprivierte wimmert vielleicht nur oder schlägt den Kopf gegen das Bett. In einer Projektion späterer Erlebnisqualitäten ließe sich sagen: Das Baby im Zustand der anaklitischen Depression hat die Hoffnung aufgegeben, daß es gehört wird. Ganz ähnlich scheint es um viele Depressive bestellt. Darin unterscheidet sich auch die Depression von der Trauer, wobei sich die psychischen Verhältnisse wohl am besten so beschreiben lassen, daß in dem Spektrum der Verlustreaktionen die Trauer den ausdrucksvollen, die Depression den ausdrucksleeren Pol charakterisiert.

Der Gegenpol der Trauer ist die Freude, der Gegenpol der Depression die Manie; während in dem Paar Trauer und Freude die Aggression gebunden bleibt, ist sie in Depression und Manie gehemmt beziehungsweise enthemmt. Der Depressive erscheint wehrlos, apathisch, der Manische ist lästig, reizbar, latent oder offen aggressiv. Manie und Depression sind sozusagen Extremvarianten von Freude und Trauer. In ihnen brechen Sublimierungen zusammen, die in dem gemäßigten Wechselspiel bestehen bleiben: betrübt, aber nicht zu Tode; jauchzend, aber nicht himmelhoch. In der Trauer ist die Freude als Erlebnismöglichkeit nicht undenkbar geworden wie in der Depression; in der Freude ist die Trauer nicht so ausgeschlossen wie in der Manie.

Solche Überlegungen bereiten darauf vor, in der Entstehung von Trauer und Freude einen relativ komplexen Reifungsprozeß zu vermuten, der mit einer gewachsenen Toleranz für Ambivalenzen zusammenhängt. Diese Ambivalenztoleranz ermöglicht ein stabiles Bild der Realität unseres Lebens und unserer Gefühlsbeziehungen, in denen sich Süßes und Bitteres immer mischen. Der Gegenpol der Ambivalenztoleranz ist die Spaltung; Prämisse der Spaltung ist eine Regression. In dieser muß ein Partner ganz gut sein, alles Negative an seinem Bild wird abgespalten und in die Latenz geschickt. Kann diese Spaltung nicht aufrechterhalten werden, verwandelt sich der positiv idealisierte Partner aus nichtig scheinendem Anlaß in einen negativ idealisierten. Seine Schlechtigkeit wird nun ebenso depressiv vertieft, wie seine Güte manisch überhöht war. Othello ist ein klassisches Beispiel für solche Prozesse. Desdemona wird von ihm idealisiert; sobald er aber an ihr zweifeln muß, ist sie ganz ohne Wert und des Todes schuldig. Die Beziehung hat eine manische Qualität; geht die Idealisierung verloren, kann Othello nicht trauern. Das Liebste zu morden, rückt ihn in die Nähe des Depressiven, dessen Selbstmordgedanken die Entmischung seiner Sublimierungen anzeigen.

Die Konstitution der Trauer hängt mit einem Erleben erträglicher Ohnmacht zusammen. Im Gegensatz zur Depression sind in ihr Möglichkeiten des Handelns und der Verantwortung erhalten. Trauer kann sich erst dann entwickeln, wenn das Kind erlebt, daß es Beziehungen selbst gestaltet und nicht reines Opfer seiner Umwelt ist. In früheren Perioden würde das Kind schreien, um sich Hilfe zu holen, weil es die Grenze der eigenen Macht noch nicht von den Grenzen der Macht der erwachsenen Bezugspersonen unterscheidet. Das traurige Kind hat sowohl diese Grenze wie auch die Grenze der mütterlichen / väterlichen Macht erkannt. Die Trauer hilft ihm, diese Erkenntnis zu ertragen; sie ist somit auch eine Vorbedingung der Freude, den Eltern altersgemäß zu helfen, ihnen etwas zu zeigen, von ihnen für die eigene Autonomie anerkannt zu werden.

In den reifen emotionalen Reaktionen mischen sich Trauer und Freude fast ständig; so entsteht die relativ ausgeglichene Stimmungslage des gesunden Erwachsenen während entspannter Perioden seines Lebens, wenn er sich nicht verliebt und niemanden verliert, wenn die körperliche Gesundheit mit kleinen Schwankungen stabil ist und die soziale Situation keine unmittelbaren Bedrohungen enthält.

Wenn ich über die Straße gehe und eine anziehende Blondine sehe, sieht die gemischte emotionale Reaktion so aus, daß ich mich über diesen reizvollen Anblick freue und gleichzeitig traurig bin, daß es bei dieser diskreten Freude aus der Ferne bleiben muß, weil ich die Brünette, mit der ich lebe, weder kränken noch verlieren will. Wesentlich für die Verarbeitung dieser Situation ist, daß diese Legierung von Freude und Trauer stabil bleibt und keine Regression eintritt, in der sich die Affekte entmischen, die unerwünschten Folgen von Gier und Aggression abgespalten, verdrängt oder verleugnet werden.

Die Gier würde mir sagen, daß ich doch jederzeit die Blondine haben kann und das Problem mit der Brünetten später schon irgendwie lösen werde. Die Aggression richtet sich entweder gegen die fremde Schönheit, die mich derart aus der Ruhe bringt, soll sie brennen, die Hexe. Oder, zivilisierter, sie richtet sich gegen mich selbst und versetzt mich in eine zunächst unerklärliche Depression. Irgend etwas ist verkehrt gelaufen mit meinem Leben. Ich habe alles falsch gemacht, meine dunkelhaarige Frau ist die verkehrte, ich hätte es schon

immer wissen müssen, aber ich darf mich nicht trennen, die
Scheidung würde mich sozial ruinieren, sie würde die Kinder
noch neurotischer machen, als ich es bereits bin, wer soll das
verantworten!

12
Die narzißtische Dimension

In der Umgangssprache versteht man unter einem Narzißten jemanden, der nur sich selbst anerkennt. Der narzißtisch Gestörte kann keinen stabilen Austausch mit seiner sozialen Umwelt herstellen – andere loben, von denen er wiederum gelobt wird, andere lieben, die ihn lieben. Er will haben, aber nicht geben, kritisieren, aber nicht kritisiert werden, andere entwerten, aber selbst hochgeschätzt bleiben. Oscar Wilde charakterisierte ihn, als er von Menschen sprach, die anderen auf die Zehen treten, weil ihnen selbst die Hühneraugen weh tun. Die ständig enttäuschte Erwartung, Aufmerksamkeit zu erhalten, ohne sie zu geben, führt dazu, daß er häufig alle Mitmenschen mit scharfem Blick für Schwächen und Geltungsansprüche bloßstellt. Dieser sadistischen Variante läßt sich eine masochistisch-depressive gegenüberstellen. Der narzißtisch Gestörte kritisiert und bezichtigt dann Aufmerksamkeit heischend sich selbst; sein Größenwahn steckt in der negativen Idealisierung, in der Phantasie, der am schwersten gestörte Mensch der Welt zu sein, der in seinem Leben alles falsch gemacht hat.

Freud hat viele der später mit narzißtischen Bedürfnissen verbundenen Erscheinungen mit Oralität verknüpft*, das

---

* Sigmund Freud, Drei Abhandlungen zur Sexualtheorie, 1904, Ges. W. Bd. V

heißt mit Umformungen der frühen Bedürfnisse, ausreichend versorgt und «gestillt» zu werden, Sicherheit in der Beziehung zu einer nährenden Mutter zu finden. Andere Analytiker, vor allem Heinz Kohut, konzipierten eine narzißtische Entwicklung, die parallel zur Libidoentwicklung verläuft und vor allem in der Anerkennung und Bestätigung des Kindes durch die frühen Bezugspersonen wurzelt.* Hat die Mutter selbst eine genitale Stufe erreicht, kann sie dem Kind so viel geben, daß sie auch die Sicherheit gewinnt, genügend zurückzubekommen. Haben Eltern diese Stufe nicht erreicht, droht die Gefahr, daß sie das Kind benützen, um eigene narzißtische Mängel auszugleichen («Deinetwegen habe ich auf meine Karriere als Opernsänger verzichtet, und jetzt willst du nicht einmal in den Schulchor gehen»).

Ein narzißtisch schlecht versorgtes Kind, das nie den «Funken im Auge der Mutter» sah, kann an einen Kompensationsversuch fixiert bleiben und in Krisensituationen immer wieder zu ihm regredieren: die primitive narzißtische Stufe der Grandiosität, des Größen-Selbst. Alltagsbeispiele für Verhaltensweisen, die solche Regressionen zeigen, sind viele Reaktionen auf narzißtische Kränkungen. Wenn uns jemand nicht einlädt, können wir beteuern, wir wären ohnehin nicht zu diesem unattraktiven Menschen gegangen; wenn wir eine Prüfung nicht bestehen, können wir sagen, die Prüfer seien Idioten und hätten uns aus Neid auf unsere Brillanz den Erfolg mißgönnt; gehen wir bei einer Bewerbung leer aus, haben wir die Stelle nie gewollt. Immer wird das Opfer zum Sieger, der Bedürftige zum Reichen.

In dem Spielfilm «Clute» stellt Jane Fonda eine Schauspie-

---

* Heinz Kohut, Die Zukunft der Psychoanalyse, Frankfurt (Suhrkamp) 1975, vor allem Teil II, Zur Psychologie des Selbst, S. 140f

lerin dar, die kein Engagement hat und als Callgirl arbeitet. In einer Szene gibt sie sich einem Freier hin, feuert ihn an, demonstriert ihre Lust. Mitten im unbeherrschten Stöhnen und Seufzen blickt sie plötzlich ganz aufmerksam auf die kleine Uhr an ihrem Handgelenk. Später berichtet sie einer Therapeutin, welche Freude es ihr macht, sich als Herrin über die Gefühle der Männer zu fühlen, indem sie scheinbar regrediert, in Wahrheit aber diese Regression nur spielt, während die Männer wirklich die Beherrschung verlieren. Später verliebt sie sich und spürt, wie sich ihre Überlegenheit auflöst, weil sie nun wirklich etwas empfindet. Sie wirkt nun spröder, erlebt aber einen unkontrollierbaren Zustand erotischer Erregung. Vorher hat sie diesen gespielt, suchte in Wirklichkeit jedoch ihren Mangel an weiblichem Selbstvertrauen durch die narzißtische Regression auf eine Allmachtsphantasie (Kontrolle des Partners, der sich überlegen und potent dünkt) auszugleichen.

Narzißtische Regressionen sind oft schwer zu erkennen, weil sie sich ein progressives Aussehen geben, das die kindlichen Allmachts- und Sicherheitsbedürfnisse maskiert. Ein klinisches Beispiel: Der vierzigjährige Mann, der an heftigen Angstzuständen und Depressionen leidet, berichtet von einer tiefen Interesselosigkeit an seiner Lebensgefährtin. Sie sei zu dick, kleide sich unattraktiv, er fürchte, wenn sich die Bindung weiter festige und er sich gar auf ihren Kinderwunsch einlasse, werde sie immer mehr seiner ebenso dicken wie unattraktiven Mutter gleichen.

In der psychoanalytischen Behandlung wird deutlich, daß seine heftigen Ängste mit Phantasien zusammenhängen, sich zu trennen. Ein zunächst scheinbar harmloses Problem – die Ungleichzeitigkeit erotischer Bedürfnisse – hatte heftige, unbewußte Wut ausgelöst. Der Patient fühlte sich als Mann in

Frage gestellt. Um sein Selbstgefühl aufzubessern, träumte er von anderen Frauen, die schlanker, schöner und aufregender waren als seine Partnerin. So kam es, daß er zu Beginn seiner Therapie vorwiegend von seiner Verlegenheit berichtete, seine Freundin nicht merken zu lassen, wie häßlich und langweilig sie sei.

Als Kind war der Patient von einer depressiven Mutter, die mit dem Sohn ein Bündnis gegen den chronisch gekränkten, zurückgezogenen Vater geschlossen hatte, ebenso ausgebeutet wie verwöhnt worden. So konnte er seinen Ärger nicht ausdrücken, sondern regredierte in eine anale Position, in der er einerseits der Freundin trotzig die Sexualität verweigerte – weil sie so selten Lust hatte, verlor er die seine ganz –, anderseits schuldbewußt versuchte, besonders lieb zu ihr zu sein.

Die narzißtische Qualität der Regression hängt in diesem Fall damit zusammen, daß die Unsicherheit über den eigenen männlichen Wert zur Entwertung seiner Partnerin führt. Diese, ihrerseits unsicher, kann den Rückzug ihres Partners nicht ausgleichen, sondern zieht sich selbst zurück. Eskaliert war die Situation nach einer Fehlgeburt. Während das Paar die beginnende Schwangerschaft trotz aller Zweifel, ob die Beziehung tragfähig sei, hoffnungsvoll verarbeitet hatte, führte ihr vorzeitiges Ende bei dem Mann zu heftigen Schuldgefühlen, seiner Partnerin etwas angetan zu haben. Er hatte sich angesichts der ständigen Klagen seiner Mutter über die Bösartigkeit und unersättliche Lüsternheit ihres Ehemannes mit dem Bild eines reinen, ritterlichen Helden identifiziert, der Frauen auf Händen und stets Sorge trägt, derart empfindliche Wesen nicht mit seinem Phallus zu verletzen.

Während die Partnerin nach der Fehlgeburt wieder schwanger werden wollte, zögerte der Patient und zog sich von ihr zurück. Nun maß sie ihn an ihrem Bild des idealen

Vaters, der doch so schnell wie möglich die Scharte ausge-
wetzt hätte, und versäumte darüber, ihn in seiner verwunde-
ten Männlichkeit zu trösten; er hingegen blickte an ihr vorbei
auf die ideale Geliebte, die sie nicht war. Das Zögern, sich auf
ein enges Verhältnis von Geben und Nehmen auch in der
Erotik (und, verbunden damit, im Ärger) einzulassen, wurde
von ihm in die Anwartschaft auf eine großartige, aufwertende
Beziehung umgemünzt. Im Alltag gingen die beiden verhalten, aber liebevoll miteinander um. Wenn sie sich, selten genug, erotisch begegneten, zerbrach die Annäherung darunter,
daß sie nur ohne Verhütung mit ihm schlafen wollte. Er sollte
sich zu ihr und ihrem Kinderwunsch bekennen. Er aber
wollte erst wieder so viel innere Sicherheit gewinnen, daß er
sich feste Bindung und Vaterschaft zutraute.

Der Patient war als Kind mit Eltern konfrontiert, die sich
selbst regressiv verhielten. Die Mutter beklagte sich bei ihm
über den nörgelnden und sexuell fordernden Vater; der Vater
jammerte vor dem Sohn darüber, daß seine Frau nicht mehr
mit ihm schlafe, er sei mit fünfzig Jahren doch noch kein alter
Mann. Die Verinnerlichungen aus diesen Szenen führten
dazu, daß der Patient niemals glauben konnte, seine Frau
wolle wirklich mit ihm schlafen, wenn diese es nicht aus-
drücklich versicherte und selbst die Initiative ergriff. Unsicherheit und Zögern deutete er als Verweigerung und quit-
tierte sie äußerlich mit Rücksichtnahme und Verständnis,
unbewußt jedoch mit Groll und Entwertung. Daß er sich in
seinen sexuellen Wünschen nicht so sehr vom Vater unterschied, wie er es sich als Kind erträumt hatte, führte zu
Schuld- und Versagensgefühlen.

Der Rückzug schützte den Patienten, den verbotenen phal-
lischen Seiten seiner Sexualität zu begegnen. Doch erfüllte das
durch die Tugend des Verzichts der Partnerin zugefügte Leid

auch unbewußte Wünsche, sich an der Mutter zu rächen. Gleichzeitig konnte in dem Vakuum der monatelang nicht vollzogenen Sexualität die Phantasie gedeihen, daß er sich alsbald trennen und mit einer Frau, die schlank, schön, leidenschaftlich, ganz anders als seine Freundin und hinter dieser seine Mutter sei, endlich eine richtige Beziehung anfangen könne.

Die Phantasien solcher Männer drücken soziale Veränderungen der individuellen Regressionen aus. Wo früher Schuldgefühl und Höllenstrafe für sexuelle Sünden neurotische Verweigerungen bedingten, ist es in der Konsumgesellschaft die Phantasie, für den kleinen realen Genuß den dauernden idealen Genuß, die wahre Befriedigung zu opfern.

13
Spaltungserscheinungen

Die Teilung der Gefühle gegenüber der Lebenspartnerin in verborgene Entwertung und offen ausgedrückte Zärtlichkeit, wie sie in diesem Fallbeispiel beobachtet werden kann, dokumentiert Spaltungsmechanismen. Die Freudschülerin Melanie Klein hat zuerst beschrieben, daß kleine Kinder und regredierte Erwachsene nicht in der Lage sind, gute und böse Erfahrungen mit einem anderen Menschen untereinander zu verknüpfen und als Aspekte *einer* Person zu erleben. In der psychoanalytischen Literatur wird diskutiert, daß solche Formen seelischer Verarbeitung erheblich zugenommen haben. Das erscheint nicht verwunderlich, da sie in der Konsumgesellschaft neben der Verleugnung zu den wichtigsten seelischen Mitteln gehören, den Alltag zu bewältigen.

Im Gegensatz zur Verdrängung, die unerwünschte, peinliche Inhalte verschwinden läßt, bleiben sie in Verleugnung und Spaltung erhalten. In dem Fallbeispiel lautet diese Paradoxie so: «Du bist wertlos, aber unersetzlich. Ich hasse dich, aber verlaß mich nicht!»*

Mildere Formen der Spaltung beherrschen unseren Alltag, wenn getratscht wird. In Abwesenheit der Freunde und Be-

---

* Jerold J. Kreisman, Hal Straus, Ich hasse dich – verlaß mich nicht. Die schwarzweiße Welt der Borderline-Persönlichkeit, München (Kösel) 1992

kannten wird jene Hälfte der Beziehung formuliert, die in ihrer Anwesenheit ungesagt bleibt. Periodisch schildert eine Ehefrau ihrer besten Freundin ihren Mann so, daß diese in sie dringt, sich doch von diesem Scheusal zu trennen. Natürlich ist die Vertraute perplex, wenn sie einige Tage später dem Paar in zärtlicher Umarmung begegnet. Eine Metapher der Spaltung ist das Wetterhäuschen, aus dem – bewegt durch eine unsichtbare Kraft – bald eine für schönes Wetter, bald eine für Regen stehende Figur kommt.

Der Trunkene verwandelt sich aus dem Lamm in einen Wolf, sagt dem Gastgeber, den er vor zwei Stunden noch freundlich begrüßt hat, die gröbsten Beleidigungen und stammelt am nächsten Morgen eine Entschuldigung über Äußerungen ins Telefon, die er ganz bestimmt nicht so gemeint hat. Ein anderer Auslöser sind Kränkungen oder Verlustängste. Eine Ehefrau, die ihrem sonst sanften Gemahl von dem bedeutungslosen Genuß eines Seitensprungs erzählt, findet sich plötzlich fassungslos vor einem wutschnaubenden und rachsüchtigen Ungeheuer.

In einem Streit mit Friedrich Hebbel, der über die literarische Beschäftigung mit kleinen Dingen spottete, hat Adalbert Stifter davon gesprochen, daß die Kraft, welche die Milch im Topf der armen Frau überkochen läßt, dieselbe ist, welche Vulkanausbrüche bewirkt. Ähnlich ließe sich die Verknüpfung individueller, im intimen Raum der zwischenmenschlichen Beziehungen faßbarer Strukturen mit den großen gesellschaftlichen Bewegungen rechtfertigen. Gerade aus einer Untersuchung der Spaltungsmechanismen läßt sich verstehen, weshalb die Menschheit in der Lage ist, wider ihr Wissen zu handeln. In der Einleitung habe ich vom Verliebtheitsprinzip gesprochen, das Menschen dazu führt, kritische Vernunft, Egoismus und biologische Forderungen zu vereinbaren. Verliebtheit beruht auf Idealisierung und Spaltung: Wir sind das schönste Paar der Welt, alle anderen sind – verglichen mit uns – kümmerlich.*

Die gesteigerte Verwendung von Spaltungen hängt damit zusammen, daß gesellschaftliche Innovationen unter der Perspektive betrachtet werden, ob sie in der Lage sind, den Komfort zu steigern. Die Suche nach der größten Bequemlichkeit tritt in den Lebensplänen an die Stelle des Prinzips der optimalen Versagung. Anderseits bildet nur der Verzicht psychische Strukturen aus und differenziert die Ich-Leistungen. Verwöhnung bereitet schlecht auf Konflikte vor und macht Trauerarbeit fast unmöglich, durch die persönliche, aber auch gesellschaftliche Kompromisse stabilisiert werden können.

Die Sprachformel des Verwöhnten ist «*Ich habe keine Lust*» – zum Beispiel mit diesem mangelhaften, kränkenden Partner zusammenzuleben, mich auf einen Beruf einzulassen, der nicht allseitiges Prestige und gutes Gehalt verbindet, eine Ausbildung abzuschließen, die nicht jeden Tag fesselnde Anregungen bietet, einen Vorgesetzten zu ertragen, der manchmal mürrisch ist und unverschämterweise dazu neigt, meine guten Leistungen als seine Verdienste auszugeben. Durch diese pseudosouveräne Unlust, hinter der sich Ängste vor Kränkungen verbergen, entstehen immer neue Versagensgefühle, für die wiederum die Verantwortung abgewälzt werden muß. In den Spätstadien narzißtischer Störungen ist entweder der Betroffene selbst an allem schuld (Depression), oder die Umwelt trägt die gesamte Verantwortung für das

* Adriano Celentano sang in einem Schlager der siebziger Jahre: Siamo la coppia più bella del mondo, e ci dispiace per gli altri, che sono tristi…

Scheitern der einzig idealisierbaren Existenzmöglichkeiten. Gemeinsam bleibt in beiden Fällen die Formel: Dort, wo ich nicht bin, ist das Glück. Die Mischung von Vernachlässigung und Verwöhnung hat den Plan geschaffen, das Leben auf dauernden Glücksgefühlen aufzubauen, und in dauerndes Unglück geführt.

Die Verwöhnung wurde in allen traditionellen, von den Härten der agrarischen Handarbeit geprägten Kulturen verworfen. Sie galt als Hauptfehler der Erziehung und blinde Nachgiebigkeit gegenüber kindlichen Wünschen. Demgegenüber hat sich in der psychoanalytisch aufgeklärten Moderne ein anderes Konzept durchgesetzt. Die gesunde seelische Entwicklung wird mit einem möglichst hohen Maß an Bedürfnisbefriedigung während der frühen Kindheit verknüpft. Patentlösungen, die glückliche Erwachsene aus gut gestillten, nicht geprügelten und gescholtenen Kindern heranzubilden versprachen, scheinen freilich reichlich naiv.*

Warum können manche Erwachsenen ihre schweren kindlichen Verletzungen verarbeiten und lächelnd von einem Schicksal erzählen, das andere nicht ohne immer neue Tränen von Schmerz und Wut zu berichten vermögen? Die auch unter Psychotherapeuten keineswegs seltene naive Position geht davon aus, daß es an der *Schwere* des Kindheitsschicksals liegt. Die klinische Beobachtung widerlegt diese These. Es gibt keinen einfachen, kausalen Zusammenhang zwischen definierbaren Traumen und späteren Störungen. Neben Faktoren wie Intelligenzleistung und Temperament wirkt die Ge-

---

* Die Diskussion darüber wurde von Anfang an in der psychoanalytischen Pädagogik geführt, wobei Skeptikern (wie Sigmund Freud, Siegfried Bernfeld, Melanie Klein) Optimisten gegenüberstanden (wie Wilhelm Reich, A. S. Neill, Arno Plack).

samtheit der späteren Einflüsse auf die regressive Disposition. Hier spielt die Verwöhnung eine wesentliche Rolle. Ein sehr typisches Kindheitsschicksal, das zu narzißtischen Regressionen führen kann, ist der Versuch der Eltern, frühe Vernachlässigung durch spätere Verwöhnung auszugleichen. Diese Situation führt häufig dazu, daß die Kinder die Vernachlässigung als ihr Problem definieren und die Schuldgefühle über ihre Ausbeutung der verwöhnenden Eltern dadurch abwehren, daß sie *diese* als unzulänglich, geizig, ausbeuterisch darstellen. In den Falldarstellungen von Therapeuten, die solche Mechanismen nicht erkennen, wundert sich der Leser darüber, wie so viele böse Täter-Eltern zu so vielen guten Opfer-Kindern kommen können.

Die Kombination von Vernachlässigung und späterer Verwöhnung ist kein individuell lösbares Problem von Eltern und professionellen Erziehern mehr. In Gestalt der Werbung für Waren und Dienstleistungen prägt sie das pädagogische Klima. Die Kinder sind wesentlicher Möglichkeiten ihrer Entwicklung beraubt. Sie können in einer zu neun Zehnteln verstädterten und vom Schnellverkehr belasteten Umwelt nicht mehr frei spielen, aber sie dürfen fernsehen. Sie stecken in einem Korsett von Terminen, aber sie dürfen mehr Geld ausgeben als jede Generation vor ihnen. Körperlich-geistige Disziplinierungen, die überzeugend in der Teilnahme am wirtschaftlichen Leben der Erwachsenen erworben werden können, müssen von engagierten Eltern auf dem Umweg über Judo- oder Ballettunterricht, Reitkurse und Pfadfinderlager organisiert werden.

Wenn in einer Gymnasialklasse der Besitz einer bestimmten Jeans- und Turnschuhmarke zum unverzichtbaren Standard gehört, ist es keine Verwöhnung im herkömmlichen Sinn, einem Teenager die Teilhabe an diesem modischen

Spleen zu finanzieren.* Er würde sich vernachlässigt fühlen, wenn ihm seine Eltern mit den besten Argumenten das begehrte Gut verweigern. Es allein scheint ihm geeignet, sein geschwächtes Selbstgefühl zu stützen. Global gesehen ist diese Situation extrem verwöhnend. Ein gesellschaftliches Klima, in dem Einschränkung und Leid im Alltag nicht vertreten sind, weil niemand für sie Reklame macht, schwächt die Möglichkeiten der Heranwachsenden, mit ihren kindlichen Verletzungen angemessen umzugehen. Die Beschwörung einer entsagungsreichen Kindheit wird unentbehrlich, um Kränkungen durch mangelnde Erfolge im Erwachsenenleben auszugleichen; umgekehrt lähmt diese Regression Disziplin und Durchsetzung. Daher müssen die Mängel der Eltern immer schwärzere Farben annehmen.

Manchmal ergeben sich fast komische Szenen, wenn Patienten ihre Mütter und Väter mit Vorwürfen traktieren, in der Hoffnung, endlich statt der armseligen wirklichen Eltern, zu denen hin sich eine Regression nicht recht lohnen will, perfekte, allmächtige und gütige Gestalten zu gewinnen. Sie sollen helfen, das durch die Regression geschwächte Selbstgefühl wieder aufzubauen. Wie bereits dargestellt (S. 160f), fördern unerfahrene Therapeuten manchmal diesen Prozeß. Sie konfrontieren den Patienten nicht mit seinen regressiven Ansprüchen. Was an Ungeheiltem und Unheilvollem im Leben des Patienten bleibt, wird abgespalten. Es bindet sich an die bösen Eltern, um den guten Therapeuten zu schützen.

In der klinischen Psychologie wird die Spaltung als zentraler Abwehrmechanismus eines breiten Spektrums von Stö-

---

* Den Zeitgeist formulieren jene Eltern, die sich selbst auf dem Flohmarkt einkleiden, um ihren Heranwachsenden das unerläßliche Outfit finanzieren zu können.

rungen beschrieben, die in den Begriff des Borderline-Syndroms oder der Borderline-Persönlichkeit gefaßt sind. Schwere Fälle stehen an der Grenze zur Psychose. Für ihr Leben charakteristisch ist die Situation, daß sie zu gesund für eine psychiatrische Klinik, aber zu gestört für den Alltag, häufig auch für eine ambulante Psychotherapie sind. Diese Menschen lassen sich mit einem Hexenkessel vergleichen, in dem bald schwere Pathologie, bald begabte und gesunde Anteile in unberechenbarer Folge auftauchen. Sie können in kurzer Zeit die unterschiedlichsten Urteile von verschiedenen Ärzten einsammeln, die von Depression, Manie, Schizophrenie zu Hysterie und «Eigentlich sind Sie ganz gesund, Sie brauchen nur einen Urlaub, einen guten Scheidungsanwalt, einen Berufswechsel» reichen.

Zentrales Merkmal der Borderline-Persönlichkeit ist eine unkontrollierte und von dem Betroffenen nicht vorhersehbare Regressionsneigung. In den häufigen Fällen, in denen zusätzlich eine Sucht vorliegt, werden die Regressionen durch die Wirkung der Droge eher gerechtfertigt als erklärt; bei genauer Betrachtung regredieren die Patienten zwar, wenn sie getrunken haben, aber sie trinken auch, um die unangenehmen Folgen einer bereits eingetretenen Regression auszugleichen und seelischen Schmerz zu betäuben. Die Leitsymptome des Borderline-Syndroms sind Impulsivität in Liebe und Haß, Stimmungsschwankungen, unkontrollierbarer Jähzorn, Neigung zur Selbstbeschädigung und zum Suizid, chronische Gefühle von innerer Leere und Langeweile.

Sehr häufig sind alle engen Beziehungen, die ein solcher Mensch in seinem Leben aufgenommen hat, dramatisch gescheitert. Die ersten Anklänge an die gegenwärtigen Beschreibungen dieser Störung finden sich in Wilhelm Reichs Beobachtungen zur «Charakteranalyse». Der dort erwähnte «impulsive Charakter» kann zwei einander entgegengesetzte Gefühlszustände nicht gemeinsam wahrnehmen oder über zwischen Liebe und Haß schwankende Gefühle reflektieren. Er muß nach ihnen handeln und zerstört oft in *einer* Stimmung, was er in der *nächsten* zutiefst bereut.

Nach dem psychoanalytischen Modell geht es hier, wie bei allen späteren Beschreibungen, um eine «Ich-Schwäche». Der von Nachdenklichkeit und geistiger Synthese bestimmte Bereich der Persönlickeit ist ungenügend ausgebildet. Er besitzt wenig Autonomie. Es-Impulsivität und Über-Ich-Strenge prallen ungemildert aufeinander. Aus dieser Dynamik speist sich auch die unberechenbare Qualität der Borderline-Persönlichkeit. (Eine der anrührendsten Schilderungen der letzten Zeit ist der Film «Eine verhängnisvolle Affäre».)*

Von «Borderline» sprach zuerst, im Jahre 1938, der Amerikaner Adolph Stern**, um Patienten zu charakterisieren, die

---

* Jerold J. Kreisman und Hal Straus ordnen folgende historischen Gestalten und litararischen Figuren dem Borderline-Syndrom zu: Marilyn Monroe, Zelda Fitzgerald, T. E. Lawrence, Adolf Hitler, Muamar el Gaddafi, Blanche Dubois (in T. Williams' Stück «Endstation Sehnsucht») Travis Bilickle in «Taxi Driver», Bizets Carmen. Kriterien werden nicht angegeben. Es wäre natürlich interessant zu wissen, warum Hitler und nicht Stalin, warum Gaddafi und nicht Saddam Hussein, warum Carmen und nicht Don Giovanni, warum Tennessee Williams und nicht Dostojewski oder Musil. Vielleicht sollte man die Frage so stellen: In welchen modernen Filmen spielt die Borderline-Persönlichkeit *nicht* eine Haupt- oder zumindest wesentliche Nebenrolle? Literatur: J. J. Kreisman, H. Straus, Ich hasse dich – verlaß mich nicht, München (Kösel) 1992, S. 36

** Adolph Stern, Psychoanalytic Investigation of and Therapy in the Border Line Group of Neuroses, *The Psychoanalytic Quarterly* 7, 1938, S. 467 f

nicht in das landläufige Schema von Neurose (selbstkritisch, einzelne Symptome) und Psychose (schwere Störung der Realitätsorientierung, keine Krankheitseinsicht) paßten. Borderline-Patienten schienen ihm zu undiszipliniert für die klassische Psychoanalyse, aber zu gesund, um sie als psychotisch einzustufen. Ihre Wahnideen* können über Nacht verschwinden, ihre Depressionen sich nach einigen Tagen in normale Stimmung verwandeln. Die Freud-Schülerin Helene Deutsch griff einen anderen Aspekt der regressiven Störungen auf: die «Als-ob»-Persönlichkeit, Menschen, die eine innere Leere durch chamäleonhafte Anpassung an äußere Veränderungen und idealisierte Bezugspersonen füllen: Frauen, die glühende Sozialistinnen werden, wenn sie sich in einen Marxisten verlieben, und ebenso überzeugte Faschistinnen, wenn ihr Partner diese Politik vertritt; Männer, die in wenigen Jahren dreißig Berufe ausprobieren, weil sie überzeugt sind, immer das sei das Richtige, was ihnen der oder jener Bekannte vorschlägt.**

Gegenwärtig werden die regressiven Persönlichkeitsstörungen vor allem in zwei Systemen diskutiert: Im Diagnose-Handbuch der APA*** hat sich die beschreibende Auffas-

---

* Daher prägte der Psychiater G. Zilboorg den Begriff der «ambulatorischen Schizophrenie» (Ambulatory Schizophrenia), *Psychiatry* Bd. 4, 1941, S. 149 f

** Helene Deutsch, Some Forms of Emotional Disturbance and the Relationship to Schizophrenia, *The Psychoanalytic Quarterly*, 11, 1942, S. 301 f

*** Verlag der American Psychiatric Association, Diagnostic and Statistical Manual of Mental Disorders, dritte Ausgabe 1987. Ein Begriff wie «Gruppe der regressiven Persönlichkeitsstörungen» ist meines Erachtens weniger präjudiziert, aber kaum genauer als «Borderline-Organisation». Da die menschliche Persönlichkeit Ziel einer als «Fort-

sung der Harvard-Schule um John Gunderson durchgesetzt, deren Leitsymptome oben genannt sind. Viel weiter reicht das Konzept von Otto Kernberg*, der analog zu Freuds Auffassung eines fließenden Übergangs von Neurose und Normalität eine Borderline-Persönlichkeitsorganisation konzipiert, deren schwerste Ausprägungen sich klinisch als «Borderline-Persönlichkeitsstörung» manifestieren. Das sind jene 10 bis 25 Prozent der Betroffenen, die massiv auffallen, die Spitze des Eisbergs.

Eine interessante Frage ist die, ob wir heute in einer «Borderline-Gesellschaft» leben, wie Freuds Zeitgenossen in einer «neurotischen Gesellschaft».** Zweifellos hat sich das vor-

schritt» verstandenen individuellen Entwicklung ist, lassen sich ihre Störungen durchweg unter dem Aspekt einer Regression betrachten. Wesentlich scheint mir aber, daß dieser Fortschritt heute zum Fetisch geworden ist. Die Annahme, dauerndes «Wachstum der Persönlichkeit» sei möglich und ein Grund, teure Dienstleistungen und Waren zu erwerben, ist ihrerseits eine regressive Phantasie. Die Realitätsorientierung gebietet, Rückschritte zu akzeptieren und in der Integration der ständig präsenten Regressionsneigung eine wesentliche Aufgabe zu sehen; die regressive Persönlichkeit hingegen verleugnet diese Gefahr und lehnt gleichzeitig die Verantwortung für die eigenen Regressionen ab.

* Otto F. Kernberg, Borderline Personality Organization, *Journal of the Psychoanalytic Association*, 15, 1967, S. 641 f. Deutsch in: Ders., Borderline-Störungen und pathologischer Narzißmus, Frankfurt (Suhrkamp) 1983; vergleiche auch Roy R. Grinker et al., The Borderline Syndrome, New York (Basic Books) 1968

** Die Konsumgesellschaft ist durch die *Gleichzeitigkeit* aller vergangenen Phänomene in einer abgeschwächten, in das Warenganze integrierten Form charakterisierbar, ähnlich wie sich das 19. Jahrhundert durch eine solche Gleichzeitigkeit der Kunststile kennzeichnen läßt (Historismus). Es gibt zum Beispiel asketische und verschwenderische Ideale, Gruppen, die *swinging sex* feiern, und andere, die voreheliche Jungfräulichkeit fordern, Yuppies und Hippies, Punks und Skins *gleich-*

herrschende Bild der psychischen Erkrankungen durch die Entwicklung der Konsumgesellschaft stark verändert. Aber die Veränderung ist kaum zu objektivieren. Ärzte, welche Diagnosen erstellen, unterliegen denselben Wandlungen ihrer Einstellungen wie die diagnostizierten Kranken. Entsprechende Statistiken sind meist sehr angreifbar; es scheint mir besser, keine Zahlen zu nennen, als Prozente bis auf zwei Kommastellen als harte Fakten anzugeben, hinter denen eine unbekannte Subjektivität der Urteilenden steckt.*

Kennzeichnend für die regressiven Persönlichkeitsstörungen ist, daß sie in den meisten Fällen unter *mehreren* Diagnosen eingeordnet werden. So wurde bei etwa der Hälfte aller eßgestörten Patienten eine Borderline-Struktur «festgestellt»; das gleiche gilt für Süchtige.

Der gegenwärtig in München lehrende Sozialpsychologe Heiner Keupp hat in Deutschland die Betrachtungsweise eingeführt, daß es bei jeder psychiatrischen Diagnose sinnvoll ist, nach *beiden* Richtungen kritisch zu fragen: Was hat das «Label» (Etikett) mit dem Experten, was hat es mit dem

zeitig. Die eine oder andere Gruppe wird in lockerer Folge in dem einen oder anderen Medium als zeitgeistprägend herausgestellt. Es ist im hier angesprochenen Bereich zum Beispiel auch nicht richtig, daß es keine klassische Hysterie mehr gibt. Entsprechende Störungen sind im ländlichen Milieu noch so häufig wie eh und je; außerdem würden die meisten Hysteriepatientinnen Freuds heute wahrscheinlich als Fälle von Borderline-Störungen diagnostiziert. Vergleiche Louis Sass, The Borderline Personality, *New York Times Magazine,* 22. August 1982.

* Konrad Strauss, Die stationäre transaktionsanalytische Behandlung des Borderline-Syndroms, Grönenbach 1988, spricht von 30 bis 70 Prozent Borderline-Störungen unter den deutschen Psychotherapiepatienten. Vergleiche auch John G. Gunderson, Borderline Personality Disorder, Washington (American Psychiatric Press) 1984.

Opfer der Expertise zu tun?* Ein Beispiel: Gunderson hat in seiner grundlegenden Arbeit von 1984 Statistiken gesammelt, wonach Frauen unter den Patienten ambulanter Psychotherapie zweimal, unter den stationär Behandelten aber sogar viermal so häufig an einem Borderline-Syndrom leiden wie Männer. Angesichts solcher Zahlen wird der eine Forscher vermuten, daß die größere Anfälligkeit von Frauen auf Erbfaktoren hinweist, ein zweiter wird die enge Mutterbindung der Tochter betonen, welche eine Ablösung erschwert und Identitätsprobleme häufiger macht, ein dritter vielleicht bemerken, daß Mädchen viel öfter als Jungen sexuell mißbraucht werden, ein vierter auf die extremen Veränderungen in den Rollenerwartungen an Frauen während der letzten Jahrzehnte hinweisen, ein fünfter vielleicht bemerken, daß Psychotherapeuten (meist Männer) Identitätsprobleme und Beziehungsstörungen bei ihresgleichen für «normal» halten.

Auch aus den unterschiedlichen Regressionsschwerpunkten von Frauen und Männern läßt sich dieser statistische Unterschied verstehen: Frauen wenden Aggression eher gegen die eigene Person. Sie werden in ihren Regressionen depressiv, verletzen sich selbst, unternehmen einen Suizidversuch. Sie empfinden die Möglichkeit psychologischer Hilfe in einer seelischen Krise als bereicherndes Angebot und können sich heilsame Wirkungen der Gefühlsbeziehung zu einem Therapeuten vorstellen. Männer hingegen richten ihre regressiv mobilisierten Aggressionen eher gegen Dritte, werden gewalttätig und denken gar nicht daran, sich von einem Psychologen helfen zu lassen – das würde ihren Stolz verletzen und

---

* Heiner Keupp, Abweichung und Alltagsroutine. Die Labeling-Perspektive in Theorie und Praxis, Hamburg (Hoffmann und Campe) 1976

ihnen den Eindruck vermitteln, sie seien schwächlich und unmännlich. Während dann bei den Frauen eine medizinisch-psychologische Diagnose gestellt wird, geraten vergleichbar gestörte Männer vor den Richter und in den Strafvollzug.*

Die regressiven Persönlichkeitsstörungen und das Warenganze

Wir haben eine Reihe von Beobachtungen zusammengetragen, die den gegenwärtigen Akzent auf der Borderline-Störung begreiflich machen. Allerdings scheint es notwendig, weit auszuholen. Es ist keine kurzfristige und leicht zu behebende Entwicklungsverirrung, die zum gegenwärtigen Zustand geführt hat. Es scheint vielmehr so, daß ein struktureller Schritt nach dem anderen erfolgte, deren Summe dann die Risiken der Konsumgesellschaft ausmacht. Bereits die neolithische Revolution mit den Schritten zu Ackerbau, Städtegründungen und Herrschaftssystemen führte dazu, daß ein Teil der äußeren Disziplinierungen durch abstrakte, sinnlich nicht sofort einleuchtende, Kindern unbegreifliche Normen ersetzt wurde.

Der Bauer darf das Saatgut nicht essen, der Soldat nicht auf Wache schlafen. In den agrarischen Kulturen werden höhere Bevölkerungsdichten möglich, die nun wiederum neue so-

---

* Katherine A. Henry, Carl I. Cohen, The Role of Labeling Processes in Diagnosing Borderline Personality Disorder, *American Journal of Psychiatry* 140, 1983, S. 1527f. Vergleiche auch W. Schmidbauer, «Du verstehst mich nicht!» Die Semantik der Geschlechter, Reinbek (Rowohlt) 1991

ziale Notwendigkeiten und Normen stiften. Extensive Wirt-
schaftsformen müssen intensiviert werden, um dem Druck
von Nachbarn standzuhalten, die einen sonst überwältigen
und versklaven. Monotheistische Religionen werden notwendig, um Staaten zu vereinheitlichen.* Wir haben beschrieben, wie seit dem Beginn der Ackerbaugesellschaft
zahlreiche handwerkliche Strukturierungen durch unermüdlichen Erfindungsgeist eliminiert wurden.

In den Entwicklungsschritten zur Industriegesellschaft
spiegelt sich die Sehnsucht nach Erleichterungen für hart arbeitende Menschen in einer durch den Druck äußerer Feinde
kriegerischen Kultur. Der Verlust dizilinierender Wirkungen durch die Weiterentwicklung von Werkzeugen und technischen Errungenschaften wird zunächst nicht wahrgenom-
men. Er verschwindet in den erreichten Annehmlichkeiten,
wirtschaftlichen Erfolgen und hinter den militärischen Gewinnen, etwa an Schnelligkeit, Wirtschaftlichkeit und präzi-
ser Leistung der Schußwaffen.

Verschiedene Einflüsse führen schließlich dazu, daß die
verinnerlichten Disziplinierungen gehäuft zusammenbre-
chen und wir Rückfällen in Impulsivität, Rachsucht und Wut
in bedrohlichem Umfang begegnen. Der von Norbert Elias

---

* Zygmunt Baumanns These, daß die Moderne dazu neigt, Ambivalenzen zu unterdrücken und die Welt als einen Garten zu definieren, in
dem die Wissenschaft berufen ist, das Unkraut auszujäten, greift – so
gesehen – ebenfalls zu kurz: Dieselbe Tendenz steckt bereits im Schritt
zu den monotheistischen Religionen, deren Fortschrittszwänge erst die
Moderne ermöglicht haben. Vgl. Zygmunt Baumann, Dialektik der
Ordnung. Die Moderne und der Holocaust, Hamburg (Europäische
Verlagsanstalt) 1992 und ders., Moderne und Ambivalenz, Hamburg
(Junius) 1992

beschriebene «Prozeß der Zivilisation»* wird teilweise rückgängig gemacht. Faustrecht, «aus dem Bauch leben», gegenüber «verkopft sein» werden in Subkulturen (zum Beispiel
der Jugendbanden, der Psychoszene) in erklärter Abgren-
zung gegenüber undurchschaubaren Machtverhältnissen und
gesellschaftlicher Kälte idealisiert. Diese Entwicklungen setzen die allgemeine und für das Wirtschaftswachstum er-
wünschte Steigerung der Impulsivität in der Konsumgesellschaft fort.

Die Beziehungsschwierigkeiten der regressiven Persönlichkeit sind in allen Beschreibungen der Borderline-Organisation enthalten. Der Therapeut erkennt diese Struktur im
Vorgespräch daran, daß es keinen Menschen gibt, den der Betroffene kennengelernt hat, ohne von ihm bitter enttäuscht zu
sein und den Kontakt abgebrochen zu haben: die Eltern, die
Geschwister, der Ex-Ehepartner, die früheren Chefs. Wie in
Nietzsches Gedicht («Glut wird alles, was ich fasse, Kohle
alles, was ich lasse») sind die Menschen, die einmal vertraut
waren, verbrannt.

Die regressive Persönlichkeit urteilt nicht aufgrund einer
zusammenhängenden Reihe von Erfahrungen mit einem Gegenüber, sondern aufgrund eines einzigen, hoch emotional
verarbeiteten Eindrucks. Aber dahinter steht keineswegs lediglich eine pathologische Familiendynamik. Im Klima des
Warenganzen können die Ansprüche auf perfekte Bedienung
durch Eltern, Liebespartner, Chefs nicht reflektiert werden.
Die Warenbeziehung fördert die als borderline-typisch beschriebenen Erlebnisformen der raschen Folge von Idealisierung und Entwertung, alles oder nichts. Wie der Liebespart-

---

* Norbert Elias, Der Prozeß der Zivilisation, 2 Bde., Frankfurt
(Suhrkamp) 1971

ner zuerst vollkommene Erfüllung aller Sehnsüchte verspricht, nach einigen Monaten aber als völlig untauglich verworfen wird, so soll für den Idealverbraucher auch die Beziehung zum neuesten Modell seiner Lieblingsware aussehen:
das neue Auto, der neue Computer, der neue Anzug müssen
ihn restlos begeistern und sich doch gänzlich entwerten,
wenn das nächste Modell auf den Markt kommt.

Die verbreitete Näheangst* gehört ebenfalls in den Bereich
der regressiven Persönlichkeitsstörungen. Sie signalisiert eine
Reaktion auf solche Prägungen. Hinter der Angst vor Nähe
steckt eine große Sehnsucht nach einer vollkommenen Beziehung.** Diese Nähegier enthält die Tendenz, den Elterner-
satz zu vereinnahmen und beim ersten Idealisierungsverlust
fallenzulassen. Sie wird in ihrer bedrohlichen Qualität auf den
potentiellen Partner projiziert: Da ich meine eigene Gier nur
zu gut kenne und mit der Gier des anderen nur zu genau

---

* Claudia Szczesny-Friedmann, Die kühle Gesellschaft. Von der
Unmöglichkeit der Nähe, München (Kösel) 1991; Wolfgang Schmidbauer, Die Angst vor Nähe, Reinbek (Rowohlt) 1985, 1990

** Es ist, als ob die in der bürgerlichen Gesellschaft entwickelte
Orientierung an persönlichen Idealen angesichts der Überforderungen
und Entstrukturierungen der Konsumgesellschaft überspitzt wird. Unter diesem Druck werden die Ideale destruktiv, verlieren den Kontakt
zur Wirklichkeit und können nicht mehr mit ihr versöhnt werden, wie
das in Zeiten funktionierender Traditionen durch Institutionen wie
Riten, Sakramente und so weiter geschah. Daß dieses Thema den
Psychotherapeuten beschäftigt, hängt damit zusammen, daß dieser
durch individuelle Dienstleistungen einen Teil der Enttraditionalisierungen kompensiert. Zur «Destruktivität der Ideale» vergleiche
W. Schmidbauer, Alles oder nichts, Rowohlt (Reinbek) 1980, 1989; zur
kompensatorischen Funktion von Psychotherapie ders., Helfen als Beruf. Die Ware Nächstenliebe, Reinbek (Rowohlt) 1983, 1991

rechne, halte ich auf Abstand, rette mich in mein eigenes Wohnmobil, vermeide Beziehungen, in denen Wünsche nach Dauer und Verläßlichkeit laut werden könnten, werfe den Partnern vor, daß ich mich nicht ganz auf sie verlassen kann.

Das Objekt soll rein spendend sein und keine eigenen Forderungen stellen, oder es wird verworfen. In reiferen Formen der Nähevermeidung kann die idealisierte erotische Beziehung aufrechterhalten werden, solange ein Paar zum Beispiel nicht zusammen wohnt; in noch besser kompensierten können die Partner sogar zusammen wohnen, aber die wechselseitige Idealisierung löst sich in dem Augenblick auf, in dem ein Kinderwunsch diskutiert wird.

Narzißmus und (Auto-)Aggression

Anfang Januar 1993 wurde in der ganzen Bundesrepublik nach drei Skinheads gefahndet, die eine siebzehnjährige Rollstuhlfahrerin zwingen wollten, den Hitlergruß auszuführen. Als sie sich weigerte, so erzählte das Mädchen und wies auf eine Wunde an seiner Wange, ritzten sie ihr ein Hakenkreuz ins Gesicht. Obwohl die Polizei von Anfang an die Aussagen der Behinderten in Frage hätte stellen müssen*, wurden die Täter mit großem publizistischem Aufwand gesucht. In Halle, wo der Vorfall stattgefunden hatte, demonstrierten Tausende. Eine Woche später war die Verlegenheit groß, als

---

* Die Verletzungen paßten nicht zu der Erzählung; die Wunden waren rund vierzigmal angesetzt und sehr oberflächlich, eher Kratzer als Schnitte entschlossener Angreifer. Niemand hatte Hilferufe gehört oder die Täter gesehen. In der Zwischenzeit sind einige weitere Berichte über solche «Mutproben» in den Medien aufgetaucht.

sich die Täter in Luft aufzulösen schienen und das Opfer zur
Täterin wurde. Die Behinderte hatte den Überfall erfunden
und sich die Verletzungen selbst beigebracht.

Die Hintergründe solcher Verhaltensweisen sind nicht so
rätselhaft, wie sie auf den ersten Blick scheinen. Es handelt
sich freilich um etwas anderes als den von der Alltagspsycho-
logie rasch unterstellten Versuch, mit einem geplanten Betrug
Aufmerksamkeit zu gewinnen. Nach einem Bericht der *Mit-
teldeutschen Zeitung* vom 24. Juni 1992 sahen Passanten und
ein Busfahrer teilnahmslos zu, als zehn ältere Jugendliche eine
Gruppe von fünf hörbehinderten Kindern in Halle-Neustadt
brutal zusammenschlugen, weil diese auf ihre Fragen keine
Antwort gegeben hatten. Die Wangenwunde der Siebzehnjährigen gehört in dieses soziale Klima und ist doch durch
eine regressive Persönlichkeitsstörung zu erklären.

Selbstverletzungen sind ein Signal, das Therapeuten vor allem in der Behandlung von Borderline-Patienten kennen und
auch fürchten. Die Quelle solcher Akte sind häufig Selbst-
mordphantasien, die sozusagen gegen eine Barriere stoßen
und abgemildert werden zu einer parasuizidalen Geste. Ein
Teil der körperlichen Integrität wird geopfert, um das Ganze
zu erhalten. Die Patienten berichten meist von unerträglichen
Gefühlen innerer Leere, von quälenden Spannungen, die sich
in dem Augenblick mildern, in dem das Blut fließt und der
Schmerz ein zwar unangenehmes, aber Halt stiftendes Signal
setzt.

Man hat diese Selbstverletzungen mit dem gestörten Verhalten von Säuglingen in schlecht geführten Heimen verglichen, die ebenfalls nach einer längeren Phase der Verlassen-
heit und seelischen Verelendung beginnen, sich den Kopf blu-
tig zu schlagen. Auf diese Weise, so lautet die Interpretation,
wird der unerträgliche Reizmangel (der hier durch das Fehlen

der persönlichen Beziehung zwischen Eltern beziehungsweise einer aufmerksamen Pflegerin und Kind entstanden
ist) durch physischen Schmerz behoben.

Es steckt eine Art narzißtische Selbstjustiz in diesen
Handlungen: Das unbefriedigende, als «nicht gut genug», ja
böse erlebte Körperselbst wird bestraft. Gleichzeitig bietet
die Erfahrung, daß die Wunde gepflegt wird (entweder von
den Tätern selbst oder von einem Arzt, einer Angehörigen),
elementare Erlebnisse der Bestätigung und Zuwendung.
Wen die Phantasie quält, gar nichts zu taugen, durchweg unfähig und unbrauchbar zu sein, den befriedigt es auch, daß
die Wundheilung reale Fortschritte macht und wenigstens
hier eine Entwicklung zum Guten, ein positiver Prozeß
stattfindet.

Das Münchhausen-Syndrom

Ein damit verwandtes Phänomen ist das sogenannte Münch-
hausen-Syndrom, ein Zustand maligner Regression, dessen
Bezeichnung mehr über den Unmut der Ärzte als über die
Not der Patienten verrät. Es sind Personen, die mit den Sym-
ptomen schwerer Erkrankungen auftreten und beträchtliche
Überzeugungskraft entwickeln, so daß immer wieder Operationen vorgenommen werden, die (wie sich später erweist)
medizinisch nicht angezeigt waren. Heilungen werden heimlich verzögert (etwa indem Schmutz oder Eiter in eine Ope-
rationswunde plaziert wird); Selbstvergiftungen täuschen
innere Erkrankungen vor. Es sind Patienten beschrieben
worden, die zwanzig und mehr Eingriffe hinter sich gebracht
haben, wobei häufig «Verwachsungen» durch frühere Operationen als Anzeige eines neuen Eingriffs hingestellt und auch

erfahrene Chirurgen durch die medizinisch inzwischen kenntnisreichen Patienten getäuscht werden.

Es gibt gutartigere Entwicklungen, in denen der selbstinszenierte Krankenhausaufenthalt mit Operation und Nachoperationen an einer Schwellensituation (Ablösung von den Eltern, berufliche Krise) nur einmal auftritt.

Selbstbeschädigung ist ebenso wie ihr Extrem, der Suizid, ein Ausdruck der tragischen Seiten unserer Existenz. Bei aller Einsicht in die Unreife solcher Verhaltensweisen sollte niemals der große Reifungsunterschied zur Gewalt gegen Dritte übersehen werden. Es wird physisch niemand geschädigt außer dem Täter, seelisch nur die, welche ihn lieben. Gewalttäter hingegen lassen andere die Zeche für ihre eigene Unfähigkeit zahlen, narzißtische Einbußen zu verarbeiten. Sie rächen sich an denen, die nicht so sind wie sie, an denen, die ebenfalls auffällig sind, aber – so die Einflüsterung des Neides – nicht Haß, sondern Zuneigung und Unterstützung ernten. Daher sind Behinderte ebenso wie Fremde Ziele dieser Aggression, Menschen, denen die Gewalttäter unterstellen, daß sie belastende Situationen in einer Weise verarbeiten, die sie selbst sich nicht zutrauen.

Die Selbstbeschädigung läuft in einer hedonistisch geprägten Umwelt Gefahr, zu einem Problem der Psychiatrie verkleinert zu werden – als ob es nicht im Herzen der Kultur des Abendlandes die Gestalt Christi gäbe, die den Entwurf verkörpert, das eigene Leid in den Dienst der Erlösung zu stellen. Aber in ebendieser Parallele liegt auch eine Spannung. Nach der Tradition der Evangelien hat Jesus nichts getan, um sein Opfer zu beschleunigen. Er hat sich ihm lediglich nicht entzogen. Es waren nicht seine eigenen Hände, die ihn geißelten und kreuzigten. Die Selbstverletzung als politische Geste, die Selbstverbrennung der buddhistischen Mönche oder der «lebenden Fackeln», die in der besetzten Tschechoslowakei dem Beispiel Jan Palachs folgten, hinterlassen einen zwiespältigen Eindruck.

Ein Problem scheint darin zu liegen, daß der Täter, indem er Hand an sich legt, den politischen Gegnern jene offen-grausame Aggression unterstellt, die sie gerade *nicht* praktizieren. Wo extreme Brutalität herrscht, ist die Geste der Selbstbeschädigung sinnlos, etwa angesichts einer Diktatur, die sechs Millionen Juden töten ließ. Seit Gandhi die (freilich weniger spektakuläre) Form des «Fastens bis zum Tode» als Mittel des politischen Drucks eingeführt hat, wissen wir, daß die Systeme, die auf solche Mittel reagieren, vielleicht wertvoller sind als das Mittel selbst. Der Versuch, etwas für den Gegner zu tun, der sich spektakulär beschädigt oder es androht (und sei es auch nur die ihm geschenkte Aufmerksamkeit), ist nicht weniger schätzenswert als die Tat des idealistischen Erpressers. Solange wir politische Felder haben, die auf Selbstbeschädigung teilnahmsvoll reagieren, scheint sie als Mittel der Politik verfrüht; wenn es dieses Umfeld aber nicht mehr gibt, wirkungslos.*

* Der Artikel von Libuše Moníková, Die lebenden Fackeln, *Die Zeit* Nr. 5, 28. Januar 1994, S. 47, ist eher ein Beleg für die unkritische Verehrung der Opfer.

14
Die optimale Versagung

Die Situation, welche uns am besten auf einen angemessenen Umgang mit Regressionen vorbereitet, läßt sich als die einer *optimalen Versagung* definieren. Diese fördert die Bildung seelischer Strukturen, die zwischen Außen- und Innenwelt vermitteln. Das Kind lernt, daß zwar nicht alle Wünsche erfüllt werden, daß es aber realistisch ist, in der Versagung optimistisch zu bleiben und die Hoffnung nicht zu verlieren, daß eine Wunscherfüllung grundsätzlich möglich ist.

Das verwöhnte Kind identifiziert demgegenüber die Versagung eines Wunsches mit einem Versiegen der Quelle, aus der Befriedigung kommt. Es kann nicht zwischen sinnvollen und sinnlosen Frustrationen unterscheiden, nicht prüfen, ob eine kurze Hungerperiode nötig ist, um später die Befriedigung zu stabilisieren und zu sichern.

Werden Wünsche in einem bisher von Verwöhnung bestimmten Klima versagt, kann ein primitiver Racheimpuls, der sozusagen den eigenen Untergang in Kauf nimmt, manchmal nicht mehr unterdrückt werden. Die Gewalt resultiert aus einem Zusammenbruch der vernünftigen, die Strategie des kleineren Übels suchenden Ich-Strukturen. Da die Fähigkeit nicht entwickelt ist, zwischen größeren und kleineren, vollständigen und vorübergehenden Frustrationen zu unterscheiden, wird die kleine Enttäuschung als Signal für eine drohende totale Versagung gedeutet. Gegen diese ist Kampf mit allen Mitteln geboten.

Wenn ein achtzehnjähriger Alkoholiker seine Mutter erschlägt, weil sie ihm zehn Mark für seine nächste Zeche verweigert hat, dann setzt diese Tat mit hoher Wahrscheinlichkeit den Schlußpunkt unter eine unerträglich gewordene
Geschichte aus Vernachlässigung und Verwöhnung. Ähnliches gilt für den gekränkten Ehemann, der seine scheidungswillige Partnerin niederschießt.

Sicher ist der Jugendliche intelligent genug, um bei entspanntem Nachdenken zu wissen, daß ihm sein Totschlag
nicht mehr Geld einbringt, sondern weniger, weil er ihn des
letzten Wesens beraubt, das ihm einigermaßen zuverlässig
etwas gegeben hat. Aber er ist nicht fähig, nach dieser Einsicht
zu handeln. Seine Frustrationstoleranz wurde nicht entwikkelt, sein Über-Ich nicht differenziert. Er hat nicht die Fähigkeit, die kurzfristige Befriedigung – Rache für die Versagung
des Erwarteten – gegen die späteren Nachteile für sein Leben
abzuwägen. Der Mörder wollte gar nicht die *ganze* Mutter
töten. Er hat sie gespalten. Vernichtet werden sollte nur ihre
augenblicklich lästige, vorwurfsvolle, die Befriedigung versagende Seite. Sie steht für die totale Versagung, weil sie den
Anspruch auf die totale Verwöhnung birgt.

Nicht nur die triebhafte Gier, sondern auch ebenso primitive Schuldgefühle und chronische Unzufriedenheit über
die eigene Strukturlosigkeit setzen das steuernde Ich unter
Druck und entreißen ihm die Kontrolle. Wie beim Kehraus
auf dem Maskenball soll der Mutter, von der man sich gerade
aufgrund dieser Strukturlosigkeit und Unfähigkeit zur Autonomie völlig abhängig fühlt, die häßliche, böse Larve vom
Gesicht gerissen werden. Ist die böse erst zerstört, so die unbewußte Erwartung, wird die liebevolle, alles verzeihende
und spendende Mutter wieder zum Vorschein kommen.

Unter den Einflüssen, die progressive Strukturen auflösen,

haben wir die Komfortschritte bereits ausführlich untersucht. Zwei weitere sollen hier noch aufgegriffen werden: die frühe Verwöhnung durch den permissiven Umgang mit Säuglingen und die spätere durch den Fernsehkonsum, der in vielen Familien bereits den Schulbesuch an Zeitdauer übertrifft.

In den dreißig Jahren zwischen 1940 und 1970 hat sich die gesellschaftliche Umgangsform mit dem schreienden Baby grundlegend geändert. Verlangten vor der Mitte des 20. Jahrhunderts die meisten Erziehungsratgeber, Babys an einen strikten Rhythmus zu gewöhnen und sie außerhalb der geplanten «Stillzeiten» schreien zu lassen, so änderte sich das Klima in den sechziger und siebziger Jahren. Die Kinder sollten jetzt immer dann gestillt werden, wenn sie schrien. In der typischen Mittelschichtfamilie der neunziger Jahre schläft entweder die Mutter neben dem Säugling, um sich ihm bei jedem Geräusch sogleich zuzuwenden, oder ein, manchmal auch zwei geplagte Elternteile schießen bei jedem Jammern hoch, um durch ihre Zuwendung zu verhindern, daß ihr Kind einen seelischen Schaden erleidet.

Der permanent gestillte Säugling ist ein Symbol für das Paradies. Der Umgang mit ihm ist von der Illusion geprägt, es sei möglich, einem Menschen Versagungen zu ersparen. Wenn es gelingt, den unterliegenden Motiven weiter nachzugehen, wird eine Furcht sichtbar, die Elternrolle nicht ausfüllen zu können, verknüpft mit dem Schuldbewußtsein, dieses Kind in eine unsichere, vom Kollaps bedrohte Welt geboren zu haben. Die Bedürfnisbefriedigung am Säugling stabilisiert das wackelige Sebstbewußtsein der Eltern: Sie können etwas tun, sie machen es gut, sie haben das Glück auf dem gängigen Weg der Konsumwelt hergestellt: Wo Not war, ist jetzt Fülle. Was die Eltern an Angst und Trauer fühlen, verbinden sie damit, daß es ihnen in ihrer Kindheit nicht so gut ging. Ihre mangelnde Fähigkeit, Ruhe zu akzeptieren und sich leistungslos gut zu fühlen, wird – wie alles Leid in der Konsumgesellschaft – durch einen Mangel erklärt, nicht durch Überfütterung* und Anspruchshaltungen.

Fernsehkinder ziehen die Glotze dem Kontakt mit Erwachsenen vor. Hier kann fortgeführt und gesteigert werden, was sich im übereifrigen Kommen der Mütter ankündigte: Mit der Fernsteuerung kann die gute (Bildschirm-)Realität herbeigezappt, die schlechte gelöscht werden. Die technische Neuerung der blitzschnellen Programmabwahl ist ein elektronisches Entgegenkommen zu den charakteristischen Spaltungsprozessen: Die unerwünschte Realität wird augenblicklich durch eine andere ersetzt, die sich besser zu den Bedürfnissen fügt.

Experten gehen heute von einem durchschnittlichen Verhältnis von 11 000 Schul- zu 15 000 Fernsehstunden aus. Fernsehkinder werden so beschrieben: Sie haben Sprachprobleme, können keine Geschichte zusammenhängend erzählen und geraten angesichts des Bildschirms in einen Trancezustand, der sie jede Störung als lästig empfinden läßt. Ihre Fähigkeit, Beziehungen mit anderen Kindern aufzunehmen und

---

* Viele von sorgenvollen Müttern durchwachte Nächte sind darauf zurückzuführen, daß überfütterte Babys an Koliken leiden. Um Mißverständnissen vorzubeugen: Ich halte nicht starre Fütterungssysteme für richtig und die Orientierung am Schreien für falsch. Ich vermute aber, daß beide gesellschaftliche Haltungen ausdrücken, die sich aufeinander beziehen lassen; beiden gemeinsam ist auch, daß Experten etwas regeln und beraten, was am besten durch das Selbstvertrauen der Eltern geregelt werden kann. Dann werden den Müttern und Vätern ihre eigenen Empfindungen hinreichend genau sagen, wann sie Zeit für das Baby und wann sie Zeit für sich brauchen.

sich mit diesen auszutauschen, ist beeinträchtigt. Wenn es
kein Programm gibt, dominiert Langeweile. Die Medien-
strukturen setzen sich ins Innere der Kinder hinein fort. Sie
sind geprägt von den extremen Anstrengungen der Werbein-
dustrie, die Aufmerksamkeit um jeden Preis festzuhalten.
Fernsehkinder können nur starke Reize konzentriert verfolgen. Werden sie nicht stimuliert, erlahmt ihre Konzentration;
sie «schalten ab».* Eine wachsende Zahl der Schulkinder
kann heute keinen Ball mehr fangen und nicht mehr auf einem
Bein hüpfen. Die Verletzungsgefahr im Sport oder beim To-
ben im Schulhof ist durch das Mißverhältnis zwischen den
Ansprüchen an die eigene Leistung und der motorischen Ge-
schicklichkeit sehr groß.

Von den euphorischen Prognosen konservativer Politiker,
die sich von der Verkabelung mehr Raum der Selbstentfal-
tung mündiger Bürger erwarteten oder, wie der damalige Mi-
nisterpräsident von Baden-Württemberg, Lothar Späth, die
Medien als «Intelligenzverstärker» priesen, ist nichts geblieben.** Die kommerziellen Sender haben die Fernsehland-
schaft mit Sex und Gewalt überflutet, es gibt praktisch keine
Möglichkeiten mehr, Kinder vor Horror- und Brutalsendun-
gen zu schützen, 15 Prozent*** der Jugendlichen sind ge-
waltbereit.

Der Bildschirm hat keine positiven, aber viele negative
Wirkungen auf Kinder. Diese können kompensiert werden,
wenn sich die Eltern oder die schulische Erziehung darum

---

* Wolfram und Ulrich Eicke, Medienkinder. Vom richtigen Umgang
mit der Vielfalt, München (Knesebeck) 1994
** *Psychologie heute*, April 1994, S. 23
*** Diese Schätzung stammt von dem Jugendforscher Klaus Hurrel-
mann, zitiert nach *Psychologie heute*, April 1994, S. 24.

bemühen, gegenzusteuern. Sich selbst überlassen, drohen den Vielsehern Angst und Aggressivität; Teufelskreise werden angestoßen: Weil der Fernsehkonsum die Beziehungsfähigkeit lähmt, sind die Opfer stärker an den Bildschirm fixiert.

Zögernd setzt sich auch unter den Zauberlehrlingen der konservativen Medienpolitik die Einsicht durch, daß die Programmgestaltung nach den Grundsätzen des freien Marktes alle Werte des Grundgesetzes ad absurdum führt. Demokratie, Achtung vor der Menschenwürde, Toleranz, gewaltfreie Konfliktlösung kommen nicht vor; Anstand und journalistische Qualität sind nicht gefragt, es geht um Geld, Quoten, Marktanteile.

Wo Suchtmechanismen dominieren, kann der einzelne nicht mehr frei über Konsum oder Nichtkonsum entscheiden. Der Staat muß ihn davor schützen, daß er in eine Wahlsituation gebracht wird, die seine Persönlichkeit überfordert. Solche Wahlsituationen entstehen durch die Konsumgüterindustrie. Müßten die TV-Kids ihre Sendungen selbst drehen, wären sie vor der Sucht so gut geschützt, wie ein Winzer geschützt ist, der sein Getränk nicht auf dem Markt kauft. Der Zwang zur eigenen Tätigkeit begrenzt regressive Entwicklungen.*

---

* Die Kritik an den regressionsfördernden Qualitäten des Fernsehens ist zwar bisher praktisch folgenlos, aber theoretisch so gut ausgearbeitet, daß weitere Argumente hier entbehrlich sind. Vergleiche Neil Postman, Wir amüsieren uns zu Tode, Frankfurt (Fischer) 1985; Bill McKibben, The Age of the Missing Information, New York (Random) 1992 und Umberto Eco, Apokalyptiker und Integrierte. Zur kritischen Kritik der Massenkultur, Frankfurt (Fischer) 1986.

15

Die Faszination der Opferrolle

Wir haben uns in den letzten Jahren daran gewöhnt, daß es bei Schätzungen der Anzahl von Demonstranten mehrere Aussagen gibt: eine der Polizei, eine der Veranstalter, vielleicht noch einige der Medien. Unmerklich ist ein regressives Element eingekehrt, daß über exakte Daten bestimmt. In Berichten über Luftkämpfe im Orient konnten sich die Gegner schon lange nicht mehr auf gleiche Zahlen abgeschossener Flugzeuge einigen; immer hatte der Feind mehr verloren als die eigene Armee.

Es mutet merkwürdig an, daß angesichts unserer gegenwärtigen und früher nicht denkbaren Möglichkeiten zur exakten Prüfung der Realität das Wunschdenken solche Macht gewinnt. Unabhängig vom wissenschaftlichen Fortschritt, ihm scheinbar spottend, machen sich vergleichbare Regressionen an vielen Orten bemerkbar. Jede gesellschaftliche Gruppe, die auf sich aufmerksam machen will, neigt dazu, ihren Umfang und damit ihre Bedeutung zu übertreiben, Teil eines sozialen Klimas, das darauf hinausläuft, daß nur der gehört wird, der schreit. Angesichts der bangen Wahl, entweder ein Marktgeschrei zu erheben und die Wahrheit zu opfern oder die Wahrheit zu sagen und übertönt zu werden, entscheiden sich viele Individuen und Gruppen für die erste Variante. Eine gewisse Chance für die Wahrheit entsteht vielleicht, wenn die Schreier heiser geworden sind und deshalb für eine Weile verstummen müssen. Aber es ist schwer, gerade dann die lange aufgesparte Möglichkeit *nicht* zu nutzen, in die geschenkte Stille hineinzuschreien.

In den Erzählungen über das Bettlerelend früherer Zeiten tauchen häufig Szenen von Selbstverstümmelung oder der Schädigung von Kindern auf. Der Scheinblinde und Scheinlahme sind noch die harmlosere Variante von «The Beggar's Opera». In ernsteren Fällen wurden Glieder gebrochen oder verrenkt und häßliche Geschwüre durch Wolfsmilchsaft erzeugt. Diese Zeiten sind nicht überwunden; die Methoden sind subtiler geworden. In den Armenvierteln Indiens lassen manche Mütter eines ihrer Kinder hungern: Es muß ausgezehrt erscheinen. So können sie Spenden von Missionaren und Wohltätigkeitsorganisationen sammeln.

Eine zentrale Belastung des Lebens in der Moderne liegt in seiner Unübersichtlichkeit. Es gibt neben dem, was ich selbst kenne und beurteilen kann, eine ungeheure Menge an Dingen, die mir fremd sind. Allein die Tatsache, daß sie fremd sind, enthält auch eine Bedrohung: Was soll ich tun, wenn ich ihnen begegne, wie soll ich mich verhalten, kann ich das mir bereits Bewährte fortsetzen, oder mache ich dann einen unverzeihlichen Fehler, werde beschämt oder getadelt? Stellungnahmen mit dem Geldopfer für die bezahlte Zeitungsanzeige sind so beliebt, weil auf diese Weise für einen leicht zu verschmerzenden Betrag die Fiktion geschaffen werden kann, man habe nicht nur eine gute Überzeugung, sondern tue auch etwas, um sie durchzusetzen. Mit Argumenten, die keinen Greuel auslassen – Napalm, Kindermord, Vergewaltigung –, fordert eine «Initiative gegen die restlose Vernichtung eines Volkes» Unterstützung für die Ächtung der dortigen Regierung und Geld für die «aufwendige und gefährliche Recherche vor Ort», um diese Regierung jener Menschenrechtsverletzungen zu überführen, deren Vorhandensein nach dem

Text der Anzeige bereits in allen schrecklichen Einzelheiten feststeht.

Ich nenne weder den angeblichen Unterdrücker noch die angeblich Unterdrückten, weil die Situation austauschbar scheint: Parteinahme in einem Bürgerkrieg, mit der Projektion des sonst doch überall veralteten Täter-Opfer-Schemas. Jedem, der die Lage in dem erwähnten Land nur ein wenig kennt, ist klar, daß es nicht um die Vernichtung eines Volkes, sondern um Machtkämpfe mit Terror und Gegenterror in einer gemischt besiedelten Provinz geht. Jede Einmischung von außen verlängert das Leiden, wenn sie von der naiven Vorstellung ausgeht, die imaginären Friedensstifter wüßten, welche Seite im Recht ist. Die Parteinahme wird, statt den Terror zu beenden, ihn verstärken und finanzieren.

Der durchschnittlich gebildete Mitteleuropäer hat von einer Unmenge verschiedenster Situationen gehört, gelesen, sie auf Fotografien, in Kino und Television gesehen. Seine tatsächliche Lebenserfahrung ist demgegenüber geschrumpft. Sie hat sich nicht entsprechend der grandiosen Ausweitung der Fiktionen erweitert, sondern wurde wesentlicher Elemente beraubt, weil viele Grenzsituationen – Begegnungen mit Aggression, mit Blut (etwa beim Schlachten der Tiere, von deren Fleisch wir leben), mit Gewalt, schwerer Krankheit, hilflosem Alter und Tod – aus dem Alltag entfernt und in die Obhut von Spezialisten gegeben wurden. Da kommt die imaginäre Teilnahme an den blutigen Kriegen in der dritten Welt wie gerufen; sie befriedigt eigene, hierzulande unmöglich auszulebende Triebwünsche und stellt sie in den Dienst einer großen Sache, die sowohl einfach wie auch gut ist, anders als das politische Verwirrspiel im eigenen Land, wo es schwerfällt, sich mit einem Politiker oder einer Partei zu identifizieren.

Zu einer realistischen Perspektive gehört es, daß in einem Konflikt selten einer nur Täter, ein anderer nur Opfer ist. Diese Betrachtungsweise stärkt die Verhandlungsfähigkeit und trägt zu Lösungen bei, die beiden Parteien gerecht werden. Aber sie ist ungleich mühevoller, ähnlich einer Gleichung mit vier Unbekannten, die auch mehr Überblick erfordert als die Rechnung mit nur einer. Einsicht in Ambivalenzen, in eine komplexe Verteilung von Recht und Unrecht, kostet viel Kraft und Zeit. Die Vorräte an diesen Grundbedingungen einer differenzierten Verarbeitung sind bald erschöpft. Zur Entlastung werden dann Schwarz-Weiß-Malereien und ambivalenzbereinigte Urteile dringend benötigt.

Den Massenmedien stehen, um diese Vereinfachungsbedürfnisse und daneben die Informations- und Unterhaltungswünsche zu befriedigen, vor allem zwei Mechanismen zur Verfügung: die Produktion einer zynischen Überlegenheit über ein verstricktes Paar von Täter und Opfer, die sozusagen «beide gleich schuld» sind, auf der einen Seite, die Glorifizierung der Opfer auf der anderen.

Die Vernetzung der Welt durch die Nachrichtenmedien führt dazu, daß die Opferrolle eine gefährliche Suchtqualität gewinnt: Das plakative internationale Mitgefühl schwächt die Versöhnungsbereitschaft der örtlichen Machthaber, weil sie davon ausgehen, daß sie um so eher mit internationaler Hilfe rechnen können, in je tieferes Elend sie ihr Volk durch ihre Unnachgiebigkeit stürzen.

Es liegt für jeden Zeitungsleser und Nachrichtenschauer nahe, immer schrillere Parteinahmen und Urteile an die Stelle einer Lösung zu setzen. Während hier geredet werde, sagte eine besonders engagierte Teilnehmerin einer Talkshow, würden in Bosnien die Menschen umgebracht. Niemand scheint in solchen Szenen die Paradoxie aufzufallen, die darin

liegt, seinem Gesprächspartner mit dem Argument ins Wort
zu fallen, er rede nur.

Wer ein Gericht anruft, folgt einer umgekehrten Illusion
wie der Kriminelle. Dieser geht davon aus, er werde nicht
ertappt; das nach seinem Recht schreiende Opfer hingegen ist
überzeugt, der Richter werde seine schwache Position stärken. Die psychologische Gefahr dieser Situation liegt darin,
daß in dieser Lage leicht der magische Gedanke handlungsbe-
stimmend wird, wer mehr leide, habe auch mehr Anspruch
und Aussicht auf Gerechtigkeit. Die Steigerung des Leides,
die furiose Ablehnung jedes Kompromisses mit dem Täter
formuliert propagandistische Illusionen. Je mehr Selbstbeschädigung, desto größere Hoffnung auf Hilfe.

Eine kritische Haltung gegenüber solchen Regressionen
wird durch verschiedene Dynamiken der Massenmedien und
der organisierten Wohlfahrtspflege sehr erschwert. Die großen Hilfsorganisationen sind, um Spenden zu sammeln, auf
dramatisches Leid angewiesen. Es gibt gewiß genug solches
Leid, aber die Ambivalenz der Folgen solcher Hilfen wird im
narzißtischen und ökonomischen Interesse, möglichst publikumswirksam zu helfen, häufig überhaupt nicht mehr be-
dacht. Was ist besser: verarmte Hirten in große Lager zu lok-
ken, wo die Massenfütterung gut organisiert werden kann,
oder sie vor Ort zu unterstützen, daß sie ihre eigene Kultur
behalten können, auch wenn dadurch nicht alle überleben?
Wir werden diese Frage nicht diskutieren können, wenn wir
überzeugt sind, daß wir Menschen alle Würde und Identität
nehmen dürfen, solange wir sie vor dem Hungertod retten.*

* Angesichts des mörderischen Elends in den afrikanischen Bürgerkriegsgebieten ist das Medieninteresse gering. Nicht die Not, sondern
der Einsatz von Soldaten der eigenen Nation ruft Reporter auf den Plan.

Die ethische Frage hinter dieser Situation läßt sich so formulieren: Entscheiden wir über Leben und Tod, indem wir
uns einfühlen oder indem wir objektivieren? Lebenserhal-
tung um jeden Preis ist die Herstellung einer solchen Objekti-
vität. Sie verdinglicht die Betroffenen. Die Frage, unter welchen Bedingungen Leben erhalten werden soll, erfordert eine
Auseinandersetzung mit dem eigenen Tod. Dazu ist ein viel
höherer seelischer Aufwand nötig, der weder in den europäischen Krankenhäusern noch in den Lagern der internationa-
len Flüchtlingshilfe in dem erforderlichen Umfang geleistet
wird.

Der 1993 publizierte Flüchtlingsreport der UN meldet, daß
gegenwärtig einer von 130 Erdbewohnern auf der Flucht ist.
Jeder Arme neigt dazu, sowohl die Mittel wie die Freigebig-
keit der Reichen zu überschätzen. Er hat bisher so wenige von
ihnen kennengelernt, daß er ihren Geiz und ihre Härte für
böse Ausnahmen von einer guten Regel hält. Es muß doch
wirkliche Reiche geben, die ganz anders sein werden.

Der Flüchtling hat ein für alle Male den Ort, an dem er
bisher gelebt hat, zu einem unerträglichen Ort erklärt. Oft
muß er daher den Ort, zu dem ihn seine Flucht führt, mit
illusionären Qualitäten ausrüsten, es dort besser zu finden.
Das wiederholt auf dem Elendsniveau der ärmsten Länder,
welche die meisten Flüchtlinge sowohl produzieren wie aufnehmen, die bekannten Spaltungen der Moderne. Solange die
Betroffenen unterwegs sind, können sie auch glauben, es anderswo besser zu haben als dort, wo sie gerade sind. Der arme
Bauer zieht nicht deshalb aus seiner Hütte im Busch in ein
Lager oder eine Stadt, weil er dort in einer noch armseligeren
Hütte leben will. Er hofft, dort das bessere Leben zu finden,
das er gegenwärtig nur vom Hörensagen oder aus dem Fernsehen kennt. Es gibt gewiß viele Flüchtlinge, deren Flucht auf

einem wohlerwogenen und nach besten Kräften an der Realität orientierten Entschluß beruht. Aber die Macht der regressiven Illusionen und ebenso die Macht der massenmedialen Verführung, ihnen zu glauben, sollte ebensowenig unterschätzt werden wie die Macht der Realität.

Das grausamste Beispiel der jüngsten Geschichte ist das millionenfache Elend an den Grenzen Ruandas, entstanden durch die von den Kolonialvölkern geschürten Stammesfehden. Die Situation beleuchtet die Gefahren einer Aufpfropfung der Massenmedien auf wenig entwickelte kulturelle Strukturen. Die Flüchtlinge gehorchten einer Propaganda, die ihnen beim Verbleiben in ihrer Heimat den sicheren Tod voraussagte. So wurden sie zu einem politischen Schachzug mißbraucht, der das Land entvölkerte und die Bauern dem Hungertod preisgab, während die Ernte auf den Feldern verfaulte.

In den letzten Jahren ist die Zahl der Opfer in vielen gesellschaftlichen Bereichen explosionsartig angestiegen. Wer Beachtung für ihr Leid fordert, drückt sein Engagement unter anderem in einer steten Steigerung der Statistik und in energischer Wendung zu den schlimmsten Fällen aus, die mit den größten Zahlen verknüpft werden.

16
Der Mißbrauch des Mißbrauchs

Dunkelziffern über tabuisierte Tatbestände sind Projektions-
schirme, auf denen sich Phantasien abbilden. Ist jeder dritte
Vater einer Tochter ein Sexualverbrecher oder jeder tausend-
ste? Alles ist möglich. In den Darstellungen der Massenmedien werden rapide hochgerechnete Zahlen mit Fallbeispielen
kombiniert, die schwerste Formen familiärer Pathologie darstellen. Die vergleichsweise seltenen genauen Studien werden
kaum je zitiert. Die Kriminalstatistik ist in ihrer lächerlichen
Geringfügigkeit nur der Funke, durch den riesige Zahlenwol-
ken zur Explosion gebracht werden.

Wenn man den weitesten Begriff von sexuellem Mißbrauch
zugrunde legt, also auch die gewaltfreie Beziehung zwischen
einem Siebzehnjährigen und seiner fünfzehnjährigen Schwe-
ster, dann sind es in unausgelesenen, genau befragten Gruppen zwischen 10 und 20 Prozent der Frauen, die über solche
Erlebnisse berichten. Geschwisterinzest ist dabei mit über
einem Drittel der Fälle viel häufiger als Vaterinzest; er ist
auch die bei weitem häufigste Variante des Mißbrauchs innerhalb der Familie, der wiederum etwa die Hälfte der Fälle ausmacht.*

* Vergleiche Gisela Braun, Zum Ausmaß sexuellen Mißbrauchs an
Mädchen und Jungen. Vergleichende Untersuchungen, in: *Sozialmaga-
zin* 5 / 1992, S. 22. Im Editorial diese Heftes steht: «Neben einer inflatio-

Weshalb gerät dieses Thema in die Medien? Eine wohlwollende Betrachtungsweise ging davon aus, daß ein sozialer Fortschritt zu vermelden ist. Bisher hat die mangelnde Auseinandersetzung der männlichen Wissenschaftler und Rechtspfleger mit ihren eigenen unterdrückten Sexualphantasien einen unverstellten Blick auf den Sachverhalt unmöglich gemacht (so Mathias Hirsch* in seiner Studie über Inzest) oder geringes Selbstbewußtsein, ja Indoktrination die Opfer zum Schweigen verurteilt (so Alice Miller**, die den Psychoanalytikern unterstellt, sie würden dazu neigen, Inzesterinnerungen als «reine Phantasie» abzutun).

Das wäre das Signal eines Neuanfangs, einer erfreulichen Wende in den öffentlichen Einstellungen zu Familie, Sexualität, Erziehung und Therapie. Mir scheint jedoch ein anderer Standpunkt besser begründbar: Es handelt sich um ein Regressionsphänomen, ein Zeichen wachsender Schwäche sowohl der Individuen wie der Familien, Verantwortung für sich selbst zu übernehmen und Anspruchshaltungen aufzugeben, die so hoch gespannt und so wenig durch Fähigkeiten zu Verzicht und Trauer abgepuffert sind, daß ein wachsender Bedarf an Schuldigen und Sündenböcken entstehen muß.

nären Ausweitung des Begriffs des sexuellen Mißbrauchs, unter dem in einigen Schriften fast jeder zärtliche Körperkontakt zwischen Kindern und Erwachsenen in Mißkredit gebracht wird, erschreckt der geradezu missionarische Eifer vieler Gruppierungen, die verunsicherte Frauen und Mütter unentwegt auf die Gefahren hinweisen, die angeblich in jedem vierten Kinderzimmer lauern.» Vergleiche auch K. Rutschky, Erregte Aufklärung. Kindesmißbrauch: Fakten und Fiktionen, Hamburg (Ingrid Klein) 1992

    * M. Hirsch, Realer Inzest. Psychodynamik des sexuellen Mißbrauchs in der Familie, Berlin (Springer) 1987

    ** A. Miller, Du sollst nicht merken, Frankfurt (Suhrkamp) 1981

Diese Regression bestimmt Täter, Opfer und vor allem auch die Anwälte der Opfer.

Im November 1990 stellte Katharina Rutschky in der Wochenzeitung *Die Zeit* Fragen nach den Hintergründen der unaufhörlichen Opfervermehrung. Sie wies darauf hin, daß die Tabuverletzung sadistische und masochistische Phantasien auslösen kann, vor denen sich das Bewußtsein schützt, indem es die moralisch unanfechtbare Partei der Opfer ergreift und so die Erlaubnis eintauscht, sich mit besten Absichten in einem faszinierenden Dschungel sexueller Leiden zu bewegen. Die Multiplikation der Opfer gehorcht der Gesetzmäßigkeit einer Symptombildung, bildet einen Kompromiß zwischen Triebwunsch und Strafbedürfnis. Die Empörung gestattet es, sich ohne Schuldgefühl in einer sadomasochistischen Szene zu bewegen; die Rache des Retters (oder der Retterin) am bösen Lusttäter befriedigt geheime Identifizierungen mit diesem. Wer Tabus bricht, ist nicht nur böse, sondern auch interessant; wer den Bruch des Tabus erlitten hat, kann unschuldig in den Genuß solcher Aufmerksamkeit kommen, die in einer oft herzlich langweiligen Zivilisation einen schätzbaren Wert darstellt. Das Opfer fasziniert durch die erlittene Gewalt, ist aber gut. «Eine Frau legt Zeugnis ab, öffentlich, wie bei Erweckungsveranstaltungen fundamentalistischer Sekten. Sie sagt dann aber nicht, daß sie gesündigt oder Gott erfahren, sondern wie sie das Böse erlitten hat und an ihr gesündigt worden ist. Diesem Muster folgen Bücher mit Fallgeschichten in der Form von Ich-Erzählungen, aber auch Versammlungen, wo, von den Predigerinnen auf dem Podium angeleitet, schließlich aus der Menge einzelne sich erheben und mit ihrer Leidensgeschichte aufwarten.»*

---

* Katharina Rutschky, *Die Zeit*, 16. November 1990

Zu dieser Befriedigung verborgener Bedürfnisse paßt, daß in vielen Veröffentlichungen die Situation so dargestellt wird, als sei das *Schweigen* über den erlittenen Mißbrauch schlimmer als dieser selbst. Auf dem Umschlag des *Brigitte*-Buches «Als Kind mißbraucht – Frauen brechen das Schweigen» heißt es: «Jahre- und oft jahrzehntelang haben sie geschwiegen. Sie haben dafür mit schweren psychischen Schäden bezahlt... Frauen erfahren, daß sie nicht allein sind mit ihrem Schicksal – und daß es hilft, darüber zu reden, zu schreiben, und zu lesen!»

Wie entstehen derart naive Vorstellungen von Hilfe? Katharina Rutschky vergleicht sie mit einer religiösen Bewegung. Wer über sein Leiden spricht, wird erlöst. Wenn der Schuldige benannt, seine Strafe gefordert ist, wird alles gut; wenn doch nicht alles gut ist, hilft es vielleicht, die Zahl der Schuldigen (die auch Schuldner sind) zu vermehren. Die Sünde der Psychoanalyse scheint darin zu liegen, daß sie die *Beziehung* zwischen Opfer und Täter untersuchen will und sich nicht damit begnügt, den Täter zu beschuldigen. Das heißt: Weil Freud gegen eine Glaubenslehre verstößt, unterstellt man ihm ein Dogma.

Alice Miller äußert in der Einleitung zu Florence Rushs Buch «Das bestgehütete Geheimnis»* die Überzeugung, daß *alle* Opfer, die über kindlichen Mißbrauch berichten, *untertreiben*. Kinder neigen – so Miller – *immer* dazu, ihre Eltern besser zu machen, als diese sind. Die Realität ist komplizierter: Manche Kinder idealisieren ihre Eltern positiv, machen sie besser, als sie sind; andere idealisieren sie nega-

---

* F. Rush, The Best Kept Secret, Eaglewood Cliffs (Prentice Hall) 1980, deutsch: Das bestgehütete Geheimnis, Berlin (sub rosa) 1982

tiv, machen sie schlechter, als sie sind. Beide Idealisierungen
können leicht ineinander übergehen; im Verlauf einer Analyse verwandeln sich die liebsten, besten Eltern gar nicht
selten in vampirische Schreckensgestalten, um schließlich
einen Platz in der Realität zu finden und selbst nicht nur Eltern von Kindern, sondern auch ihrerseits Kinder von Eltern
zu sein.

Jede reißerische Darstellung, die das Kind zum Opfer der
Eltern macht, wendet sich an Erwachsene. Die erwachsenen
Konsumenten erfahren, was ihnen gefehlt hat. Sie müssen
fürchten, ihren eigenen Töchtern und Söhnen vorzuenthal-
ten, was ihnen ihre Eltern nicht gegeben haben. Die in solchen
Texten oft implizierte Aussage, Eltern könnten immer gut
sein, wenn sie nur die richtigen Einstellungen hätten, bietet
eine kurzfristige Entlastung von Schuldgefühlen. Auf lange
Sicht behindert sie aber die seelische Entwicklung. Wer sich
als Opfer böser Eltern fühlt, stellt fast zwangsläufig an die
Partner seiner Liebesbeziehungen den Anspruch, sie müßten
ihn für dieses schwere Schicksal entschädigen.

In der Analyse eines Psychologiestudenten, der mit einer
Krankenschwester verheiratet war, drückte sich eine Art
Konkurrenz um die Rolle des entschädigungsberechtigten
Mißbrauchsopfers darin aus, daß er in seinen Träumen nach
Beweisen für einen sexuellen Mißbrauch durch seinen Vater
suchte, weil er sich von seiner Frau unter Druck gesetzt
fühlte. Diese war nach einem Aufklärungsvortrag überzeugt,
als Kind mißbraucht worden zu sein. Die Vorstellung, Opfer
eines Mißbrauchs zu sein, schien für sie besonders anziehend,
weil dadurch ihr Sexualpartner in eine Bringschuld kam. Es
war seine Pflicht, besonders liebevoll und aufmerksam zu
sein; er sollte das ebenso wirklich sein, wie der Mißbrauch ein
wirklicher und kein phantasierter war.

Für Ängste und Schuldgefühle, die sich auf die eigene Kontaktfähigkeit beziehen, gibt es dank der Opferphantasie einen wahrhaft Schuldigen: den Täter. Diese Entlastung ist freilich stets davon bedroht, daß sie die Ängste nicht wirklich beseitigen, befriedigende, reale Beziehungen nicht herstellen kann. Unter diesem Gesichtspunkt wird auch verständlicher, weshalb in den Publikationen die erlösende Wirkung öffentlicher Bekenntnisse betont wird. Die Anklage gegen den Täter von einst entlastet von Schuld- und Schamgefühlen, die aus der gegenwärtigen Situation stammen.

Solange ein Kind tatsächlich mißbraucht wird, ist es von großem Wert, daß es den Mut findet, sich an die Öffentlichkeit zu wagen, um sich vor einer Fortsetzung des Mißbrauchs zu schützen. Hier ist Parteinahme für das Kind ritterlich: Der Schwächere wird geschützt. Viele Täter bedrohen das Kind oder kündigen ihm an, ihm werde niemand glauben. Wenn es darum geht, weiteren Schaden zu verhindern, ist das Überwinden von Schamschranken notwendig.

Die *verspätete* Veröffentlichung führt manchmal dazu, daß die Betroffenen in der traumatischen Situation fixiert bleiben. Die latente Tragik solcher Fälle kann darin liegen, daß hinter der Anklage gegen den Täter immer noch eine abgespaltene Sehnsucht nach seiner Zuwendung steht.

Für eine wirksame Hilfe ist es unerläßlich, zu erkennen, daß jeder von uns immer wieder die Rolle des Fußballprofis spielt, der – tatsächlich gefoult – sich eindrucksvoll fallen läßt und Schmerzen heuchelt, weil er möglichst viel Gewinn für seine Mannschaft herausholen will. Erwachsene, die ihre schlimme Kindheit ins Feld führen, müssen strikt von Kindern unterschieden werden, die unseren Schutz und unsere Fürsorge unbedingt brauchen.

Die Polemik der Mißbrauchsfahnder gegen die Mög-

lichkeit der Mißbrauchsphantasie ist in Wahrheit eine Polemik gegen die Realität, ein Kampf, der die Phantasie aufrechterhalten soll, Opfer zu sein und es ewig zu bleiben. «Parteiische Beratung», angesichts mißbrauchter Kinder eine Selbstverständlichkeit, ist angesichts der Mißbrauchserzählungen
von Erwachsenen in Gefahr, die Wahrheit zu vergewaltigen.

Es ist kein Zufall, daß Mißbrauchsgeschichten nirgends
häufiger und dramatischer erzählt werden als in der Suchttherapie. Die Opferphantasie lindert Schuldgefühle und
Selbstzweifel kurzfristig, während sie langfristig die Fähigkeiten schwächt, mit der Realität fertig zu werden. Süchtige
und von ihren Opferphantasien Abhängige neigen dazu, alle,
die keine Drogen nehmen und keine solchen Verwöhnungsund Rachephantasien haben, auszugrenzen und ihnen
Schuldgefühle zu delegieren. Wer weder süchtig noch Mißbrauchsopfer ist, wird schnell zum Täter, der Wiedergutmachung leisten muß, weil er privilegiert ist und nicht so viel
Ahnung von der Lebenswelt des Opfers hat, daß ihm ein Urteil über dessen Ansprüche zusteht.*

Durch solche Abwehr wird das Leiden des Opfers jedoch
verschlimmert, weil unzugänglich gemacht. Hinter dem Festhalten an einem Mißbrauchserlebnis steht eine Beschädigung
des Selbstgefühls. Der Kult der Erinnerung an die Mißbrauchserfahrungen kann dazu dienen, Schuldgefühle abzuwehren, die durch Phantasien entstehen, auch ein unschuldigkindliches Opfer sei schuldig, sei beteiligt. Dieses Schuldge

---

* Daß Katharina Rutschky nicht ungestraft das Schwarz-Weiß-Gemälde des Mißbrauchs kritisiert hat, zeigt eine Meldung vom Beginn des
Jahres 1994: Sie wurde in Berlin auf einem sozialpädagogischen Kongreß zu diesem Thema mit Gewalt am Reden gehindert – sie sei eine
Anwältin von Tätern.

fühl braucht den Täter. Durch ihn kann es entlastet werden. Es entsteht dadurch eine ganz spezifische soziale Situation, in der plötzlich kein Zweifel mehr geduldet wird. Wer den Mißbrauch nicht sofort bestätigt, zweifelt ihn an; damit steht er auf der Seite des Bösen. Regressionen in undifferenzierte Persönlichkeitszustände führen dazu, daß es keine Möglichkeit mehr gibt, wohlwollend und an einem Menschen interessiert zu sein, *ohne* dessen Fanatismus zu teilen. Phantasie und Tat werden gleichgestellt; die Frage, weshalb eine Erinnerung an einen Mißbrauch gerade in dieser Situation auftaucht, darf nicht gestellt werden. Damit wird der Opferstatus zu einem Bollwerk. Ein Therapeut, der zunächst doch den Auftrag hatte, die Persönlichkeitsentwicklung zu fördern, wird zum Sündenbock dafür, daß die Realität unbefriedigend bleibt.

In der Supervision einer Therapie bei einer fünfunddreißigjährigen Frau klagte der angehende Analytiker über eine völlige Blockade der Arbeit, weil die Klientin sich nur noch damit beschäftigte, ob sie als Kind mißbraucht worden sei oder nicht. Hatte der Vater jetzt wirklich einmal betrunken auf ihr gelegen oder nicht? Es schien kein anderes Thema mehr zu geben. Die Beziehung zum Therapeuten war paranoid gefärbt. Würde er nicht gleich aufstehen und sie würgen?

Die Wünsche des erwachsenen Körpers werden durch die Rückkehr in die Erlebniswelt eines mißbrauchten Kindes abgewehrt. Das Selbstbewußtsein leidet unter der Einsamkeit und Bedürftigkeit. Der so entstehende Selbsthaß wird auf den mißbrauchenden Vater von einst, aber auch auf den gegenwärtigen Therapeuten abgelenkt. Dieser fragte sich in seiner Gegenübertragungsreaktion immer wieder, ob nicht auch er ein verständnisloser und bedrohlicher Mann sei, ob angesichts dieser Problematik nicht eine Frau besser helfen könnte. Er hatte es längst aufgegeben, die Patientin mit ihren existentiellen Vermeidungen zu konfrontieren.

Verantwortungslos sind «Rückführungstherapien», in denen mit suggestiven Einreden Mißbrauchserinnerungen forciert werden und typische kindliche Sexualphantasien, wie zum Beispiel die Verwendung des Penis als Brust, ohne weitere Beweise als Zeichen dafür angeführt werden, daß der Vater eine Dreijährige gezwungen hat, ihn oral zu befriedigen. Typisch für realen Mißbrauch ist die schambesetzte, durchaus realistische Erinnerung; typisch für die Opferphantasie eine aus vagen körperlichen Mißempfindungen («Würgen im Hals und ein pelziges Gefühl im Mund») und einer ungelösten Elternbindung gebastelte Rekonstruktion. Wer wirklich mißbraucht worden ist, differenziert zwischen Täter und Nichttäter; wer eine Mißbrauchsphantasie defensiv verwendet, identifiziert jeden Nichttäter, der nicht sofort überzeugt ist, mit dem Täter.

Realer Mißbrauch kann zu sexuellen Störungen führen. In Analysen lassen sich aber auch Frauen mit schwerem Mißbrauchsschicksal und einem ungestörten Sexualleben beobachten. Opferphantasien hingegen drücken immer eine Störung der sexuellen Autonomie aus, in der die gefährliche Sexualität mit Aggression vermischt und nach außen projiziert wird. Vermutlich war die Interaktion mit den Eltern gestört, wenn deren Kinder solche Phantasien produzieren. Es kann eine verwöhnende Haltung gewesen sein, die dem Kind Grenzen versagt hat, oder ein regressiv-narzißtisches Bündnis, in dem das Kind an einer elterlichen Realitätsverleugnung partizipierte.

Es wird nie ein Guthaben geben, von dem wir in Gestalt von Freude abheben können, was uns in unserer Kindheit angetan wurde. Die Opferphantasie läßt uns am Schalter einer imaginären Bank geduldig Schlange stehen und hoffen, daß unsere Schecks endlich eingelöst werden. Wer in dieser Situation darüber aufklärt, daß die Bank längst in Konkurs gegangen ist und hinter der Fassade, vor der wir warten, kein Schatz in den Tresoren steckt, riskiert viel Unwillen. Aber er kann vielleicht doch einige aus der Opferschlange überzeugen, daß sie nicht länger warten, sondern versuchen, mit den Mitteln, die sie bei sich tragen, ihr Glück zu machen.

Das Kind wird im Zug der Regressionsförderungen, mit denen die Konsumgesellschaft operiert, zum Paradiesgärtlein, das einerseits kultiviert werden muß (Bildung, Erziehung), andererseits aber auch narzißtisch als Aufwertung der eigenen Existenz genossen werden soll. Dieser narzißtische Genuß verführt die Eltern und schwächt ihre Disziplin. Hinter dem Druck des Fortschrittsglaubens, daß Kinder es «besser haben» sollen als ihre Eltern, steht auch der Wunsch, daß diese durch den Aufstieg der Söhne und Töchter mit emporgehoben und ihre Geltungsträume verwirklicht werden. Durch die Etablierung und Qualifizierung von vielen Berufen, die ihren Arbeitsplatz und ihre soziale Bedeutung daraus gewinnen, daß sie Eltern beistehen, sie beraten und ihr Versagen pädagogisch oder therapeutisch kompensieren, ist auch die Aufmerksamkeit für Elternfehler gewachsen.

Die Familien sind zunehmend weniger in der Lage, die gewachsenen Ansprüche an die Eltern-Kind-Beziehung und an die wechselseitige sexuelle Erfüllung zu befriedigen. Die Familie wird von der bäuerlichen Produktions- und Normgemeinschaft gegen Hunger und Kälte zum Hort des Glücks. Von unerfüllbaren Ansprüchen geplagt, gerät sie unter Streß, der sich vor allem an Wochenenden oder an den Festen beobachten läßt, welche die regressiven Ansprüche steigern. Weihnacht! Geburtstag! Muttertag! Wo alle glücklich sein sollen, werden sie nicht selten ausnahmslos muffig und zänkisch. Die Suche nach den schönsten Stunden gebiert die Jagd nach Sündenböcken. Verunsicherte Eltern können immer weniger selbstbewußt und mit Toleranz für eigene oder fremde Schwächen mit ihren Kindern umgehen. Gruselberichte über sexuellen Mißbrauch bescheren Eltern dieselbe Entlastung wie der Besuch eines Films mit Vampiren oder Zombies: Ganz so schlimm, wie es dort zugeht, ist die eigene Realität doch nicht. Es ist ein wohlfeiler Trost, aber anscheinend können wir nicht wählerisch sein.

Verluste an differenzierter Wahrnehmung der Unterschiede zwischen Kindern und Erwachsenen, zwischen eigenen und fremden Bedürfnissen sind die wesentlichste Ursache der Mißhandlung von Kindern. Ihnen gemeinsam ist, daß der Erwachsene den einfühlenden Kontakt mit einem Kind nicht herstellen kann oder ihn verliert. Wer ein Kind mißbraucht, spiegelt jene psychischen Haltungen, welche überall Zerstörungen ermöglichen, weil es kurzfristig bequemer ist. Er sieht durch die Brille seiner Projektionen, will nur wahrhaben, was diese bestätigt, verdrängt und verleugnet die Einwände der eigenen Einsicht und Moral ebenso wie die des gemarterten Opfers und glaubt sich am Ende im Recht.

Solche Vergleiche treffen freilich nur eine Seite der Situation. Die industrielle Plünderung erfolgt öffentlich, angesehen und sozial legitimiert, die familiäre geheim, verachtet und sozial verfolgt. Aber die fehlende Hälfte der Metapher wird durch die rechtschaffenen Verfolger der bösen Lustmolche ergänzt. Öffentlich angesehen und sozial legitimiert wollen sie durch die Produktion immer höherer Zahlen von Tätern, Opfern und geschulten Experten (die beide sortieren, therapieren und bestrafen sollen) eine verfahrene Lage sanieren, die durch eine gemeinsame Unfähigkeit entstanden ist, mit begrenzten Ressourcen angemessen umzugehen.

Die große Masse der Mißhandlungen und Mißbrauchsaktionen entsteht in engen Wohnungen unter Alkoholeinfluß. Immer noch kommen auch in den entwickelten Ländern zwei Drittel aller Kinder ungeplant. Entsprechend viele sind unwillkommen. Die Kontraste zwischen der in Werbespots beleuchteten Idealfamilie und den Familienrealitäten sind grell. Die angemessene Umgangsform mit dieser Situation ist längst die Ironie geworden.

Wer sich ein Kind gewünscht hat, genügend Spielraum und soziale Entlastung hat, wird es in der Regel nicht mißbrauchen. Aber Männer wie Frauen sind überfordert, wenn sie ohne einen schützenden, stützenden, auch kontrollierenden und disziplinierenden Rahmen gute Eltern sein sollen.

17
Jugend, Regression und Gewalt

Seit es einer kleinen Gruppe vorwiegend jugendlicher Täter gelungen ist, durch Gewalt gegen «Ausländer» und «Asylanten» Medienaufmerksamkeit zu gewinnen, taucht auch immer wieder die Frage auf, ob sich gegenwärtig die Nazivergangenheit belebt. Nach dem verlorenen Ersten Weltkrieg gab es in Deutschland nur wenige gesellschaftliche Möglichkeiten, die Niederlage zu verarbeiten. Das konservative Nationalbewußtsein war zusammengebrochen, es herrschte drückende Not, zahllose Menschen fühlten sich in ihrem wirtschaftlichen Überleben bedroht. Versailles hatte in vielen jungen Soldaten das Gefühl hinterlassen, für lange Jahre des Lebens in Angst nicht entschädigt worden zu sein. Gleichzeitig hatte der Krieg ihr Selbstgefühl um die dramatischen Qualitäten des Kampfes zentriert: Gewalt ist ein unerläßlicher Bestandteil des persönlichen Lebens, die Zugehörigkeit zu einem verschworenen Haufen das zentrale Mittel, die eigene Identität aufrechtzuerhalten.

Aus diesen jungen Erwachsenen, die vom Krieg geprägt waren und nun im Frieden nichts mit sich anzufangen wußten, rekrutierte die NSDAP ihre fanatischen Pioniere. Sie gewann die Zustimmung breiter Bevölkerungsschichten. Später hat sich Hitler in dem von ihm inszenierten «Röhm-Putsch» jener Elemente seiner Bewegung entledigt, die den Unterschied zwischen legal getarnter Gewalt im Dienst der Nazimacht und revolutionärem Dauerzustand nicht akzeptierten.

Demgegenüber orientieren sich die gewalttätigen Jugendlichen, die heute den Kern der Schlägergruppen ausmachen,
nicht an realen Grenzerfahrungen, sondern an Surrogaten.
Die verwendeten Nazisymbole sind ein aus Medien ge-
schöpftes, auf Medien gerichtetes Zitat: auffallen um jeden
Preis. Entscheidende Accessoires der nationalistischen Täter*, Parolen und Aktionen sind Antithesen zu einer früher
dominierenden Extremgruppe unter den Jugendlichen.

Der Hippie trägt lange Haare, kleidet sich in bunte, wal-
lende Gewänder mit Indianerfransen und Stirnbändern. Die
Füße stecken in Sandalen. In der Leistungsgesellschaft be-
hauptet er seine Sonderrolle, indem er sich ihren tradierten
Werten verweigert – Disziplin, Ehrgeiz, Anstrengung lehnt
er ab. Er idealisiert Friedfertigkeit und Erotik.

Der nationalistische Jugendliche trägt kurze Haare oder
eine Glatze. Er steckt seine Füße in schwere Militärstiefel.
Seine Kleidung ist einfarbig, praktisch, sportlich, betont die
männlichen Merkmale.

Enge Kleider, feste Stiefel grenzen den Körper hart gegen
eine weiche Umwelt ab, lösen ihn nicht in diese Umwelt hinaus auf, sondern halten ihn zusammen. Der Hippie sucht
fremde Kulturen und schätzt sie höher als die eigene. Der
Neonazi lehnt fremde Kulturen ab und reist dorthin nur, um
sie die Überlegenheit seiner Mannschaft spüren zu lassen.

Der Hippie hatte einen Vater, der noch den Zweiten Weltkrieg aus eigener Erfahrung kannte; ihn konnte er mit seinen
Friedensliedern in ganz ähnlicher Weise provozieren, wie der
1970 Geborene nun ihn mit seinen Naziliedern herausfordert.

---

* Diese Argumentationslinie vereinfacht; es gibt auch «linke» Skins,
ein Hinweis auf die Baukastenidentitäten der Gegenwart, die einzelne
Merkmale zusammenbasteln.

Die Hippies hatten Lehrer, die vom Zweiten Weltkrieg bestimmt waren, gegen deren Disziplinierungsforderungen und
engstirnige Ideale sie rebellierten. Die heutigen Jugendlichen
haben Lehrer, die stark von einem Reformoptimismus durch
Konsumsteigerung und allgemeine Verwöhnung geprägt sind.

Die «alte» DDR war ein Milieu, das ärmlich und oft drük-
kend blieb, jedoch dem gehorsamen Bürger große Sicherheit
vermittelte. Die aggressiven Potentiale der rechtsradikalen
Jugendlichen in den neuen Bundesländern stammen aus
einem enttäuschten Verwöhnungsbedürfnis, aus dem Zusammenbruch der Illusion, wenn die alten, zwangsfürsorglichen
Strukturen beseitigt seien, ohne diesen Zwang, begleitet von
allen vertrauten Sicherheiten, in den Genuß aller begehrens-
werten Freizeitaktivitäten und Konsumgüter zu kommen.

Immer wieder finden sich in Äußerungen rechtsextremer
Jugendlicher Feststellungen wie «Wir sind vergessen, wir sind
betrogen worden». Die «Ausländer» werden wie jüngere Geschwister gehaßt, die den besseren Platz an der Sonne elterli-
cher Fürsorge beanspruchen. Hippie wie Skinhead sind Extremisten. Sie unterscheiden sich von der Mehrzahl der besser
angepaßten Jugendlichen dadurch, daß sie ihre Selbststilisie-
rung und ihre Opposition gegen die Identifizierung mit den
Eltern beziehungsweise deren Wunschvorstellungen von
einem «guten Kind» auf die Spitze treiben. Das heißt auch,
daß sie aus gestörten Familien kommen und versuchen, Ver-
unsicherungen durch chaotische Verhältnisse während ihres
Heranwachsens durch eine kämpferische Identität zu bewältigen.

Ein auffälliges, von den Erwachsenen der Elterngeneration
mit Abscheu beobachtetes Äußeres stabilisiert das Selbstgefühl. Wer sich die Welt zum Feind macht und nur die kleine
Gruppe Gleichverschworener zum Freund, ist keiner narziß-

tischen Kränkung mehr ausgeliefert. Er ist sich seiner Rolle sicher und wird durch die Folgen seiner Provokation immer wieder in ihr bestätigt und festgehalten. Diese Aufmachung hat für den Jugendlichen die Funktion, ihn vor Anlehnungs- und Abhängigkeitsbedürfnissen zu schützen. Er bewältigt die nach wie vor ambivalente, zwischen Lösungs- und Bindungs-absichten schwankende Beziehung zu seinen Eltern und Leh-rern dadurch, daß er ihre Ablehnung provoziert und seine Nichtanpassung beweist. So schützt er sich vor eigenen Sehn-süchten. Er benötigt die Herausforderung, um eine Identität zu beweisen, deren er sich keineswegs sicher ist. Wer ihn an-greift, bestätigt ihn und festigt sein Selbstbewußtsein.

Die negative Aufmerksamkeit ist zwar besser als gar keine, aber nicht gut genug, um sich in ihr wirklich wohl zu fühlen. Da viele Mitglieder der Subkulturgruppen in ähnlicher Weise gestört sind, bleiben die Beziehungen oberflächlich, sind von latenter Gewalt bestimmt und werden nur durch Aktionen gegen gemeinsame Außenfeinde stabilisiert.

Diese Hintergrunddynamik macht verständlich, weshalb in den Extremgruppen der Jugendkultur die Sucht eine so große Rolle spielt. Charakteristisch für das Suchtverhalten ist die Kompensation eines Mangels an narzißtischer Bestäti-gung durch Ersatzbefriedigungen, die in wachsender Dosis gebraucht werden, weil sie den Mangel nicht wirklich behe-ben können. Seelisch stabilere Heranwachsende werden ebenfalls Komponenten modischer Identitätsstile aufgreifen und das Spiel der Provokation in abgemilderter Form spielen. Sie können sich in ihre Eltern und in nicht zu ihrer Gruppe gehörige Jugendliche einfühlen. Deshalb müssen sie die Pro-vokation nicht ständig steigern und die Enttäuschung über ihre innere Leere durch Gewalttätigkeit ausgleichen. Dabei läßt sich wieder ein typischer Unterschied zwischen Hippie und Neonazi feststellen. Die Gewalt des ersteren richtet sich gegen ihn selbst. Er nimmt Drogen, betäubt seine Empfindlichkeiten und verliert schließlich den Kontakt zur Wirklichkeit.

Die Gewalt des Neonazis richtet sich gegen andere. Er bevorzugt, da er sich mit einer Karikatur eben jener autoritären Strukturen identifiziert, von denen sich der Hippie distanzierte, die legalen Genußmittel: Schnaps und Bier. Er bekämpft, was ihn als unbewußter Wunsch bedroht: die Fähigkeit, sich von belastenden Familien- und Umweltverhältnissen zu *trennen*. Hinter dem Haß auf die «Asylanten», der gegenwärtig deutlich wird, steckt vor allem Neid, rationalisiert als Neid auf die soziale Hilfe und Rücksichtnahme für den Flüchtling, unbewußt jedoch Neid auf dessen größere existentielle Freiheit und auf eine bei ihm vermutete Fähigkeit zu liebevollen Beziehungen, die in den Extremgruppen der Jugendkultur so schmerzlich vermißt werden, daß die Sehnsucht nach ihnen nicht einmal gedacht werden darf.

Schluß

Bücher entstehen in einem Geflecht von Wechselwirkungen. Absichten des Autors, ihrerseits nicht linear, sondern aus Strömungen unterschiedlicher Richtungen zusammengesetzt und verwirbelt, machen nur einen Teil von ihnen aus. Jeder Mensch hat heute mehrere Identitäten und soziale Rollen. Wie jeder erlebt, der einmal mit dem Auto und einmal mit dem Rad durch die Stadt fährt, kann bereits der harmlose Wechsel des Transportmittels Urteile über das Verhalten unserer Mitmenschen umkrempeln. Da es sehr schwierig ist, Argumente einzuschätzen, und jeder Autor die Fakten auswählt, die er zur Bestätigung seiner Ansichten braucht, scheint es mir sinnvoll, kurz meine eigene, biographisch fundierte Interessenlage an diesem Thema offenzulegen.

Der erste Anlaß zu diesem Buch liegt in meiner Beschäftigung mit dem (Konsum-)Verzicht als Lösungsmodell ökologischer, aber auch psychologischer Gegenwartsprobleme. Aber wie kommt ein Mensch dazu, solche Vorschläge zu ersinnen, die etwas Anmaßendes haben? Es sind eigene Distanz- und Sonderlingserfahrungen, die hier verarbeitet sind, die auch dazu geführt haben, daß ich mich mit Psychologie und Psychotherapie beschäftigt habe, obwohl ich eigentlich Dichter werden wollte. Sie hängen damit zusammen, daß mein Vater, als ich zwei Jahre alt war, bei der Organisation einer Abwehrstellung in der Nähe von Kiew von der Kugel eines Scharfschützen getroffen wurde.

Ein gefallener Vater ist ein Kristallisationskern von Phantasien, zu denen in meinem Fall der Selbstzuspruch gehörte, da er nicht da sei, hätte ich mehr Spielraum. Sein Tod und mit ihm der Mangel an einer männlichen Gestalt in meiner Jugend intensivierte die Suche nach den Heldengestalten der Literatur, führte zu einem Stück Schüchternheit und Einzelgängertum, zu einer kritischen Distanz zu mir selbst wie auch zu dem, was die Gesellschaft auf dem Weg über die Geschlechtsrollen an Selbstverständlichkeiten transportiert. Gebahnte Wege empfand ich als Einschränkung und habe sie, wo ich konnte, vermieden – Anstellungs- und Beamtenverhältnisse etwa, auch eine reguläre akademische Karriere. Selbst meine analytische Ausbildung erwarb ich vorwiegend an einem Institut, das ich mit einigen anderen gegründet und aufgebaut habe.

Da meine Mutter alle Annäherungen von Männern auf eine intellektuelle Ebene drängte, wo den irdischen Interessierten alsbald die Luft ausging und nur ein katholischer Geistlicher, ein Freund aus Quickborntagen*, aushielt, lernte unsere Familie, selbstgenügsam zu werden. Als ich später Thoreaus «Walden»** kennenlernte, wurde mir deutlich, daß sich solche Erfahrungen durchaus philosophisch begründen lassen. Mit weniger auszukommen als andere macht keinen besseren Menschen, aber einen unabhängigeren. Der verlorene Vater und die intellektuelle Welt, in die sich meine Mutter zurück-

---

* Quickborn war, soweit ich von diesem Hausfreund erfuhr, eine katholische Gruppe der Jugendbewegung.

** Henry David Thoreau (1817–1862), Walden, or Life in the Woods, das Tagebuch eines zweijährigen Aufenthalts in einer selbstgebauten Hütte. Thoreau prägte auch den Ausdruck «ziviler Ungehorsam».

gezogen hatte, führten mich zu einer Art Wissenseroberungs-
drang, einem Streben nach einem geistigen Reich, das aber
immer bedroht war durch Ängste, dem eigenen Anspruch
nicht standzuhalten.

Meine mangelnde Einbindung in die normalen Karrieren
zeigte sich nach meinem Studium, als ich mich entschloß, ein
vagabundierendes Leben als Journalist zwischen Italien und
Deutschland zu führen. Die sinnliche Grundlage dieses Aus-
stiegs war eine toskanische Landschaft, in der ich ein verfal-
lendes Bauernhaus kaufte. Arm, aber autonom, habe ich es
mit einfachsten Mitteln bewohnbar gemacht und die be-
freiende Wirkung der Handarbeit für die Art kennengelernt,
in der die eigene Situation erlebt wird, ehe ich überhaupt auf
den Einfall kam, das sei etwas, worüber nachzudenken sich
lohnt. Immer, wenn ich aus der toskanischen Wildnis in die
Großstadt kam, gleichgültig ob sie Florenz hieß oder München, erlebte ich einen intensiven Verlust. Das ist für den
Landbewohner wohl meist so, aber ich war in einer Großstadt geboren und in eine primitivere Existenz zurückgekehrt
als der durchschnittliche Landbewohner, ohne fließendes
Wasser und Elektrizität. So kam es wohl, daß sich dieser Konflikt poetisch zuspitzte zu der alten Frage des Kynikers, was
der Mensch wirklich braucht, und ob seine Freiheit nicht eher
in der Bedürfnislosigkeit zu suchen sei als in der Bedürfnisbefriedigung.

Mein Interesse an Psychologie hängt mit einer intellektuellen
Variante des Helfersyndroms zusammen. Es entspringt kompensatorischen Allwissenheitssehnsüchten, die frühe Un-
sicherheiten und Mängel an narzißtischer Bestätigung ausgleichen sollen, indem sie nach Wissen (und darin Macht)
über die eigene, von Ängsten bedrohte Innenwelt streben.

Die Psychologie hat etwas Kurzschlüssiges. Sie kann eigentlich alles erklären, denn alles beginnt und endet in der menschlichen Seele. Aber damit verliert sie auch an Kraft. Es gibt ein Malmot unter Medizinern: Der Chirurg kann viel und weiß nichts, der Internist weiß viel und kann nichts, der Psychiater weiß nichts und kann nichts. Es ist kein Zufall, daß einer der Begründer der Psychologie, Wilhelm Wundt, seiner trockenen Experimentierkunst müde, die höheren geistigen Leistungen des Menschen dadurch erforschen wollte, daß er die menschliche Kultur beschrieb. Sein Versuch, mit dem Konzept einer Massenseele die Gebiete aller umliegenden Wissenschaften zu kolonisieren, scheiterte an einer überlegenen Indifferenz der Eingeborenen gegenüber dem Eindringling.

Diese Situation führt viele Psychologen in positivistische Resignation (sie forschen dann höchst exakt, ohne viel mehr zu ernten als Banalitäten), andere in die Spekulation, bis hin zur Annäherung an die magischen Welten der Astrologie und des Spiritismus. Die Psychoanalyse, für die ich mich schließlich entschieden hatte, steht zwischen beiden Extremen. Aus individuellen Begierden und Dispositionen sozusagen die Verderbnis der Welt zu erklären und Vorschläge für eine Besserung zu entwerfen, ist eine Form narzißtischer Expansion, die dem Psychoanalytiker naheliegt. Mein 1972 erschienenes Buch «Homo consumens» zeigt eine zeitgemäße Variante: Die individuelle Widerstandslosigkeit gegenüber dem verschwenderischen Massenkonsum ist die Wurzel unserer gegenwärtigen ökologischen wie psychologischen Übel und der Punkt, an dem Reformen angreifen müssen.

Die reifen Formen des Geltungsstrebens lassen sich daran erkennen, daß sie öffentlich als Verantwortungsbewußtsein auftreten dürfen. Insofern war die Retterphantasie des

«Homo consumens» bereits sublimiert; sie konzentrierte sich auf einen Ausschnitt der Realität und wurde durch den Arbeitsaufwand gezügelt, den es kostet, ein Buch zu schreiben. Aber ihre naiven Anteile machten mich später verlegen; ich habe davon in den Neuauflagen* des alten Textes geschrieben. Aber es ist nicht leicht, die Spuren einer solchen Weltauffassung loszuwerden, und es scheint mir auch nicht sinnvoll, sie gänzlich zu verwerfen. Meine Lösung ist es eher, sie neu zu interpretieren. Die Kritik an Homo consumens, dem regressiven Menschen, ist in einer Zeit angebracht, in der die Durchdringung der Bevölkerung mit einem Gemisch aus Waren und regressiven Ideologien (in dem auch eine trivialisierte Psychoanalyse eine wesentliche Rolle spielt) überhandnimmt.

Freud warnte im Gleichnis vom haferfrei dressierten (und hungertoten) Pferd der Schildbürger davor, dem Kulturmenschen zuviel Triebversagungen aufzubürden. Heute ist das Stadtpferd überfüttert, sein Mist vergiftet Schilda. Es ist eher der *Schutz* vor regressiven Strömungen gefordert. Dieser muß aber inhaltlich gefüllt und vollzogen werden, während der gängige Umgang der konservativen Politiker eher darin liegt, Lippenbekenntnisse abzulegen und mit gespaltener Zunge zu sprechen. Also: keinerlei Strafmilderung für illegale Suchten («Wir geben Heroin nicht frei»), aber ungehemmte Geschwindigkeitssucht («freie Fahrt für freie Bürger»). Die Polemik gegen Homo consumens war ein erster Versuch, hier grundsätzlicher zu werden und gegen den konsumistischen Zeitgeist anzugehen.

Die Lage ist verwirrend. Konsum- und Regressionskritiker erhalten rasch Beifall aus einem konservativ-nationalistischen

---

* Weniger ist manchmal mehr, Rowohlt-Taschenbuch 1984, 1992

Lager und Tadel von fortschrittlich-linken Intellektuellen,
denen solche Ansätze naiv-individuell und moralisierend erscheinen. Diese fortschrittlichen Intellektuellen wiederum
erfreuen die Konsumgüterindustrie, die nun nicht einmal eigene Ausreden erfinden muß. Könnte es sein, daß in der
einen historischen Situation der Kampf gegen die Zensur der
Pornographie anders zu bewerten ist als in der zweiten? Daß
eine Selbstbeteiligung an den Krankheitskosten einmal die
Solidargemeinschaft schwächt, sie aber ein anderes Mal
stärkt?

Die (post)moderne Gesellschaft hat nicht auf psychologische Ratschläge gewartet, um die Folgen der in Maschinen
und Konsumgütern eingebauten Komfortschritte und Regressionen zu beheben. Es gibt zahlreiche Versuche, die Verluste zu kompensieren: sportliche Ideologien, Fitneßkulte,
muskulär-dynamische Schönheitsideale. Allerdings spielt
hier bisher der Verzicht kaum eine Rolle.

Die Rückkehr zu einfacheren Maschinen, Handarbeit,
«primitiveren» Methoden der Garten- und Landwirtschaft,
der Fischerei und Jagd, zu sinnlichen Verhältnissen zwischen Erwerb und Verbrauch muß mit irrationaler Abnei-
gung rechnen. Sie zeigt, daß die Vorurteile einer Weltan-
schauung zählebiger sind als ihre Glaubensinhalte, ähnlich
wie der einst protestantische Gottlose überzeugt bleibt, Ka-
tholiken beteten Heiligenbilder an. Es herrscht eine unbewußte Analogie zwischen den Möglichkeiten, menschliche
Arbeitskräfte einzusparen, und dem Glauben an die eigene
technische (und damit militärische) Überlegenheit, die den
nationalen Narzißmus an die technische Hochrüstung bindet. Nehmen wir an, eine Gruppe von Autokäufern erhält
das Angebot, ohne Mehrkosten ein Modell mit einem stärkeren Motor zu erwerben – wie viele würden in der Lage

sein, an ihrer ursprünglichen Absicht festzuhalten, ein Modell mit «schwächerem» Motor zu kaufen?

Die Furcht vor Armut und übermäßiger körperlicher Anstrengung beziehungsweise übermäßigem Zeitaufwand, deren Folgen noch unsere Einstellung zu körperlicher Arbeit und zu sanften Fortbewegungen (wie Radfahren) bestimmen, kann nur in kleinen Schritten abgebaut werden. Daß sich dieses Unternehmen lohnt und daß es möglich ist, zeigen heute schon viele Ansätze. Disziplin und Verzicht sind in ihnen aber nicht angemessen vertreten. Sie werden oft von vornherein negativ konnotiert, man spricht lieber von einem «neuen Wohlstandsmodell». Ich finde das heuchlerisch und sehe keinen Grund, mich bei jenen anzubiedern, die sich selbst und anderen weismachen wollen, es gäbe eine Möglichkeit, den Kuchen zu behalten und aufzuessen. Daß eine zeitgemäße Askese nicht das Ziel ist, sondern der Weg, daß aus dem Abbau der gegenwärtigen Verschwendungs-und Vergiftungswirtschaft ungeahnte neue Möglichkeiten von Wohlstand, Reichtum und Befriedigung wachsen können, ist jedem Gutwilligen klar.

Personenregister

Sachregister

WOLFGANG SCHMIDBAUER

Die Buchveröffentlichungen in zeitlicher Reihenfolge: